# हत्या की पावन इच्छाएँ

[कहानी संग्रह]

# हत्या की पावन इच्छाएँ

भालचन्द्र जोशी

राजकमल प्रकाशन
नयी दिल्ली पटना इलाहाबाद कोलकाता

ISBN : 978-81-267-2582-3

**मूल्य** : ₹ 250



**पहला संस्करण** : 2014

**प्रकाशक** : राजकमल प्रकाशन प्रा.लि.
1-बी, नेताजी सुभाष मार्ग, दरियागंज
नई दिल्ली-110 002

**शाखाएँ** : अशोक राजपथ, साइंस कॉलेज के सामने, पटना-800 006
पहली मंजिल, दरबारी बिल्डिंग, महात्मा गांधी मार्ग, इलाहाबाद-211 001
36 ए, शेक्सपियर सरणी, कोलकाता-700 017

वेबसाइट : www.rajkamalprakashan.com
ई-मेल : info@rajkamalprakashan.com

**मुद्रक** : बी.के. ऑफसेट
नवीन शाहदरा, दिल्ली-110 032

HATYA KI PAWAN ICHCHHAYEN
*Stories by* Bhalchandra Joshi

*आयुध, गुंजन और नेहल के लिए*
*जिनकी हँसी और मस्ती में*
*बचा हुआ है एक हुल्लड़ बचपन*
*जिनसे घर भरा-भरा लगता है...*

# दो शब्द

भालचन्द जोशी की इन कथा-रचनाओं में हमारा समय अपनी इतिहास-गति के साथ कुछ इस तरह से अवस्थित है कि यथार्थ की उत्कंठ तात्कालिकता मुकम्मल तौर पर आधुनिक कहानी के सार्वदेशिक रूपाकार में स्वायत्त हो उठती है। ग़ौरतलब है कि हिन्दी में इधर कहानी के विधागत ढाँचे को ठोंक-पीटकर समय के अनुकूल बनाने की आपाधापी में अनेक कथाकार उसे न सिर्फ़ क्षतिग्रस्त और विरूपित करने पर तुले हुए हैं, बल्कि अति वाचालता को आज के समय का गुणधर्म बताकर आज की कहानी का सहज-सामयिक ही नहीं बल्कि एकान्तिक लक्षण निरूपित किया जाने लगा है। इतना ही नहीं, सहज-सरल अभिव्यक्ति को पिछली पीढ़ी की विशेषता कहकर ख़ारिज भी किया जा रहा है। यह बात भुला दी गई है कि प्रयोगों के जरिए बिलकुल नए ढंग की कहानी रचने के उपक्रम में कथाकार दरअसल 'समय' को लिख रहा है, 'कहानी' को नहीं। यथार्थ की फ़िक्र तो है, मगर कहानी की चिन्ता नहीं। लेकिन भालचन्द्र जोशी के यहाँ यथार्थ भी है, और कहानी भी-अपनी सुकुमार काया में सुगठित, सुघर और सुचिन्तित कहानी जो यथार्थ की निपट यथार्थता को भाषा की सृजनात्मक उठान से प्रतिसन्तुलित करती है। यह उठान एक तरह की तात्कालिकता में अन्तरित होती है लेकिन वह हंगामाख़ेज क़िस्म की नाटकीयता में घटित नहीं होती, न ही वह अख़बारी ढंग की उत्तेजना में साकार होती है। इससे उलट भालचन्द्र जोशी कहानी के यथार्थ को-देश-काल के उग्र दबाव को-मनुष्य की नियति से जोड़कर अपेक्षाकृत बड़े सवालों के दायरे में संघटित करते हैं। ये सवाल प्रकटतः सामयिक और प्रासंगिक हैं किन्तु अवान्तर रूप में वे वृहत्तर संवेदन-भूमि को स्पर्श करते हैं। इसलिए उनकी कहानियों में समकालीन इतिहास अपनी तथ्यता तज कर मानो एक सार्वभौमिक

आयाम में दाख़िल होने को तत्पर जान पड़ता है। भालचन्द्र, इस तरह, यथार्थ को कहानी पर हावी नहीं होने देते, बल्कि उसके भीतर से उजागर हो रहे इतिहास के वाचाल सन्दर्भों को छाँटकर कहानी के मुताबिक यथार्थ को रूपाकार देते हैं।

इस संग्रह की कहानियों में सामाजिक वास्तविकता का धधकता हुआ-सा, अति मुखर या हाइपर रिअल क़िस्म का दृश्य नहीं है, जिसे इधर कहानी के नए सौन्दर्यशास्त्र या नई संवेदना के नाम पर, पाठकीय बोध को प्रभावित करने या उसे एकबारगी झकझोर देने की जुगत में, अक्सर गढ़ा जा रहा है। भालचन्द्र सामाजिक वास्तविकता को उसके ऊपरी लक्षणों के आधार पर पहचानने की बजाय उसके मूलवर्त्ती चरित्र में रेखांकित करते हैं। इसलिए उनकी कहानियों में कथ्य स्वभावतः कथात्मक वास्तविकता की प्रकृत मुद्रा में और उसके सहज विस्तार में आकार लेता है। इस प्रक्रिया में वह स्वयमेव सन्तुलित शिल्प और संयत भाषा में ढल जाता है। यथा-अवसर भालचन्द्र फंतासी का प्रयोग या कल्पना का स्वैर संचरण सम्भव करते हैं। लेकिन ऐसे प्रयोग वे शिल्प-युक्ति के रूप में नहीं, बल्कि यथार्थ को यथातथ्यता से मुक्त करने के उद्देश्य से कथ्य की संश्लिष्ट अन्विति के भीतर, और उसके स्वाभाविक प्रतिफलन के रूप में करते हैं। 'हत्या की पावन इच्छाएँ' और 'नदी के तहख़ाने में' जैसी कहानियाँ दरअसल कथात्मक यथार्थ के अनूठे विन्यास को चरितार्थ करती हैं। लेकिन जरा ग़ौर से देखें तो सहज ही अनुभव किया जा सकता है कि इन कहानियों में आख्यानात्मक कल्पना, यथार्थ के सिमटते परिसर में विलक्षण ढंग से मुक्त होती हैं। इस प्रक्रिया में कथा-भाषा यथार्थ की लय के साथ तरंगित होने लगती है और एक जादुई असर पैदा करती हैं। इन कहानियों की भाषा ख़ास तौर पर ध्यान आकृष्ट करती हैं; वह एकसार और इकहरी नहीं, उसकी एकाधिक मुद्राएँ और भंगिमाएँ हैं। प्रत्येक कहानी का अपना अलग स्वाद और स्वतंत्र कथात्मक 'डिक्शन' है। यहाँ ब्यौरों की अनालंकारिक और तथ्यात्मक भाषा से लेकर लोककथा की मुहावरेदार भाषा या स्वैर-सृष्टि को साकार करने में समर्थ कल्पना-प्रवण भाषा अथवा अत्यन्त सौष्ठव सर्जनात्मक गद्य की अनेक छवियाँ हैं। कथ्य का आन्तरिक आवेग मानो अपनी ऊर्जा के उन्मोचन की प्रक्रिया में अपनी भाषा स्वयमेव अर्जित कर लेता है। ये कहानियाँ बहुरूपात्मक

भाषाचार्य से गुजरकर कथाकार की सृजनात्मकता को शैलीबद्ध रूढ़ छवि से मुक्त करती हैं।

भालचन्द्र जोशी उन कथाकारों में से नहीं हैं जो कहानी के कतिपय पूर्व-निश्चित विषयों की संगति में रचने, या उनसे प्रेरित हो कर मनमाने तरीक़े से उसे गढ़न्त में तब्दील करने, के विदग्ध कौशल में सम्भव करते हैं। वे अनुभव के अन्तस्तल में प्रवेश कर कथा-मर्म का सन्धान करने के उद्यम में कहानी का उपार्जन करते हैं। उनकी कथा-दृष्टि एक नैतिक संवेग से परिचालित है, जो पक्षधरता का क्षतिपूरक या पर्याय-मात्र नहीं है, बल्कि गहरे स्तर पर मानवीय प्रतिबद्धता से प्रेरित और स्पन्दित है।

उनकी कहानियाँ सामाजिक सच्चाई को सत्यापित करने के दुस्साहस में लिखी गई कहानियाँ नहीं हैं, जो समाज के सच का उद्‌घाटन उतना नहीं करतीं जितना खुद लेखक के नैतिक पराक्रम का इरादतन बखान करती हैं। वे यथार्थ की सत्ता को लेखक की सत्ता के ऊपर वरीयता देती हैं। इनके भीतर से लेखक की तुलना में यथार्थ अधिक प्रकट हुआ है और लेखक यथार्थ को प्रस्तुत कर स्वयं उसके पार्श्व में जैसे चुपचाप अप्रकट हो गया है-हालाँकि यथार्थ के सूत्र उसकी निपुण उँगलियों से कभी नहीं छूटते। इस तरह आत्म-प्रक्षेपण की बजाय आत्मलोप की प्रविधि से कथाकार अपनी पोजिशन लेता है। जाहिर है, इन कहानियों में नैरेटर यथार्थ को आत्मगत ढंग से नहीं, वस्तुगत तरीक़े से पेश करता है। यह कथाकार की सर्जनात्मक अन्तर्निष्ठा है जो कहानियों के पाठ की प्रक्रिया में सहज ही महसूस की जा सकती है।

ये कहानियाँ उस वास्तव-लोक से पुनर्परिचय कराती हैं, जो यूँ तो प्रायः हमारे सार्वजनिक दायरे का हिस्सा है लेकिन लेखक की निगाह से उसे एक नई रोशनी में देखकर हम निस्सन्देह चमत्कृत हुए बिना नहीं रह सकते।

**–जयप्रकाश**

# अनुक्रमणिका

# हत्या की पावन इच्छाएँ

# हत्या की पावन इच्छाएँ

*नाना वीर का हाथ मऽ तलवार,*
*जुद्ध मऽ जाई रयो जी।*
*केका केका पऽ वरजऽ तलवार,*
*जुद्ध मऽ जाई रयो जी।*
*दुसमन को बीज बचऽनी एक,*
*जुद्ध मऽ जाई रयो जी।*
*जीती नऽ आवसे जंग सरदार,*
*जुद्ध मऽ जाई रयो जी।*
*मार काट को हुयो गरम बजार,*
*जुद्ध मऽ जाई रयो जी।*
*कुण करऽ पून नऽ कुण करऽ पाप,*
*जुद्ध मऽ जाई रयो जी।*
*इनी तलवार को काई-काई सिणगार,*
*जुद्ध मऽ जाई रयो जी।*
*गूँजी गई वीरपुरुष की ललकार,*
*जुद्ध मऽ जाई रयो जी।*
*काई कहर ढावऽगी तलवार,*
*जुद्ध मऽ जाई रयो जी।*

(एक पारम्परिक कलगी-तुर्रा शैली की निमाड़ी रचना)

एक राजा था। क्योंकि उसके पिता भी राजा थे। उनके परिवार में राजा होने की परम्परा थी। विरासत थी। राजा होना बड़े भाग की बात थी। जरूरी बात थी। राजा का काम राज करना था। राजा राज्य करता था। वह राजा था इसलिए गुणी था, वीर था, न्यायप्रिय था और ज्ञानी, ध्यानी और दानी था। ये बातें सभासदों ने बार-बार दुहराई थीं। राजा को भरोसा हो गया था कि इतना योग्य होना भी राज-परिवार की

परम्परा है। राजा गुणी था, ज्ञानी था इसलिए दिन में दरबारियों से लतीफे सुनता था। मुर्गे, बकरे और दूसरे जानवरों की लड़ाइयाँ देखता था। संगीत और कला को संरक्षण देता था। रात को सुन्दरियों के गीत सुनता था, नाच देखता था। फिर सुन्दरियों की पीठ या देह के दूसरे जरूरी हिस्से थपथपाकर शाबासी देता था। अक्सर रात-रात भर शाबासी देता था।

राजा की सात रानियाँ थीं। सात महल थे। दास-दासियाँ और लाव-लश्कर, घोड़े-खजाना, सबकुछ। उसी राज्य में एक तपस्वी था। धर्म पर चलने वाला। धर्म को मानने वाला। धर्म-रक्षा की चिन्ता में दुबला रहने वाला। कहते हैं कि एक दिन तपस्वी के तप से प्रसन्न होकर देवों ने उसे एक तलवार भेंट की। ऐसी-वैसी तलवार नहीं, अद्‌भुत अपार शक्ति से भरी चमकदार तलवार। न्यायप्रिय और धर्म की रक्षा पर चलने वाली तलवार। तपस्वी को तप से काम उसे तलवार से क्या काम? चलने वाले को रात से क्या, साधु को स्वाद से क्या? वह तलवार उसने राजा को भेंट कर दी। तलवार बहुत दिनों तक राजा के पास रखी रही। उसका कोई काम नहीं पड़ा। राज्य में अमन-चैन। एक दिन राज-उत्सव में एक युवक ने बहादुरी की प्रतियोगिता में कई पुरस्कार जीते। राजा युवक की बहादुरी से खुश हुआ। राजा की जात, खुशी और गुस्से में एक जैसा। जिद्दी। राजा ने खुश होकर वीर पुरुष का खिताब पाए उस युवक को वह तलवार भेंट कर दी। तुरत दान महापुन्न। राजा की भेंट अच्छी-बुरी कैसी भी। वीर पुरुष ने सिर-माथे लगाई। राजा का मान, राजा का दान। कैसे करता अस्वीकार? बड़े घोड़े की बड़ी चाल। बड़ों की बड़ी बातें।

वीर-पुरुष ने तलवार लेकर विनम्रता से पूछा, "ऐ राजा, इस तलवार का मैं क्या करूँगा!"

राजा हँसा। राजाओं जैसी हँसी। हँसकर राजाओं जैसा बोला, "जो तलवार का काम है वो करो। जो वीर पुरुष को सुहाए वो काम करो। तुम्हें कुछ नहीं करना है। हाथ में तलवार आएगी तो काम तलवार खुद बताएगी। दानी को दान प्यारा। वीर को मान प्यारा। तलवार खुद अपना मान रखेगी।"

वीर-पुरुष ने बात सुनी। वीर-पुरुष ने बात गुनी। अब उसे जीवन का लक्ष्य मिल गया। काम मिल गया। रुकने का कोई अर्थ नहीं। फिर उसका इस नगर में कोई सगा है भी नहीं। किसी ने उसे रोका भी नहीं। चार दिन की पहचान में कौन उसे रोकता? परदेसी की प्रीत, फूस का तापना। वह चल दिया। सुबह का दलना, सुबह का चलना। दर कोस, दर मुकाम। चलते-चलते कितना चला उसको मालूम नहीं। पर निकल पड़ा तो चलना उसका काम। सिर पर सूरज का घाम। नीचे धरती का ताप। धरती भी ऐसी लम्बी की ओर दिखे न छोर। वो ठहरा वीर पुरुष। घाम से डरे न ताप से। चल पड़ा ठान के कि नाप लेगा इस लम्बी धरती को तीन पग में। कर

भी लेता ऐसा। पर वो धरती नापने नहीं निकला था। उसके पास है एक तलवार। तलवार ऐसी कि चमके तो चमकार से कर दे लोगों को अन्धा। चले तो काटे लोगों को गाजर–मूली की तरह। वीर पुरुष तलवार लेकर घूम रहा है। भटक रहा है। तलवार लेकर क्यों भटक रहा है। अब तलवार का कोई क्या करता है? तलवार तो सिर्फ मारने के काम आती है। तो उसे भी मारना है। तलवार है तो उसका उपयोग करना है। किसे मारना है? यह पता नहीं। लेकिन मारना है। हत्या करना है, यह उसे पक्का मालूम है। तलवार का काम ही हत्या करना है। वह हत्या करने के लिए भटक रहा है। एक जान भारी काम। काम खुटे तो जी हल्का हो। काम का बोझ चैन से नहीं बैठने देता है। हत्या कर ले तो मन को तसल्ली मिले। अब उसे न जीमने में चैन न चूठने में। जीमने–चूठने में मन नहीं लगता है। बैठे तो उठता है, उठे तो बैठता है। क्या करे? किसकी हत्या करे? अभी तक कोई भी ऐसा नहीं मिला जो खुद आकर कहे कि मैं तैयार हूँ। समय खराब आ गया है। बड़े कलेजे का काल है। यानी बहादुरी का अकाल है। बहादुर आदमी खोजने पर नहीं मिलते हैं। किसे कहे और किसकी सुने। मन कभी आकाश कभी पाताल। अभी देखते–देखते शाम हो जाएगी फिर रात। रात को तो किसी को खोजना और मुश्किल होगा। अभी मिल जाए तो ठीक। तभी जंगल में ढोर चराता आदमी दिखा। उसका मन खुश हो गया। दौड़कर उसके पास गया। चरवाहा अचरज से उसे देखने लगा।

चरवाहे ने कहा, "दौड़कर आए हो, घड़ी भर सुस्ता लो। दो घूँट पानी पी लो।" चरवाहे ने उसे पानी दिया। उसने पानी पिया। घड़ी भर सुस्ता लिया, फिर बोला, "तुम भी घड़ी भर सुस्ता लो। पानी पी लो। मुझे तुम्हारी हत्या करनी है।"

चरवाहे ने पूछा, "क्यों?"

"मेरे पास तलवार है!" उसने चरवाहे को बताया।

चरवाहा सोच में पड़ गया। बोला, "बात तो तुम्हारी ठीक है। लेकिन मेरे पास ढोर हैं। मेरे मरते ही ढोर लावारिस हो जाएँगे। इन्हें इनके घर कौन छोड़कर आएगा? तुम जाओगे?" चरवाहे ने पूछा तो अब वह सोच में पड़ गया। घर बैठे मुसीबत कौन मोल ले, जलता घर भाड़े कौन ले? उसका काम हत्या करना है। वह ढोर लेकर गाँव में घर–घर कहाँ घूमेगा? और क्यों? हत्या के बाद तो उसका काम खतम। उसने मना कर दिया।

चरवाहा क्या बोलता। अकाल आया और बाप मरा। चरवाहे ने कहा, "भाई ये बात तो बनी नहीं। फिर तुम ऐसा करो कि इन ढोरों की भी हत्या कर दो। तुम्हारा भी काम हो जाएगा। मैं भी बेफिकर।"

वीर पुरुष परेशान। ढोरों की हत्या क्यों करेगा? उसने मना कर दिया। उसने पूछा, "तुम गाँव में ढोर छोड़कर वापस आ जाओ।"

चरवाहे ने कहा, "मरे की साँस क्या, घर गए कि आस क्या? रहा काम रावण से नहीं होता। घर जाऊँगा तो पचास काम निकल आएँगे। हो सकता है घर जाऊँ तो घरवाली ही कोई काम बता दे! हो सकता है मुझे ही कोई तलवार थमा दे और कहे जाओ हत्या करके आओ। फिर मैं निकल जाऊँ किसी दूसरी तरफ। इधर बैठे रहो तुम अकेले। कहोगे, आदमी बेईमान था। इस उमर में मुझे बेईमानी का दाग लगे।"

वीर पुरुष कुछ नहीं बोला। अच्छी-अच्छी मेरे भाग बुरी-बुरी बामण के लाग। किसे दोष दे? तलवार रखी वापस म्यान में। राह पकड़ी फिर दूजी! दर कोस दर मुकाम। वापस अपने गाम। गाँव से पहले का जंगल। जंगल तो फिर जंगल जैसा। आगे शेर दहाड़े पीछे नहार डकारे। वीर पुरुष डरा तो नहीं पर सोच में पड़ गया। जंगल का मामला। जन-जनावर से सामना। जनावर कोई ललकार के तो आगे आएगा नहीं। चिन्ता तो वाजिब। उसने सोचा पास में तलवार लेकिन फिर याद आया तलवार तो हत्या के लिए है, लड़ाई के लिए नहीं। जन-जनावर कोई सामने आ भी गया तो होगा आमना-सामना। सामना किया मतलब हुई लड़ाई। ऐसी लड़ाई हत्या नहीं है। उसे हत्या करनी है। हत्या जैसी हत्या। देखकर कोई भी कह दे कि यह हत्या है। एकदम खालिस हत्या। नीर-पूर पवित्र हत्या। ऐसी हत्या के बाद उसे हत्या नहीं लगेगी। ईमान है तो सबकुछ है। नीचे आत्मा ऊपर परमात्मा सब देखता है। वह तो ईमान से भी डरता है। परमात्मा से भी डरता है। हालाँकि अब पहले जैसे लोग नहीं रहे। नेम-धरम सब फूँक दिया चूल्हे में। अब तो धन से धरम है। वर्ना कब से भटक रहा है वह। होता कोई पानीदार, नामी-दानी तो आज आ खड़ा होता उसके सामने कि लो कर लो अपना काज पूरा। पुण्य की जड़ पाताल में। सीधा स्वर्ग जाता। हत्या का पुण्य कोई उसे अकेले को थोड़े ही मिलता। उसे तो पुण्य का फल बाद में मिलता। मरने वाला तो पहले स्वर्ग चले जाता। उसने सोचा, अपना संशय अपना द्वन्द्व किसे समझाये? उसकी तकलीफ कौन समझे? जो जने वो जाने, बाँझ क्या जाने।

तभी वही हुआ जो सोचा था, चाहा नहीं था। दहाड़ मारकर शेर सामने आ गया। वीर के हाथ में तलवार। शेर ने सिर झुका दिया। झुका हुआ सिर सामने, हत्याभिलाषी तलवार हाथ में। वीर पुरुष किंकर्तव्यविमूढ़। यहाँ तो लड़ाई की बात भी नहीं है। कोई भिड़न्त भी नहीं है। उसने जैसे ही तलवार का हाथ उठाया, शेर ने कहा, "ऐ वीर पुरुष! तलवार चलाने का मकसद बता। मारने का मतलब जता।"

वीर पुरुष ठहरा वीर पुरुष। उसने शेर की जिज्ञासा शान्त करना उचित समझा। बोला, "हे जंगल के राजा! मैं पुण्य प्रकरण मन में लेकर निकला हूँ। मेरे पास तलवार है। मुझे एक हत्या करनी है। आपको सहयोग देना होगा।"

शेर ने कहा, "बात धरम की है तो मना कौन करेगा? पर इसमें एक अड़चन है। पहले सुनो फिर गुनो और बताओ।"

वीर पुरुष हाथ में तलवार लिए खड़ा है।

शेर ने कहा, "आप हत्या करने निकले हैं। लेकिन मुझे मारोगे तो हत्या नहीं शिकार कहा जाएगा। जमाना जानता है, शेर का शिकार होता है, हत्या नहीं। आप हत्या करेंगे तब भी शिकार ही कहलाएगा।"

वीर पुरुष ने बात सुनी। फिर गुनी। बात ठीक है। अब क्या करे? और कोई बखत होती और कोई अवसर होता तो हत्या करके शिकार की पुण्य-प्रसिद्धि मिलती।

शेर ने कहा, "हे वीर पुरुष! मैं ही नहीं, किसी भी जानवर का शिकार निरर्थक, निष्प्रयोजन रहेगा। किसी भी जानवर को मारना हत्या नहीं है। हत्या की वीरता के पुण्य-लाभ के लिए आपको जानवरों को छोड़कर योग्य प्राणी तलाशना होगा।"

वीर पुरुष ने तलवार वापस म्यान में रख ली। वीर पुरुष ने सोचा, ऐसी जगह ठहरने से क्या मतलब? यहाँ तो चिड़िया नहीं, चिड़िया का पूत नहीं। उसके काम का कोई जीव नहीं। धोबी क्यों रहे नंगों के गाँव। शेर चल दिया तो वह भी जंगल से बाहर निकला।

जंगल से बाहर निकलते ही सामने पहाड़। पहाड़ पर जंगल। जंगल वाला पहाड़ या पहाड़ वाला जंगल। पहाड़ के पार उसका गाँव। उसके मन के घोड़े दौड़े। घोड़ों ने तय करके उसे बताया, पहाड़ की हत्या की जाए। पर घोड़ों की बात घोड़ों जैसी। जानवर की जात। मुँह में लगाम, पुट्ठे पे पूँछ। जैसे पैर कहें दौड़ें, जैसा मुँह आया बोले। यह बात तो बनी नहीं। झटपट की घानी आधा तेल आधा पानी। उसने वापस बुलाया। मन के घोड़े मन में समा गए। उसे घोड़ों की बात जँची नहीं। पहाड़ की हत्या को कौन हत्या मानेगा? फिर पहाड़ को मारने से पहले जंगल को मारना पड़ेगा। जंगल को मारने में कोई ऐतराज की बात भी नहीं। कोई दिक्कत भी नहीं पर पहाड़ को मारने के लिए पहाड़ के जंगल के इतने पेड़ मारने पड़ेंगे। कितनी ही हत्याएँ करनी पड़ेंगी। उसे इतने हत्याकांड से भी कोई ऐतराज नहीं, कोई दिक्कत नहीं। हत्या करने निकले तो एक क्या और दस क्या? पहाड़ क्या तो पेड़ क्या? पर प्रश्न विकट है कि इसे कोई हत्या मानेगा? मन में घोड़ों के अलावा सबने मना कर दिया। हत्या तो ऐसी होनी चाहिए कि सभी एकमत से स्वीकार करें कि यही हत्या है। हत्या देखकर मन खुश हो जाना चाहिए। तलवार को बदनामी न मिले। मन दुखी न हो। हत्या को लेकर मन में संशय नहीं होना चाहिए। पेड़-पौधों और पहाड़ को लेकर कोई एक मत नहीं हो पाएगा। जाने कितने लोगों को समझाना पड़ेगा। लोगों को समझाना कठिन काम है। हत्या आसान काम है। कठिन काम नहीं करना चाहिए।

ये तो जितने की भक्ति नहीं उतने के मंजीरे। हत्या आसान है और मन माफिक काम है। समझाने में श्रम, धैर्य और बुद्धि चाहिए। हत्या के लिए ताकत और इच्छा चाहिए। उत्साह चाहिए, उमंग चाहिए। उसके पास सब है। उत्साह ऐसा कि पैर जमीन पर नहीं पड़ते हैं। मन बल्लियों उछलता है। एक की जगह चार को मारने की इच्छा है। वीर पुरुष को अपनी वीरता पर अभिमान है। अपनी वीर जाति पर अभिमान है। दरअसल वह अभिमानी जाति का है।

वीर पुरुष अपनी तलवार और अपनी जाति के साथ खड़ा है। वह सोच रहा है, अभी रात हो जाएगी और रात को उसे कौन मिलेगा? रात में वह किसकी हत्या करेगा? तभी मन के घोड़े हिनहिनाए। घोड़ों ने कहा, 'ऐ वीर पुरुष! रात से मत डर। डरना कायरों का काम। तुझे रात से पहले नगर पहुँचना है तो समय के घोड़े पर बैठ कर जाओ। समय का घोड़ा समय पर पहुँचेगा।' वीर पुरुष के 'हाँ' कहते ही मन के घोड़े मन से बाहर कूदे और दौड़ कर चले गए, समय के घोड़े को बुलाने। समय की बात। समय पर जो हो वही अच्छा। वीर पुरुष का समय बलवान। मन के घोड़े समय के घोड़े को ले आए। वीर पुरुष खुश हो गया। अब समय उसका ताबेदार। समय की लगाम उसके हाथ में। अब वह करेगा समय पर सवारी। उछलकर वह बैठा घोड़े पर। उसे लगा, समय का घोड़ा पवन-वेग से दौड़ेगा। पर समय का घोड़ा समय के पँख लगाकर उड़ने लगा। तब उसे मालूम हुआ समय के पँख होते हैं। उसे समय का पता नहीं चला। समय के घोड़े को समय का पता है। समय का घोड़ा हवा से नहीं, समय से बातें करने लगा। वह समय-वेग से उड़ने लगा। समय के जंगल, समय के पहाड़, समय की नदी सबको पार करता जा रहा है। उसने देखा समय के जंगल में समय के पेड़, समय की घास। समय के पत्ते। समय का हरापन। समय के पेड़ पर समय के फल। समय के जंगल में समय की हवा। समय की नदी में समय का जल। समय का बहाव। समय की कल-कल। वह देख रहा है और खुश हो रहा है। समय का घोड़ा इन सबसे बेपरवाह। वह जंगल, पहाड़ और नदी से बेपरवाह। घोड़ा उसकी खुशी से बेपरवाह। वह घोड़े की बेपरवाही से बेपरवाह। घोड़ा अपने में मगन। वह अपने में मगन। घोड़े का काम उड़ना। उसका काम सवारी करना।

तलवार अभी भी उसकी म्यान में लटक रही है। म्यान हवा में लटक रही है। हवा में नहीं, म्यान समय में लटक रही है। यदि वह तलवार निकालकर घुमाएगा तो हवा के साथ समय भी कट जाएगा। पर ये ऐसा समय कि समय के कटते ही रास्ता नहीं कटता। और न रास्ते के कटने से समय कटता है। वह समय को भी नहीं काट सकता। रास्ते को भी नहीं काट सकता। तलवार से रास्ता नहीं कटता है। अच्छा हुआ रास्ता नहीं कटता है। रास्ता कट जाता तो रास्ते की हत्या हो जाती। रास्ते की

हत्या से उसका काम नहीं होता। रास्ते की हत्या को भी कोई हत्या नहीं मानता। वह खुश हो गया कि तलवार म्यान में है। तलवार की जात। रीझा बनिया, रूठा राजा। क्या भरोसा?

नगर की सीमा पर वह उतरा तो देखा, घोड़े ने वहीं उतारा जहाँ समय ठहरा था। जिस समय चले थे उसी समय उतरे। उसने सोचा, अच्छा हुआ समय के घोड़े पर आ गया। समय के घोड़े से समय पर आ गया। मन के घोड़े सरपट भागते हैं लेकिन मन के घोड़ों का भटकने का डर रहता है।

उसे उतारकर समय का घोड़ा फिर उड़ गया। समय के पहाड़ के पार। वह आगे बढ़ा तो उसने देखा एक साइकिल वाला तेजी से आगे निकल गया। वह सोचता, पुकारता तब तक वह निकल गया। शायद वह भी समय की साइकिल पर सवार था। उसने सोचा, रोक लेता तो साइकिल की सवारी मिल जाती। हत्या के लिए आसामी मिल जाता। पर समय निकल चुका है। समय साइकिल पर जा चुका है। फिर सोचा, साइकिल की सवारी से तो पैदल भले। हाथी पर चढ़कर गधे पर क्या चढ़ना। समय के घोड़े पर सवारी करने के बाद, साइकिल की सवारी का क्या मतलब? उसने मन को धीरज बँधाया। उकताने से गूलर नहीं पकते। सब काम समय पर साजै। समय पर जो होगा वही ठीक। वीर पुरुष आगे चल दिया। गाँव करीब है। गाँव बड़ा है। उस पर काम का बोझ मन में खटका। चिन्ता चिता समान। हत्या करके चिन्ता मिटे। एक जरा-सी हत्या के लिए कितनी भागदौड़ करनी पड़ रही है। चार आने की ज्वार और चौदह आने का मचान। पर वह वीर पुरुष है। वीर पुरुष हिम्मत नहीं हारते। हिम्मत वीर का आभूषण है। हिम्मते मर्दां तो मददे खुदा। ईश्वर भी वीरों की मदद करते हैं। ईश्वर कमजोर की मदद क्यों नहीं करता है? वीर भी ताकतवर। ईश्वर भी ताकतवर। दो ताकतवर साथ हो जाते हैं। ईश्वर वीर को कैसे पहचान लेता है? वीर के हाथ में तलवार होती है। यानी ईश्वर वीर के साथ नहीं तलवार के साथ होता है। पर मृत्यु के बाद ईश्वर सबको अपनी शरण में ले लेता है। मृत्यु से पहले क्यों नहीं? मृत्यु से पहले वह वीर के साथ। वीर की तलवार के साथ। कमजोर के लिए ईश्वर की मदद मृत्यु के बाद है। तो फिर ठीक कहा गया है कि ईश्वर सबके साथ है। किसी के साथ मृत्यु से पहले, किसी के साथ मृत्यु के बाद। अब इस बात के लिए क्या रोते रहना कि मरने के बाद ईश्वर की कृपा का कोई अर्थ नहीं? कोई लाभ नहीं? ईश्वर को लाभ-हानि से क्या लेना-देना?

अब जीवन-मृत्यु तो सांसारिक बातें हैं। ईश्वर को सांसारिक बातों से क्या लेना-देना। वो तो अर्जुन से कहकर, गीता में लिखाकर सबको पहले ही बता गए हैं।

वीर पुरुष आगे बढ़ा। नगर–द्वार पर पहुँचकर वह ठिठक गया। एक छोटे से मकान के आँगन में कोई धूनी रमाए बैठा है। वीर–पुरुष को अजीब–सा लगा। या सोए जोगी अवधूत या सोए राजा का पूत। ऐसा बेफिक्र कौन बैठा है? फकीरों की तरह लम्बा चोगा। लेकिन साधुओं की तरह लम्बी जटाएँ। गले में रुद्राक्ष मालाएँ। हाथ में तसबीह। एक दास भाँग घोट रहा है। एक भक्त चिलम तैयार कर रहा है। दासियाँ चँवर डुला रही हैं। लोभान का धुआँ उठ रहा है। लोभान का धुआँ, चिलम की गंध से अजीब–सा वातावरण बन गया। वीर पुरुष का मन शंका से भर गया। घड़ी में औलिया घड़ी में भूत। वह वीर पुरुष ही क्या जो शंका न करे। सन्देह न करे। शंका डायन मनसा भूत। निवारण जरूरी। वीर पुरुष ने उस दिव्य पुरुष से पूछा, "महाराज यहाँ से आगे दो रास्ते जाते हैं। रास्ता बताओ उससे पहले मन की शंका दूर करो महाराज कि परिचय दें।"

"ऐ वीर पुरुष! परिचय तो मैं साक्षात हूँ।" उसने आग में लोबान डालकर कहा।

"मेरा पूछने का आशय यह है कि आप खुदा के बन्दे हैं या देवदूत हैं? मौलवी या पुजारी? क्या कहूँ?" वीर पुरुष ने म्यान पर हाथ रखकर कहा।

"मेरा कोई धर्म नहीं, कोई जाति नहीं।" वह मुस्कराया। फिर बोला, "रही बात रास्ते की तो सुन, ये दोनों रास्ते एक ही जगह जाते हैं। दोनों रास्तों के बीच दोनों स्थान आते हैं। वही स्थान जिसके बारे में तुम सोचते हो। ऐ वीर पुरुष बाधा क्या है, वो बता? कठिनाई क्या है, वो सुना?"

"इस रास्ते से जाने पर मंजिल मिल जाएगी?" वीर पुरुष ने प्रश्न पूछा और उसमें शंका रख दी।

"बिल्कुल। मेरा काम ही है भटके हुए लोगों को रास्ता बताना।" उसके चेहरे पर एक मुस्कान आ गई।

"जब आपको यह मालूम है कि यह रास्ता मोक्ष का रास्ता है। इस रास्ते पर खुदा की रहमत है, तो फिर खुद क्यों नहीं जाते? जीवन सफल हो जाएगा।"

फकीर मुस्कराया। वीर पुरुष ने देखा ऐसी मुस्कान कि उसकी आँखें जलने लगीं। ऐसी जलन जो आग में लोभान डालने से भी नहीं आई थी। ऐसी जलती मुस्कान के साथ वह बोला, "मेरा काम रास्ता बताना है। खुद चलना नहीं। मैं चला जाऊँगा तो यहाँ बैठकर रास्ता कौन बताएगा?" वह कहकर चुप हुआ तो उसने सोचा, मानो तो देव नहीं तो दगड़।

वीर पुरुष अब इतना भी नासमझ नहीं था कि समझने में सचमुच सौ साल लगते।

"ऐ वीर पुरुष अपने आगमन का कारण बताओ?" साधु ने संकेत से चँवर डुलाती स्त्रियों को रोका।

"मेरे पास तलवार है।" वीर पुरुष ने बताया।

आगे कुछ भी बताना नहीं पड़ा। वह सबकुछ समझ गया।

"तो असमंजस में हो?" वह बोला।

"हाँ। आगे जाकर किसकी हत्या करूँगा?" वीर पुरुष ने हल पूछा।

वह फिर मुस्कराया। फिर समझाते हुए बोला, "वीर पुरुष का कोई धर्म नहीं होता है। तलवार की कोई जाति नहीं होती है। वह हर एक से एक-सा बर्ताव करती है। तलवार न्यायप्रिय होती है। मन में कोई शंका और कमजोरी मत रखो। तुम धर्म के काम से निकले हो। समझो तुम्हारे हाथ में तलवार नहीं, धर्म-ध्वज है।" उसके चुप होते ही स्त्रियाँ फिर चँवर डुलाने लगीं।

तभी वीर पुरुष ने सोचा, हत्या ही करनी है तो यह भी योग्य प्राणी हो सकता है। उसने गरदन उठाई तो देखा, दिव्य पुरुष इन्कार में गरदन हिलाकर मुस्कराने लगा फिर बोला, "यह अधर्म होगा। मेरी हत्या के बाद कोई दूसरा वीर पुरुष यहाँ आया तो उसे रास्ता कौन बताएगा? शंका-निवारण कौन करेगा? मेरा काम तुम लोगों को रास्ता दिखाना है। अब विलम्ब मत करो। पथ प्रतीक्षा में है। कार्य क्षेत्र पुकार रहा है।" फिर उसने इत्मीनान से वीर पुरुष को समझाया।

वीर पुरुष सन्तुष्ट हुआ। उठकर आगे चल दिया। अब वह शंकाओं से फारिग था। असमंजस से मुक्त था। आगे जो भी रास्ता था, वही उसका लक्ष्य था। वही धर्म का रास्ता था। वही न्याय का रास्ता था। अब उसे अँधेरा होने का भी डर नहीं रहा। उसके ज्ञान चक्षु खुल गए थे। भीतर का अँधेरा मिट चुका था। अब नगर अपना क्या पराया क्या? नहार बिराणे देश में नित मारै नित खाय।

वीर पुरुष रास्ते पर बढ़ चला। नगर में दाखिल हुआ तो देखा, किसी बात को लेकर भगदड़ मची है। मार-काट मची है। लड़ाई-झगड़ा हुआ है। कुछ लोग मन्दिर की ओर से, कुछ मस्जिद की ओर से भागे चले आ रहे हैं। लोग भाग रहे हैं। जो भाग रहे हैं, वे निहत्थे हैं। जो निहत्थों के पीछे मारने दौड़ रहे हैं, उनके हाथों में ध्वजाएँ हैं। लाल-पीली और हरी ध्वजाएँ। धर्म-ध्वजाएँ। सभी दूर ध्वजाओं के रंग नजर आ रहे थे। अजीब-सी रंगीनियत थी। एक क्षण तो उसे लगा जैसे यह कोई रंगीन उत्सव है। युद्ध-उत्सव। मृत्यु-उत्सव।

फिर उसने ध्यान से देखा तो लगा, ये ध्वजाएँ नहीं, हाथों में हथियार हैं। चाकू, भाले और तलवारें चमक रही हैं। फिर एकाएक उसे महसूस हुआ कि खुद उसके हाथ में भी तलवार है। या फिर शायद धर्म-ध्वजा।

इतनी भीड़ देखकर वीर पुरुष खुश हो गया। अब तो समझो उसका काम पूरा होने को है। काल की कुटिल गति। लोग इधर दौड़े आ रहे हैं। ईश्वर की कृपा। वीर पुरुष आनन्दित। उसने हाथ में तलवार को सँभाला। हवा में हाथ उठाया और भीड़

जैसे ही करीब आई। तलवार चलाई। देखते ही देखते एक छोटे-से बच्चे की गरदन धड़ से अलग हो गई। सिर लुढ़कता दूर जा गिरा। खून के फव्वारे छूटे। वीर पुरुष को अजीब-सी शान्ति मिली। फिर उसे दिव्य पुरुष की समझाइश याद आई। यह शान्ति नहीं, वीरता-बोध है। फिर क्या था। काम को काम सिखाता है। उसने फिर तलवार चलाई। भागती हुई गर्भवती औरत के पेट से जब तलवार बाहर आई तो औरत के पेट में से कटा हुआ बच्चा आधा बाहर लटक गया। चीखने से पहले ही औरत के प्राण-पखेरू उड़ गए। काल का मारा सब जग हारा। वीर पुरुष ने सोचा। मेहनती आदमी के लिए देर है अँधेर नहीं। समय लगा पर काम सौ टका पूरा हो रहा है। वक्त की यारी घोड़े की सवारी। इस नवीन वीरता-बोध ने वीर पुरुष के भीतर एक अद्‌भुत आनन्द का संचार किया। वीर पुरुष अपनी तलवार चमकाता हुआ, भीड़ चीरता हुआ नगर में घूमने लगा। फिर एक नगर से दूसरे नगर। तलवार का खेत हरा नहीं होता। पर पीछे पलटे कौन? उजाड़ को देखे कौन? दिन, महीने, साल बीतने लगे। वीर पुरुष जहाँ कहीं से गुजरता घरों के दरवाजे बन्द हो जाते। लोग घरों में छिप जाते। देखकर भाग जाते। वीर-पुरुष को उस दिव्य-पुरुष ने फिर बताया कि यह वीरता का आदर है। अपने आदर से वीर पुरुष खुश हो गया। वह हमेशा खुश रहने लगा।

समय का चक्र चलता रहा। समय तलवार से नहीं डरता। समय वीर पुरुष से नहीं डरता। समय जो करे वो थोड़ा। एक दिन ऐसे लड़ाई-दंगे में वीर पुरुष की तलवार चल रही थी। रक्त के फूटते फव्वारे के बीच वीर पुरुष प्रसन्न था कि पीछे से तलवार का एक वार हुआ। वीर पुरुष की हँसती हुई मुंडी भीड़ में जा गिरी। बगैर सिर के धड़ गिर पड़ा। तलवार गिर पड़ी। समय का राजा समय का दास। वीर पुरुष वीरगति को प्राप्त हुआ। वीर पुरुष की आत्मा को चैन मिला कि वह वीर गति को प्राप्त हुआ। वह शहीद हुआ। धरम का काम। धरम का तेज। पर आत्मा की प्रसन्नता ज्यादा दिन नहीं रही। एक दिन उसने देखा कि नगर दारोगा ने अपने रोजनामचे में उसका नाम दंगाई के आगे लिख रखा है। वीर पुरुष रोया-चिल्लाया। देवदूत के आगे गुहार लगाई। जिन्दा की चिन्ता नहीं, मरे की कौन सुने? आज मरे कल दो दिन।

मायूस वीर पुरुष टुकुर-टुकुर देवदूत को देखता रहा। देवदूत मुस्कराता रहा। तभी वीर पुरुष ने देखा, उसी की तलवार थामे कोई चौराहे पर आगे चलता जा रहा है। उसके जैसा चेहरा-मोहरा। उसके जैसा रूप-रंग। उसके जैसे बाल। उसके जैसी चाल-ढाल। वीर पुरुष को लगा वह खुद तलवार थामे चला जा रहा है। थोड़ी दूर बाद जाते हुए व्यक्ति की आकृति धुँधली होने लगी। सिर्फ हवा में तलवार दिखाई देती रही। थोड़ी ही देर बाद व्यक्ति की आकृति बिल्कुल छिप गई। सिर्फ हवा में चमकती तलवार दिखाई देती रही।

*संजा फूली आंगण माय,*
*कि पूजण चलो जी।*
*चाँद-सूरज दुई भाई,*
*कि मिलण चलो जी।*
*कि जिनका हाथऽ सोन्ना की तलवार*
*कि धौला घोड़ा पर असवार,*
*जिनका माथऽ पचरंग पाग,*
*कि जिनका गळा मऽ सतरंग हार*
*संजा फूली आंगण माय*
*कि पूजण चलोजी*
*चाँद-सूरज दुई भाई,*
*कि मिलण चलो जी।*

(एक निमाड़ी संजा गीत)

# नदी के तहखाने में

उसे बता दिया गया था कि वहाँ जाने के अधिकांश रास्ते बन्द हो गए हैं। उसने अपनी पत्नी को बताया।

"फिर?"

"तुम चिन्ता मत करो। अपने घर-गाँव पहुँचने के लिए हम सरकारी रास्तों के मोहताज नहीं हैं।" उसने कहा और याद करने लगा कि घर से रूठने पर, झगड़ने पर किन-किन रास्तों से वह घर से, शहर के बाहर भागता था। पत्नी को भरोसा नहीं था। उसे भरोसा था। उसे बता दिया गया था कि रेलवे-स्टेशन अब वहाँ से हटा लिया है। रेलगाड़ी का रास्ता बदल गया है। पटरियाँ हटा लीं हैं। सड़कें नहीं हटा पाएँ हैं पर मोटर ने जाना बन्द कर दिया है। अब वहाँ कोई नहीं जाता। गाँव खाली हो गया है। पूरा गाँव डूब में आ गया है।

उसने अलमारी से एक बड़ा नक्शा निकाला। अपने छोटे से शहर का बड़ा-सा नक्शा। पिता जब जंगल महकमे में काम करते थे तब यह नक्शा उनके पास था। रिटायर होने के बाद नक्शा पिता के पास रह गया। सन् उन्नीस सौ तीस के आसपास बना नक्शा था। छोटा-सा शहर। आसपास के गाँव। नदी, पहाड़, जंगल और रेल-सड़क मार्ग बने हुए थे। नक्शे में शहर के आसपास हरे रंग के लम्बे और गहरे धब्बे थे। उसने पत्नी को बताया, ये जंगल हैं। घने, गहरे ओर लम्बे जंगल।

"अभी भी हैं।"

"नक्शे में हैं तो होंगे।" उसने आश्वस्त किया।

खंडवा बस स्टैंड पर पता लगा कि बस हरसूद तक नहीं जाती है। जहाँ तक जाती थी वह पत्नी के साथ वहीं तक जाने के लिए बैठ गया। जिस जगह बस ने उतारा, उसकी पत्नी ने देखा, दूर तक उजाड़ है। पथरीली जमीन और नंगे टीले। उसकी पत्नी उसे घूरने लगी। उसने मुस्कराकर आश्वस्त किया। शाम तक वे पैदल चले। जिस जगह शाम हुई एक छोटा-सा गाँव था। रात वहीं रुकने के बाद सुबह चलने के निर्णय के साथ वे दोनों वहीं रुक गए।

सुबह होते ही चल पड़े। पत्नी थक गई, बोली, "ऐसे उजाड़ और कँटीली धूप में कैसे चलेंगे? कहाँ जाएँगे?"

वह ठिठक गया। बोला, "बस, अभी जंगल शुरू हो जाएगा। धूप पेड़ों के ऊपर ही ठहर जाएगी।"

"दूर-दूर तक उजाड़ है। तुम्हें कहाँ जंगल नजर आ रहा है?" पत्नी झल्ला गई।

उसने मुस्कराकर जेब से नक्शा निकाला और जैसे ही जमीन पर फैलाया। एकाएक एक घना जंगल मीलों तक फैलता चला गया। वह विस्फरित रह गई। उसकी पत्नी हमेशा उसके पिता की पुरानी चीजों को समेटे रहने की उसकी आदत पर टोकती रहती है। गुस्सा करती रहती है। पर उसे पता नहीं था कि ऐसा कुछ सम्भव है। वह पत्नी के साथ जंगल में दाखिल हुआ।

सागौन के ऊँचे पेड़ बहुत करीब-करीब खड़े हैं। जो पेड़ पतले हैं, वे तेज हवा में अपना भार पास के पेड़ पर डालने की जुगत में रहते। बारिश ने पेड़ों को धो दिया था। पेड़ों के पत्ते धुले हुए और उजले हैं। पत्तों की त्वचा पर हरापन चमक रहा है। किसी-किसी पेड़ के पत्तों पर हरापन गाढ़ा हो गया है, जिसमें त्वचा पर एक किस्म की कालिमा आ गई है। नरम और गीली घास पर धूप के तौलिये सूख रहे हैं। धूप के कुछ चिंदे पेड़ों पर भी लटके हुए सूख रहे हैं। घास पर पानी और धूप भी है। गीली घास पर धूप गीली हो रही है। कुछ दूर तक चलने के बाद वे दोनों एक पेड़ के करीब दम लेने के लिए रुके। पेड़ के नीचे बैठे तो गीली धूप का एक तौलिया सरककर खुद-ब-खुद उसके सिर पर आ गया। अब वह जिस जगह बैठा है, घास पर धूप नदारद है।

उसकी पत्नी थक गई। माथे पर पसीने की फुहार है। उसने कहा, "धूप के इन तौलिये से पसीना पोंछ लो।" पत्नी हँसने लगी। पत्नी ने कहा, "मुझे धूप का तौलिया नहीं, छाँव का तौलिया चाहिए।"

छाँह के तौलिये, छोटे पेड़ों के पास थे। उसने कहा, "यूँ नहीं मिलेंगे। इनसे माँगना पड़ेगा। बगैर पूछे तौलिया मत उठा लेना।"

पत्नी ने कहा, "पेड़ों से पूछना होगा?" इस बार वह हँसी नहीं। एक गीला सन्देह उसकी आँखों में है। उसने देखा कि उसकी पत्नी की आँखों में भी एक जंगल है जहाँ इच्छाओं के गीले तौलिये सूख रहे हैं।

"हाँ, पूछना होगा। इसमें हँसने की क्या बात है?" उसने पूछा।

"मैं कहाँ हँसी?" पत्नी ने एतराज जताया।

तब उसे याद आया कि पत्नी ने बगैर हँसी के सवाल किया था। उसकी पत्नी छाँह के तौलिये से पसीना पोंछती रही और तौलियों को पेड़ों की टहनियों पर सूखने के लिए डालती रही। पेड़ों पर बारिश की बूँदें बच्चों की हँसी के टुकड़ों-सी ठहरी

हैं। दिलचस्प बात तो यह है कि पेड़ों के हिलने-डुलने से बारिश की बूँदें गिर नहीं रही हैं। उन बूँदों के भार से पत्ते झुक-झुक जाते लेकिन बूँदों को गिरने नहीं देते। उसने सोचा यह बूँदें कब तक पत्तों पर टिकी रहेंगी। पत्ते तो इन्हें नीचे गिरने नहीं देंगे। यह मुमकिन है कि पत्ते ही बूँदों को पी जाएँ। शायद पीते रहते होंगे। तभी तो पेड़ इतने स्वस्थ, ताजा और हँसमुख हैं। ये पेड़ दो गुना वजन उठाए हुए हैं। पत्तों का और पत्तों ने पी हुई बारिश की बूँदों का। बारिश थम गई है लेकिन थमी हुई बारिश पेड़ों पर है। बारिश सुस्ताने के लिए पेड़ों पर ठहर गई है। पेड़ों की टहनियों पर बारिश के बादल लेटे हुए हैं। एक भरी-पूरी बारिश हो जाए बारिश की इतनी बूँदें पत्तों पर लेटी हुई हैं।

उसकी पत्नी पेड़ के नीचे रुक गई। एकाएक पेड़ ने अपनी टहनियों पर ठहरी बारिश को निचोड़ा और उसकी पत्नी को पूरा भीगो दिया। उसकी पत्नी पूरी गीली हो गई। गीली होकर घबरा गई। पेड़ हँसने लगा। एक पेड़ हँसा तो आसपास के पेड़ भी हँस दिए। पेड़ों के पंछी हँसने लगे। दूसरे पेड़ों के पंछी हँसने लगे। दूसरे पेड़ों पर थमी हुई बारिश हँसने लगी। जंगल हँसी से भर गया। पत्नी ने घबराहट पर काबू पाया तो वह भी हँसने लगी। पत्नी को हँसते देखकर वह भी हँसने लगा। जंगल हँसी का जंगल हो गया। उसकी पत्नी तो हँसी से तरबतर हो गई। वह हँसी की ठंड से काँपने लगी। उसे पत्नी पर प्रेम आ गया।

वह आगे बढ़ा और पत्नी को बाँहों में ले लिया। फिर उसके भीगे कपोलों पर ठहरी हँसी की बूँदों को चूम लिया। इस बार हँसी की बूँदों से लाज झरने लगी। पत्नी के गीले कपड़ों से उसके कपड़े भी थोड़े गीले हुए। ज्यादा गीलापन ने थोड़ा गीलापन निकालकर उसके कपड़ों पर धर दिया। उसके सीने का दबाव पत्नी के सीने पर बढ़ने लगा। उसने महसूस किया कि पत्नी के सीने पर ठहरे दो बादल दब रहे हैं। बादल कोमल बारिश से भरे हुए हैं। उसे लगा कि ज्यादा दबाव पड़ा तो दोनों बादल फट जाएँगे और वह बारिश से नहा उठेगा। बादल दबे पर फटे नहीं। फिर धीरे-धीरे बादलों की बारिश भाप बनकर उड़ने लगी और दोनों बादल एक अजीब-सी आँच से भर उठे। उसे अपने सीने में आँच महसूस होने लगी। फिर पूरी देह आँच से भर गई। आँच के अतिरेक से उसकी आँखें बन्द हो गईं। आँच से तपे, दहकते दोनों बादल उसके सीने में धँसने लगे। उसके अपने दोनों होंठ पत्नी के होंठों पर धरे तो उसे लगा कि बादलों की आँच वहाँ तक पहुँच गई है। पत्नी के दोनों होंठ धूप में तपते पेड़ के पत्तों की तरह तप रहे हैं, काँप रहे हैं। होंठों की आँच से बचने के लिए उसके होंठ पत्नी के होंठ छोड़कर उसकी देह के दूसरे हिस्सों पर फिरने लगे। बारिश से भीगी पत्नी की गीली देह पर उसके होंठों को कहीं भी गीली शरण नहीं मिली। बौखलाए और आतुर होंठ दोनों बादलों की घाटी में ठहर गए जहाँ बारिश की कुछ

बूँदें दुबकी हुई थीं। जैसे ही उसने अपने होंठ उन बूँदों पर रखे, बूँदें भाप हो गईं। उसके होंठ एक हिंस्र बेचैनी में उन बूँदों को घाटी में तलाशने लगे। ठोस और उजले बादलों की श्वेत घाटी में होंठ भटकने लगे। देह की घबराहट में नीचे घास का हरापन व्याकुल हो गया। उसने उस हरेपन की व्याकुलता को रोकने के लिए अपनी मुट्ठियों में घास को दबा लिया।

बारिश के गीलेपन से लरजी हुई हथेलियों पर घास का हरापन रीसने लगा। वह घास की व्याकुलता को दबाने की कोशिश करने लगा। मिटाने की कोशिश करने लगा। असफल होने पर उसने पत्नी की साड़ी पूरी घास की जमीन पर बिछा दी। घास की व्याकुलता को ढाँपकर वह पत्नी की देह से घास के तिनके बिनने लगा जो अपनी आकुलता में पत्नी की देह पर यहाँ-वहाँ हरेपन की लकीरों में हैं। पेड़ों की साँसें रुक गईं। वे धक्क से इस दृश्य की तीव्रता में अचल खड़े हैं। पत्ते भूल गए कि उन पर बारिश की बूँदों को सँभालने का दायित्व है। पत्ते दृश्य को देखने, बल्कि उसमें शामिल होने के लिए नीचे झुके। उनके झुकते ही पत्तों पर ठहरी बारिश की बूँदें उसकी पत्नी की निर्वस्त्र देह पर गिरने लगी। देह पर उन बूँदों के गिरने से एक भिन्न संगीत बजने लगा। उसे समझ में नहीं आया कि यह बारिश की बूँदों का संगीत है या देह का संगीत। सम्भवतः बारिश की बूँदें कोई देह राग बजा रही हैं। साड़ी फैलकर जंगल के दूसरे छोर तक बिछ गई है। उस छोर तक जहाँ आसमान घास के हरेपन पर झुककर अपने नीलेपन में प्रार्थना कर रहा था। आसमान की प्रार्थना और बारिश की बूँदों के संगीत में एक ऐसा तालमेल है कि सारा जंगल इस संगत में शामिल हो गया। घास की व्याकुलता को पत्नी की साड़ी ने ढाँप रखा है। उसकी पत्नी की देह की व्याकुलता को यह जंगल राग ढाँपने लगा। पर ऐसा मुमकिन नहीं। पत्नी की देह के तारों में एक ऐसा कम्पन है जो जंगल के संगीत के कम्पन से ज्यादा मार्मिक राग पर बज रहा है। उसकी पत्नी के होंठ खुले हैं लेकिन उस पर बारिश की बूँदें नहीं गिर रही हैं। वह अपने होंठों को कुछ इस तरह पत्नी के होंठों पर धरे हुए था कि बूँदों के भीतर जाने के सारे रास्ते पूरी तरह बन्द हो गए। धीरे-धीरे बारिश की बूँदों को उसकी पत्नी के देह पर गिरने में भी कठिनाई आने लगी। उसकी देह बारिश की बूँदों से पत्नी की देह को बचाने के उपक्रम में उसकी देह पर बिछ गई। पत्नी की देह का राग उसकी देह से टकराकर एक अजीब-सा कम्पन पैदा करने लगा। तब उसे लगा कि एक ऐसा ही देह राग खुद उसकी देह में कम्पन पैदा कर रहा है। वह पत्नी की देह को बारिश की बूँदों से नहीं बचा रहा है बल्कि अपनी देह से पत्नी की देह को ढाँपकर बारिश की बूँदों से अपनी देह पर उस राग के कम्पन की तीव्रता को महसूस करना चाहता है। पत्नी की देह जिस राग के आरोह पर है वह उसकी संगत में उसी राग में सम पर आ गया है।

पेड़ जब बारिश की बूँदों से खाली हो गए तो इस देह राग के लिए दान की अनिवार्यता में फूल गिराने लगे। झरते फूलों से दोनों की देह ढँक गई। पूरा जंगल देह राग में फूलों के दान की खुशबू से भर गया। अब उसकी देह पर बारिश की बूँदें हैं। बारिश की बूँदों पर फूल झर रहे हैं। उसे लगा कि इन हजारों फूलों की खुशबू से कई गुना ज्यादा खुशबू पत्नी की देह से उठ रही है। फूलों की खुशबू और बारिश की बूँदों से भीगकर उन दोनों की देह फिसलकर एक ऐसी जगह पहुँच गई जहाँ से एक अतल गहराई शुरू होती है। उस गहराई में गिरने को आतुर दोनों देह ने एक दूसरे को भींच लिया। वह देख रहा था कि उन दोनों की देह इतनी जोर से एक दूसरे को भींचकर आलिंगनबद्ध है कि जैसे अतल गहराई में जाकर किसी हासिल के समय अकेले न रह जाए। वहाँ जैसे दोनों की एक साथ उपस्थिति जरूरी हो।

फिर एकाएक बारिश की सारी बूँदें जो उसकी पीठ पर थीं, सारा जल निथरकर पत्नी की देह में समाने लगा। खुशबू से लिथड़े हुए दोनों एक साथ आतुर और उदग्र उस अतल गहराई में गिर रहे हैं। सुख के असीम हासिल में दोनों की आँखें बन्द हैं।

दोनों ने आँखें खोलीं तो महसूस किया कि एक गहरी थकान का भार दोनों पर है। एक लम्बी तैराकी के बाद तारी होने वाली सुखद थकान। एक ऐसी थकान जिसकी बेहोशी से निकलने का मन दोनों का नहीं है।

पत्नी के चेहरे पर सुख था, तृप्ति थी। असीम सुख की तृप्ति।

"पहले तो आपने कभी इस तरह प्रेम नहीं किया?" पत्नी के स्वर में लज्जा और हर्ष की मिश्रित खनक है।

"मतलब?" उसने पूछा।

"इस तरह सब कुछ भूलकर, यहाँ तक कि जैसे खुद को भूल गए। जैसे कल का भरोसा नहीं था। जैसे फिर कभी अवसर नहीं मिलेगा।" अब पत्नी के स्वर में जिज्ञासा है।

"मैं आज का यह समय तुम्हारे साथ प्रेम में जीना चाहता था। वर्तमान का एक-एक पल खर्च करके।" कहते-कहते उसकी आवाज का घनत्व बढ़ गया।

पत्नी कुछ नहीं बोली। उसकी बड़ी-बड़ी आँखों में भयभीत सवाल ठहर गए। वह धीरे से मुस्कराया जैसे पत्नी को दिलासा देना चाहता हो फिर बोला, "एक घर डूब गया। एक पूरा शहर डूब गया। सौ साल के जीवन की कामना में बना घर, हजार साल रहने की इच्छा में बसा शहर एकाएक डूब गया। कितना सारा समय अनबीता, बिना खर्च किए रह गया।"

"तुम आगत से डरते हो?" पत्नी ने पूछा।

"नहीं, मैं विगत के भय से मुक्त होना चाहता हूँ।" उसकी आवाज जैसे किसी गहरे जल से आई, डूबी हुई गीली आवाज।

कुछ देर की चुप्पी के बाद पत्नी ने कहा, ''भूख लगी है।''

वह जंगल के घनेपन का दरवाजा खोलकर भीतर दाखिल हुआ और पत्नी की साड़ी में ढेर सारे फल बाँधकर ले आया। पत्नी ने फल उठाकर खाया और खुश हो गई।

''फल बहुत मीठा और स्वाद भरा है!'' पत्नी की बोली में फल की मिठास थी।

''कौन सा फल है?''

''सन्तोष का फल!''

उसकी बात सुनकर पत्नी मुँह में पत्ता दबाकर हँसने लगी। वह पत्नी को मुग्ध होकर देखने लगा। घर-परिवार के काम में रोज खटने वाली उसकी पत्नी आज जैसे कोई और लग रही है। पहले से कई गुना ज्यादा मोहक। वह अभी भी निर्वस्त्र है। कमर पर एक बड़ा-सा पत्ता रखा हुआ है। उसे लगा, प्रकृति में शामिल होने पर प्रकृति भी, स्त्री की खूबसूरती बढ़ाने के लिए मददगार हो जाती है।

उसने उठकर कपड़े तलाशे। कपड़े धूप की टहनियों पर छाँह के तौलियों के साथ लटक रहे थे। पत्नी ने कहा, ''अभी कुछ देर पहले तुमने इसे धूप की टहनियाँ नहीं कहा था।''

''हो सकता है!''

''पक्का, कुछ और कहा था।''

''हाँ, लेकिन अब ये धूप की टहनियाँ हैं। प्रकृति खुद को पल-पल बदलती है।''

वह अधलेटा हो गया। पत्नी उसे देखने लगी।

''मैं कुछ देर तक इस जगह को देखना चाहती हूँ। जीवन के सबसे खूबसूरत पल हमने यहाँ गुजारे हैं।''

''बिल्कुल देख लो लेकिन ये पल, यह जगह कहीं नहीं जाएगी। सब कुछ यहीं बना रहेगा।'' उसने पेड़ की त्वचा को पत्नी की हथेली की भाँति छुआ।

''ऐसा कैसे हो सकता है?'' पत्नी साड़ी लपेटते हुए बोली।

''हो सकता है बल्कि होगा। बहुत मुमकिन है कि एक दिन हम ही कहीं से लौटकर यहाँ आए तो इस जमीन को, जमीन पर छूटे इन पलों को पहचान लेंगे।''

''पर यह जमीन तो डूब में आ जाएगी।'' पत्नी अन्तिम इच्छा के साथ पेड़ को देखने लगी।

''तो क्या हुआ?'' सैकड़ों-हजारों बरस गुजर जाएँगे। कोई पंछी बनकर, कोई जलचर बनकर आएँगे और इस जमीन को छूते ही अपने पलों को पहचान लेंगे।''

पत्नी के चेहरे पर सन्देह का एक हल्का-सा तिनका चिपका है। तब तक यहाँ कुछ भी नहीं बचेगा। पर वह जानता है। जमीन डूब जाए। जंगल डूब जाए। धरती नष्ट हो जाए। पर इस जगह पर जल की असीम गहराई में, धरती के गर्भ में गुजरे पल नष्ट नहीं होंगे। कुछ देर पहले का उनका वह प्रेम अपने उसकी आवेग के साथ बना रहेगा। इस भू-भाग पर उन पलों का वह प्रेम सुरक्षित रहेगा। बरसों-बरस बाद चाहे वे खुद या कोई और, कोई भी प्राणी इस भूभाग पर पैर धरते ही प्रेम की इच्छा से भीग जाएगा। इस धरती पर शायद ही कोई ऐसी जगह बची हो जहाँ उसने या किसी प्राणी ने कभी प्रेम न किया हो। धरती का कोई भी भाग प्रेम से अछूता नहीं है। इन असंख्य वर्षों में धरती के, प्रकृति के हर हिस्से, हर कण पर प्रेम की छाप है। प्रेम का स्पर्श है। धरती का हर प्राणी कभी-न-कभी इस फासिल प्रेम का स्पर्श करता ही है। स्पर्श करते ही वह प्रेम की इच्छा को स्पर्श कर लेता है। प्राणी का प्रेम करना खुद उसकी निजी इच्छा नहीं, धरती पर फैले, धँसे, बिखरे उस आदिम प्रेम के स्पर्श का परिणाम है। और क्या पता, हम यहाँ, इस जगह प्रेम का भू-भाग नहीं छोड़े जा रहे हैं बल्कि सैकड़ों बरस पहले किसी और प्राणी के प्रेम के छोड़े गए पलों को स्पर्श करने के परिणाम में प्रेम कर रहे थे।

उन दोनों ने कपड़े पहन लिए। उनकी देह भीगी हुई है पर कपड़े सूखे हैं। कुछ गीलापन कपड़े सोख रहे हैं, कुछ गीलापन उनकी देह सोख रही है। उसने नीचे देखा, उनके प्रेम के भार से दबी-कुचली घास मुदित है। वे दोनों आगे बढ़े। सागौन के पेड़ पीछे छूटने लगे। कुछेक जिद्दी पेड़ जो पीछे-पीछे चले और यहाँ-वहाँ ठिठक गए। उसने तो किसी को साथ चलने के लिए नहीं कहा, किसी को रुकने के लिए नहीं कहा। कुछ पेड़ अपनी जिद और मनुहार में आगे तक आए। आगे की ओर लेकिन दूसरे ही पेड़ थे। कुछ अमलतास, कुछ गुलमोहर कुछ नीम, कुछ पीपल, कुछ बरगद कुछ और, कुछ और। उसने गिने नहीं। जाने-पहचाने अनेक पेड़। वह उनका साहचर्य चाहता है। उनकी जाति और संख्या से विभाजित नहीं करना चाहता। वे चले तो बादल भी उनके साथ चले। उसने पत्नी की ओर देखा। उसके चेहरे पर असीम अनुराग और सुख के बादल हैं। उसकी साड़ी के गुलाबीपन पर पेड़ों की हरियाली उतर आई थी। साड़ी का गुलाबी रंग चेहरे पर चला गया है। ऊँचे और घने पेड़ों से बचते हुए धूप का एकाध टुकड़ा उसकी पत्नी के चेहरे पर आ जाता तो गुलाबी आभा में चेहरा क्षण भर को दमकने लगता। वह बोली, ''मैं ये हजारों फूल, ये खूबसूरत पत्ते... ये सारा सुख मैं साथ ले जाना चाहती हूँ।''

''ऐसे कैसे हो सकता है? ये जंगल की धरोहर है। जंगल की सम्पत्ति है। ये सारा सुख आज का है।'' उसने पत्नी के बालों में अटका फूल निकाला।

"ये सुख आज का क्यों? जब भी हम याद करेंगे तो यह सुख हमारा रहेगा।" पत्नी ने उसके हाथ से फूल वापस लेकर बालों में खोंस लिया।

"सुख कोई पोटली में बाँधकर नहीं रखा जा सकता है। जब हम याद करेंगे तो वह स्मृतियों का सुख होगा।" उसने पत्नी से दुबारा फूल नहीं लिया। वह फूल भी अब स्मृति में बदल चुका था।

"तुम सारा कुछ यहीं छोड़ दो। फिर कभी लौटेंगे तो फिर से सबकुछ मिल जाएगा।" उसने समझाया।

"हो सकता है। बरसों न लौटें। तब तक तो सभी मिट जाएगा। नष्ट हो जाएगा।" पत्नी थोड़ा दुखी हो गई।

"कुछ भी नष्ट नहीं होगा। मैंने तुम्हें बताया तो। कोई भी चीज सिर्फ हमारे सोच में नष्ट होती है। वर्ना तो हमेशा बनी रहती है।" उसने पत्नी को तसल्ली दी।

"कुछ भी नष्ट नहीं होगा?" पत्नी ने दुबारा आश्वासन चाहा।

"कुछ भी नहीं। जो चीज अपनी सम्पूर्णता में, अपने होने की इच्छा में रहना चाहती है तो बची रहती है।"

"तो इन्दौर वाली बुआ मर गई। खत्म हो गई।" पत्नी ने बात को एक भिन्न सिरे पर जाकर जोड़ा।

"नहीं, बुआ घर के लोगों के लिए मर गई थीं। याद करो, हमें आठ दिनों बाद मालूम हुआ था तो बुआ मरने के बाद भी आठ दिनों तक हमारे लिए जीवित रही। सुबोध बीमार था, उसे एक महीने बाद बताया। उसके लिए बुआ एक माह तक जीवित रही। ऐसे कई लोग होंगे।" उसने पत्नी को समझाया जो ध्यान से सुन रही थी, "जिन चिड़ियाओं को बुआ दाना देती थी। जो कभी बाद में... साल, चार साल बाद लौटेंगी। उन्हें तब पता चलेगा। उनके लिए बुआ तब मरेगी। हो सकता है चिड़ियाएँ कभी न लौटे तो उनके लिए कभी नहीं मरेगी। व्यक्ति को धरती के हर प्राणी के लिए अलग-अलग जीवित रहना होता है। एक ही समय में। मृत्यु जैसी अबूझ चीज के बारे में हम इतना निजी स्तर पर, सिर्फ खुद के देखने या न देख पाने से निर्णय नहीं सुना सकते हैं।

"तुम तो बड़ी फिलॉसफी की बातें करने लगे।" पत्नी ने मुस्कराकर कहा तो वह शरमा गया। झेंपकर बोला, "नहीं, मैं फिलॉसफी के बारे में कुछ भी नहीं जानता हूँ। फिलॉसफी तो बहुत गूढ़ रहस्यों की ओर ले जाती है। अबूझ और अनजान बातों की ओर। मैं कठिन बातें समझ नहीं पाता हूँ।" कहकर उसने पत्नी की मुस्कराहट में छिपे विनोद को सफाई दी। फिर उसे लगा कि यह अक्सर होता है कि जीवन और प्रकृति के सरलतम यथार्थ को अबूझ बनाकर फिलॉसफी की ओर धकेल कर टाल दिया जाता है। सम्भवतः इसी कारण मनमर्जी से एक अराजक जीवन जीने की

सुविधा हासिल हो जाती है। व्यक्ति गैर जरूरी जगहों पर निर्भय हो जाता है और अकारण की आस्था से जुड़ जाता है। उसने बहस नहीं की। चुपचाप चलता रहा। उसके चुप होते ही जंगल और घना हो गया। उसकी चुप्पी जंगल से ज्यादा घनी हो गई।

वह उस जगह लौट रहा है जहाँ कभी एक छोटा-सा शहर था। उस शहर में उसका घर था। माँ की बीमारी के समय वह आया था तो लौटते हुए पिताजी से मिल नहीं पाया था। वह जब घर से चला था तो पिताजी घूमने गए थे। वह पिताजी से मिलकर आना चाहता था। माँ ने कहा था कि, ''तू जा, तेरी बस चली जाएगी।''

अब वही शहर, उसका घर गहरे जल के तल में बैठा है। इस दिन की अनिश्चितता से एक ऐसी भयावह सम्भावना निर्मित हुई कि माँ के भीतर एक गहरा अन्धकार उतर गया। रोज-रोज वह अन्धकार बढ़ता रहा और एक दिन माँ उसमें गुम हो गई। फिर वह दिन भी आया जब घर-गाँव से विस्थापित पिता को एक ऐसे अजनबी गाँव में रहना पड़ा जिसने धीरे-धीरे उनके भीतर भी एक अन्धकार पैदा कर दिया। एक अजनबी जगह से घनिष्ठता के पहले ही अबोला हो गया। वे कहते थे, ''इस अन्धकार की सुरंग की लकीरें नक्शे में नहीं हैं।'' वे अक्सर नक्शा फैलाकर अँधेरे रास्तों के निशान खोजा करते थे। पुनर्वास के नाम पर बसाई गई बस्ती में रोशनी की सुविधा नहीं थी। पानी की सुविधा नहीं थी। आधी-अधूरी बसी बस्ती में मकान बेहद दूर-दूर बने हुए थे। बहुत थोड़े लोग वहाँ रहने आए थे। उसके पिता कहते थे कि, ''इन दूरियों में शासन ने एक सुविधा दे दी है। अकेलेपन में रोने पर यहाँ कोई भी एक-दूसरे का रुदन नहीं सुन पाता है। यहाँ अकेले में रोने की सुविधा है।''

ऐसी सुविधा पर हँसते हुए वे अँधेरे रास्ते खोजते रहते। फिर एक दिन वे ऐसे गहरे अँधेरे रास्ते पर उतर गए जहाँ से वे किसी को पुकार नहीं पाए और न खुद अपनी आवाज सुन पाए। जिस आदमी को पत्नी की लम्बी बीमारी और उसकी मृत्यु नहीं तोड़ पाई उसे अपने शहर से अलग होने की पीड़ा ने मार दिया।

वह उस जगह पहुँच कर रुक गया। यहाँ से नदी के पानी का एक लम्बा विस्तार शुरू होता है। कुछ दूर या काफी दूर पानी में आगे जाने पर शहर शुरू होता है। शहर पानी के नीचे बैठा है। चुपचाप। उसके चेहरे पर गहरी शान्ति छा गई। पत्नी के चेहरे पर पहली बार चिन्ता की हल्की-सी लकीर उभरी। उसने पति की ओर देखा। वह मुग्ध होकर दूर-दूर तक फैली जलराशि को देख रहा है। उसे तो इस अगाध जल में असीम आकर्षण महसूस हो रहा है। दूर पचास फूट ऊँचे मन्दिर के शिखर पर फहराती सिर्फ झंडी दिखाई दे रही है। पूरा मन्दिर पानी में डूबा है। ऊँचे-ऊँचे पेड़ों के आखिरी सिरे की पत्तियाँ दिखाई दे रही हैं। सारे पेड़ पानी में डूबे हैं। उसने पत्नी

की ओर पलटकर कहा, ''चलें?'' पत्नी ने तुरन्त सहमति में सिर हिलाया। पति के चेहरे पर ऐसी गहरी शान्ति देखकर उसे भला लगा। उसकी चिन्ता मिट गई। दोनों आगे बढ़े और जल की सीढ़ियों पर खड़े हो गए जो नीचे गहरे जल में जा रही हैं। वे जल की छत से उतरकर नदी के तहखाने में उतरने लगे।

''नदी के तहखाने में क्या है?'' पत्नी ने पूछा। उसके पूछने में महज पूछना था। एक निर्दोष जिज्ञासा। उसने बताया, ''नीचे नदी के तहखाने में सब कुछ रखा हुआ है। घर-परिवार, व्यक्ति, नाते-रिश्ते और एक ठहरा हुआ समय। या समझो इस ठहरे हुए समय में सब कुछ है।''

चौक से आगे बढ़े तो मुख्य बाजार शुरू हो गया। दुकानों में सामान नहीं, पानी है। सड़कों पर, गलियों में पानी है। यदि वे दो मंजिला मकानों की छत पर भी खड़े हो जाते तो उन्हें कोई देख नहीं सकता है। मकानों की छत गहरे पानी में डूबी हैं। वे पेड़ के नीचे खड़े हो गए। पेड़ पानी में पूरे डूबे हैं। गहरी जलराशि की इतनी गहराई में वे भी जलचर हैं।

आगे बढ़े तो वह संपत साहू के घर के आगे ठिठक गया। आँगन में नीम का पेड़ अभी भी है। उस नीम के पेड़ से वे एक कुत्ता बाँधकर रखते थे। हर आने-जाने वाले पर खासकर उस पर तो बेहद भौंकता था। वह साहूजी के घर दूध लेने आया करता था। नीम के पेड़ पर कीला अभी भी गड़ा है। जंजीर शायद साहूजी अपने साथ ले गए। जंजीर गई तो कुत्ता भी गया होगा। रूपचंद ज्वैलर्स का मकान और दुकान ऊपर-नीचे थी। दुकान के जिस महँगे शोकेस में जेवर रखे रहते थे, वहाँ काई उग आई है। काई मकानों की दीवारों पर भी चढ़ रही है। हर दीपावली पर महँगे रंग से पुताई कराने वाले व्यक्तियों ने कभी सोचा भी नहीं होगा कि उन महँगें रंगों पर एक दिन हरी काई चढ़ जाएगी।

वे मन्दिर के आगे से गुजरे तो वह पलटकर मन्दिर में दाखिल हो गया। जल से निमग्न मन्दिर में ईश्वर अकेले बैठे हैं। शंख उनके हाथ में अभी भी है पर वे फूँक नहीं पा रहे हैं। दरवाजे खुले पड़े हैं। पानी के अन्धकार में अकेले बैठे हैं। पत्नी ने छत से लटकती घंटी बजाई तो घंटी की आवाज पानी में दूर तक गूँजती चली गई। ईश्वर एकाएक चौंक पड़े। वे ध्यानस्थ नहीं थे। जल में घुली चिन्ता में निमग्न थे। जल की हिलोरों ने उनकी देह से रंग के कपड़े खुरच दिए हैं। जल उनके कपड़े धो नहीं रहा है, खुरच रहा है। किसी समय के झान-मँजीरों और घंटियों की तीव्र और लम्बी गूँज अब पानी सोख चुका है। दर्शन करने वाले भक्त ईश्वर को छोड़कर जा चुके हैं और उनकी भक्ति का शोर जल के तल में काई के नीचे दबा पड़ा है।

मन्दिर से निकलकर वह आगे बढ़ा। अब उसका घर ज्यादा दूर नहीं है। बचपन

में तो वह अक्सर यहाँ खेलने आया करता था। शुक्ला पुजारीजी उसे खूब पहचानते थे। अब वे पता नहीं किस मन्दिर में आरती गा रहे होंगे। उन्हें पूजा-पाठ के अलावा कुछ आता भी नहीं था। इस ईश्वर के बगैर वे कहाँ और क्या कर रहे होंगे। पूरा जीवन ईश्वर की सेवा में गुजार देने का प्रण और घोषणा करने वाले पुजारीजी जा चुके हैं। मन्दिर के संगमरमर के फर्श पर रेत बिखरी है। पेड़ों से गिरकर गीले पत्ते पूरे मन्दिर में बह रहे हैं। इन सबके बीच हाथ में शंख पकड़े हकबकाए से ईश्वर चुपचाप बैठे हैं।

अपने घर के दरवाजे पर पहुँचकर वह रुक गया। घर की दीवारों पर काई चढ़ने लगी थी पर दीवारों का रंग थोड़ा उजला हो गया है। उसने दो कदम पीछे हटकर घर को देखा। फिर वापस करीब आकर देखा। घर पहले जैसा ही लगा। फिर उसे घर की दीवार पर चिपका वह सरकारी कागज भी दिखाई दे गया जो घर खाली करने का नोटिस था। जो भी लिखा है बहुत विनम्र भाषा में है कि लेकिन उस विनम्र भाषा में एक सरकारी धमकी छिपी थी। घर खाली करो। गाँव डूब में आने वाला है।

वह थोड़ी दूर पीछे हटा। घर थोड़ा धुँधला हो गया। घर पर एक पनीली परत फिर गई। जैसे बाढ़ की सूचना से पहले बाढ़ फिर गई हो। फिर उसे महसूस हुआ कि दरअसल उसकी आँखें डबडबा आईं थीं। पानी के भीतर उसने आँखों का पानी पोंछा। आँखों का खारापन नदी के जल में घुल गया। पीड़ा की अजीब-सी तपन पानी में महसूस हुई।

उसने घंटी बजाई। भीतर बजने वाली घंटी उसे सुनाई दी। घंटी बन्द नहीं हो रही है। यानी कि उसने चले जाने के बाद घंटी की यह मामूली-सी खराबी पिताजी ने ठीक नहीं कराई थी। वह दरवाजा ठेलकर भीतर आया। गुलाब की क्यारियाँ वैसी ही हैं। गहरे लाल और पीले गुलाब खिले हुए हैं। पानी के हल्के झोंके से गुलाब डोल रहे हैं। पारिजात का पौधा बड़ा हो गया है। हल्के केसरिया फूल झर गए थे और आँगन का वह हिस्सा पारिजात के फूलों की चादर से ढँक गया है। उसने दरवाजे को हाथ लगाया तो देखा, दरवाजा पहले से खुला है।

भीतर बैठक में दाखिल हुआ। कुर्सियों और किताबों की रैक के पास पिताजी की इजी चेयर रखी है। वह हल्के-से डोल रही है। पिताजी अभी-अभी उठकर बाहर गए हैं। शाम का समय नहीं है वर्ना वह समझ जाता कि घूमने गए होंगे। पर इस समय? नुक्कड़ तक पान खाने गए होंगे। उसने पत्नी को बताया तो उसने इन्कार कर दिया। उसने कहा, ''देखो, इजीचेयर पर कोई जलचर था। अभी उतर कर किताबों के पीछे हो गया। चेयर उसके उतरने से डोल रही है।''

उसने प्रतिवाद नहीं किया। पत्नी भी चुप हो गई। वे आगे बढ़े। उसने पत्नी से

कहा, ''भूख लगी हो तो खाना बना लो। पिताजी घर से कुछ भी नहीं ले गए हैं। सारा सामान छोड़ गए हैं।''

वे दोनों रसोई में आ गए। चूल्हे के भीतर एक कछुआ बैठा है। माँ जहाँ बैठकर रोटी बनाती थी, वहाँ मछलियाँ तैर रही हैं। उसने भीतर के कमरे का दरवाजा खोला तो देखा, जहाँ बैठकर वह पढ़ाई करता था उस खिड़की के पास कोई बड़ा जलचर बैठा है। शायद मगरमच्छ। उसे देखकर उसने मुँह फाड़ा। अब यह शायद उसका घर है। पूजा घर के पास एक मेंढक अपने ढेर सारे छोटे-छोटे बच्चों के साथ बैठी है। छोटी-बड़ी अनेक मछलियाँ पूरे घर में तैर रही हैं। कभी उससे टकराकर वापस पलट जाती। कभी दूर से देखकर पलट जाती। उसने सोचा, क्या घर की मिल्कियत इस तरह बदलती है। जिस चूल्हे की आग से घर की दीवारों पर कालिख चढ़ जाती थी, वहाँ काई चढ़ी है। उसने पत्नी को बताया कि माँ ज्वार की रोटियाँ बेलन से नहीं बेलती थीं, वह हाथ पर रोटी बनाती थीं, इसी चूल्हे पर वह ज्वार की रोटी को आँच से फुला देती थी। पानी की टंकी में तो अब पानी ही होगा लेकिन अलमारियों में जाने कितने देखे-अदेखे जलचर बैठे हैं। अपनी छोटी-छोटी मिचमिचाती आँखों से वे अपने घर में होने वाली दखलन्दाजी को देखते रहते फिर धीरे से फिसलकर अलमारी से बाहर हो जाते या कोने में सरक जाते। इन जलचरों को बेदखली का भय है। वह छत पर आ गया। कपड़े सुखाने की रस्सी अभी भी छत पर टँगी है। रस्सी पर कपड़े नहीं हैं। पचासों फूट ऊपर से धूप की किरणें जल की मोटी सतह को भेदकर रस्सी पर गिर रही हैं। कपड़ों की प्रतीक्षा में। वे हर रोज इसी तरह कपड़ों की प्रतीक्षा में इस छत पर आती होंगी। पत्नी ने कहा, ''तुम भावुक हो रहे हो।''

उसने कहा, ''नहीं, मैं सामान समेट रहा हूँ। बहुत कुछ छूट गया है।''

''पर तुम सामान इकट्ठा नहीं कर रहे हो।'' वह चिन्तित स्वर में बोली।

''तुम देख नहीं पा रही हो। पर मैं इकट्ठा कर रहा हूँ।'' वह इत्मीनान से बोला। फिर सीढ़ियाँ उतरकर वे कोने के कमरे में आ गए। उसकी शादी के बाद पहली रात के लिए उसे यही कमरा मिला था। पत्नी को याद दिलाया तो वह लजा गई। वह हँस पड़ा। उसकी हँसी से पानी के अनेक बुलबुले ऊपर पानी की सतह पर जैसे पत्नी की लाज की सूचना देने गए हों। उसकी गुलाबी साड़ी का रंग अब उसके चेहरे पर भी था। साड़ी पर जंगल की हरियाली अभी भी बाकी थी।

वह थककर एक कुर्सी पर बैठ गया। वह समझ गया कि पत्नी ठीक कह रही थी। मैं सामान इकट्ठा नहीं कर रहा हूँ इसका अर्थ है कि वह कुछ नहीं ले जा रहा है। वह कुछ ले भी नहीं जा सकता है। यह एक भिन्न दुनिया है। उसकी दुनिया से भिन्न। अब यहाँ से कुछ नहीं ले जाया जा सकता है। वह चुपचाप दीवार पर टँगी

माँ की तस्वीर को देखता रहा। पानी से वह धुल गई है। माँ की मुस्कान में कुछ ज्यादा तरलता आ गई है। माँ का चेहरा पानी-पानी हो गया है।

वह उठकर बाहर के कमरे में जाने लगा तो पूजा घर के पास ठिठक गया। सारे देवी-देवता कतार में बैठे हैं। गीता का गुटका नीचे रखा है। चाँदी का एक सिक्का उस पर रखा है। उसने चाँदी का सिक्का उठाया और जेब में रखना चाहा फिर वापस पूजा घर में रख दिया। पिता जब सारी मोह-माया छोड़ चुके थे तो वह क्यों इसे अपने साथ लेकर जाए।

उसने पलटकर देखा, पत्नी कमरे के दरवाजे पर खड़ी है। वह उसके साथ बाहर के कमरे में आ गया। दोनों बाहर की कुर्सियों पर बैठ गए। उसने पत्नी के हाथ पर अपना हाथ धरा तो वह चौंक गया। पत्नी का हाथ गरम है। उसने पत्नी से पूछा, ''तुम्हें बुखार है?''

''ऐसी हरारत तो बनी रहती है।'' फिर ममता से मुस्कराकर बोली, ''मेरी चिन्ता मत करो।''

दोनों काफी देर बैठे रहे। पत्नी ने उसकी ओर देखा, फिर उसकी कमीज पर उँगलियों से हाथ फिराने लगी। शाम का धुँधलका उसकी हरे-सफेद चौखाने की कमीज पर कुछ ऐसे उतर रहा था कि हरे-सफेद चौखाने अजीब-से जाल की तरह लग रहे थे।

शाम होने की आहट पानी के भीतर सुनाई देने लगी। पत्नी ने उसके कन्धे पर हाथ धरा और कहा, ''हमें अब चलना चाहिए। शाम हो रही है। अँधेरे में बाहर जाने का रास्ता दिखाई नहीं देगा।''

''मैं पिताजी की प्रतीक्षा कर रहा हूँ।'' उसने खुले दरवाजे को देखा।

''वो यहाँ कहाँ? वो कहीं नहीं।'' पत्नी ने समझाया।

''मुझे मालूम है। वो घूमने गए हैं। पिताजी से मिलकर जाएँगे।''

''पिताजी घूमने नहीं गए हैं।'' पत्नी ने जोर देकर कहा कि शायद इस तरह उसे याद आ जाए।

''घूमने ही गए हैं। माँ ने बताया था।'' उसने कहा।

''वो तब की बात है। जब पिछली बार डूब से पहले तुम मिलने आए थे।'' पत्नी ने करुण स्वर में कहा।

''मुझे मालूम है। मैं चला गया था। पर समय यहीं रुक गया था। हम लोग उसी रुके हुए समय में बैठे हैं। बाहर सब कुछ पल-पल बदलाव है। पर यहाँ सब कुछ अचल, स्थिर। पिताजी अभी घूमकर लौट आएँगे।'' उसने पूरे विश्वास से कहा।

पत्नी ने दया से उसे देखा। उसे पति पर अविश्वास नहीं है। कोई सन्देह नहीं

है। लेकिन उसे यह मालूम है कि ठहरे हुए समय की मोटी परत पानी में घुल रही है। यह जानते ही वह डर गई। उसने कहा, ''थोड़ी देर बाद कोई भी रास्ता दिखाई नहीं देगा।''

''हमारे पास नक्शा है!'' उसने हाथ में थमा रोल किया हुआ नक्शा दिखाया।

''और जो पहले दिखाया था, यहाँ आते हुए?'' पत्नी के चेहरे पर अचरज का जल है।

''वो नक्शा यहाँ आने का था। यह नक्शा यहाँ से लौटने का है।'' उसने बताया।

''यह बाहर निकलने का नक्शा भी वैसा ही है, जैसा यहाँ आने का नक्शा था? इसको भी खोलते ही सारे रास्ते खुल जाएँगे?'' पत्नी के चेहरे से जल टपक रहा है, बूँद-बूँद।

''हाँ, इस नक्शे के सहारे हम बाहर होंगे। बिल्कुल बाहर।'' उसकी आवाज जल से गहरी हो गई।

''यह कहाँ से आया?'' पत्नी ने उसके हाथ में पकड़े नक्शे की ओर संकेत कर कहा।

''पिताजी की पुरानी सन्दूक से निकाला। यह बाहर जाने का, लौटने का नक्शा है।''

उसने इस तरह इत्मीनान से कहा कि सुनकर पत्नी निश्चिन्त हो गई। वह कुछ नहीं बोली। उसने आँगन में जाकर पारिजात के ढेर सारे फूल आँचल में समेट लिए। वह फूल समेटकर पलटी तो देखा, पति अभी भी दरवाजे की ओर देख रहा है। और पिताजी अभी लौटे नहीं हैं। पर उसके चेहरे पर बहुत धैर्य है।

रात हो गई। सुबह हो गई। नदी का किनारा कुछ दूर था। दोनों ठिठक गए। दूर तक फैली जलराशि को देखते रहे।

''कैसा लगता है?'' उसने पूछा तो पत्नी ने कोई जवाब नहीं दिया। फैली हुई जलराशि को नई नजरों से देखा।

''लगता है, नदी के जल की यह सतह डूबे हुए शहर की छत है। जैसे पूरे शहर पर नीले रंग की स्लैब डाल दी गई है।'' पत्नी की चुप्पी के बाद वह बोला।

''तुमने दरवाजा बन्द कर दिया था?'' सहसा पत्नी ने पलटकर पूछा।

''कौन-सा?'' वह चौंक गया।

''पीछे जंगल का! जंगल के घनेपन का दरवाजा।'' वह मुस्कराकर बोली। उसकी मुस्कराहट में शरारत थी लेकिन आवाज में पानी-सी तरलता और उसकी गहराई का रहस्य था।

''हाँ, बन्द कर दिया था। अब तक तो धूप की टहनियों पर लटक रहे छाँह के

तौलिए भी सूख गए होंगे।'' जवाब में उसने दूसरी बात कही। जैसे आवाज के रहस्य को असम्बद्ध बात की नोक से तोड़ा जा सकता हो।

फिर काफी देर चुप्पी बनी रही। उसी चुप्पी के बीच दोनों चलते हुए नदी के ठीक किनारे पर पहुँच गए। वहाँ मामूली-सी भीड़ थी। भीड़ के बीच जगह बनाकर दोनों आगे पहुँचे। वहाँ पुलिस मौजूद थी।

नदी की सतह पर दो लाशें तैर रहीं थीं-ढेर सारे पारिजात के फूलों के बीच। एक पुरुष और एक स्त्री की। पुरुष ने हरे-सफेद चौखाने वाली कमीज पहन रखी थी। स्त्री की गुलाबी साड़ी पर अजीब-सा हरापन है। जैसे जंगल की हरियाली साड़ी पर उतर आई है। जल की सतह पर हल्के-से डोल रही लाशों के चेहरे पर गहरी शान्ति है। पुरुष के हाथ में कोई रोल किया हुआ कागज है। निकालकर देखा तो पता लगा, कोई बरस से ज्यादा पहले मकान खाली कराने के लिए दिया गया नोटिस है।

दूर तक फैली जलराशि पर कोई विशेष हलचल नहीं है। हल्की-हल्की लहरें तट से टकरा रही हैं।

# पल-पल परलय

मैं उठकर पंचायत भवन के बाहर आ गया। बाहर के मैदान में शाम के धुँधलके की परत जमना शुरू हो गई है। मैदान पर घास की मौजूदगी के अवशेष हैं। मैदान पर क्रिकेट खेलने के लिए बच्चों ने ताम्बेसर की लकड़ियों के स्टम्प गाड़ रखे हैं। थोड़ी दूर पर स्कूल में रात के खाने की तैयारियाँ चल रही हैं। हल्के अँधेरे में ताम्बेसर की टेढ़ी-मेढ़ी लकड़ियाँ आसमान को भेदने की बचकानी कोशिश करती-सी खड़ी हैं।

दल के मेरे अन्य साथी स्कूल के बाहर कुर्सियाँ निकालकर बैठ गए हैं। अलग-अलग विभागों से आए कर्मचारी-कृषि विभाग, वन विभाग, स्वास्थ्य विभाग, शिक्षा विभाग, लोक निर्माण विभाग, पशुपालन विभाग और जनपद पंचायत के सी.ई.ओ. और दूसरे अनेक कर्मचारी।

सूचना विभाग का अधिकारी और रूरल डेवलपमेंट पर अखबारों में लिखते रहने के कारण मुझे इस अभियान दल का प्रमुख बनाया गया है। मैं बहुत बेमन से आया था। मुझे यह अभियान कोरा सरकारी प्रपंच लगा था। मैंने तो दफ्तर में कहा भी था कि अगर इस तरह के भाषणों से दुनिया सुधर जाती तो लोग गांधीजी को गोली नहीं मारते। लेकिन दोपहर होने तक मुझे अपना विचार बदलना पड़ा। गाँव के सरपंच और दूसरे लोगों ने जिस तरह काम किया तो मुझे लगा कि गांधीजी की सफलता के सूत्र भी इसी में छिपे हैं।

गाँव पहुँचे थे तब अजीब-सी नाटकीयता, चोंचले और पाखंड से भरे होने की सम्भावनाओं के सन्देह से इस अभियान को देखता मैं बहुत उलझन महसूस कर रहा था। कभी लगता कि बिना जाने-बूझे हर सरकारी प्रयास को सन्देह से देखने की अफसरी मानसिकता का असर है तो कभी लगता है सन्देह की दीवार के पार भरोसे का मैदान है जहाँ उम्मीद के स्टम्प आसमान की ओर बाँहें उठाए खड़े हैं। आयोजन ने तो जैसे मेरे सन्देह को खुरचना शुरू कर दिया। मेरी उम्मीद जो ज्यादा बड़ी नहीं थी, आज का आयोजन उससे कहीं ज्यादा बड़ा और अच्छा हुआ। मन में दबा एक चोर सन्देह यह भी था कि कहीं यह सब पहली-पहली बार मिलने वाली सफलता

और सामूहिक सम्मान से उपजी प्रफुल्लता तो नहीं है? लेकिन मन इस चोर सन्देह को खदेड़ने के लिए बिल्कुल तत्पर था।

मुझे याद आया, स्वास्थ्य विभाग का प्रतिनिधित्व करने वाले डॉ. प्रसाद ने बहुत तन्मयता से उन बीमारियों के बारे में बताया जो गाँव में अक्सर फैलती हैं। उन बीमारियों की रोकथाम के उपाय भी बताए। कुछ जरूरी दवाइयाँ भी बाँटी। उनके साथ आए मातहतों ने गाँव में बीमारियों से रोकथाम वाली जानकारियों से भरे पोस्टर चिपकाए। मुझे लगा सालों से ऐसे पोस्टर चिपकाए जा रहे हैं। नारे लिखे जा रहे हैं। फिर क्या वजह है कि इन पोस्टरों के शब्द बीमारियों के भय और सरकारी सलाह का भरोसा मजबूत नहीं कर पा रहे हैं? और असर होने की यही रफ्तार रही तो अभी सारी चीजें व्यवस्थित होने में सौ साल और लग जाएँगे।

वन विभाग से आए रेंजर परिहार साहब ने कुछ खास नहीं बताया। वे एकाध पेज का भाषणनुमा कुछ रट कर आए थे, वही सुनाया–"अधिक वृक्ष लगाना चाहिए। पेड़ों को काटना नहीं चाहिए। पेड़ों को काटने से जमीन की ताकत खत्म हो जाती है। पेड़ आपसे क्या माँगते हैं? कुछ नहीं। लेकिन आपको देते बहुत कुछ हैं। पेड़ आपको शुद्ध हवा देते हैं। फल देते हैं। छाया देते हैं।..." ऐसी अनेक बातें थीं जिन्हें वे सम्भवतः स्कूली किताबों से पढ़कर आए थे। इन बातों में और न इस प्रस्तुति में कुछ प्रभावी था। मुझे अचरज हुआ कि गाँव के लोगों ने इसे भी ध्यान से सुना। बगैर किसी हो-हल्ले के। बैंक मैनेजर रस्तोगी जी ने सबसे ज्यादा दिलचस्प बातें कीं। उन्होंने गाँव वालों को, किसानों को कर्ज लेने के फायदे बताए। उन्होंने बताया कि बीमार फसलों को बचाने के लिए पैसा नहीं है तो बैंक आपकी मदद करेगा। बीज लेने के लिए, खाद लेने के लिए, बैंक आपको कर्ज देगा। उन्नत बीज महँगे होते हैं लेकिन पैदावार अधिक होती है। महँगाई से डरें नहीं, महँगाई को एन्जॉय करें। मौज करें। आपके पूर्वज पैसा जमीन में गाड़कर रखते थे। सोचते थे, पैसा सुरक्षित रहेगा लेकिन पैसा बढ़ता नहीं था। उस पैसे को बाहर निकालो, बाजार में डालो। पैसा, पैसे को बनाता है। बहता पैसा ही काम का है। यही लिक्विडिटी है। पैसे का उपयोग करो। आप नहीं करोगे तो औलाद का क्या भरोसा। सट्टे-जुए में उड़ा देगी या अपनी सुख-सुविधाओं पर खर्च करेगी। उस पैसे का उपभोग आप खुद करो। फ्रिज खरीदो। टीवी खरीदो। ट्रैक्टर खरीदो। खेती को आधुनिक बनाओ। जमाने के साथ कदम मिलाकर चलो। दुनिया चाँद को रौंद रही है।

अभी वे कुछ और भी कहते। तभी भीड़ से कुछ लोग आगे आए और बैंक मैनेजर तथा कृषि अधिकारी से झगड़ा करने लगे। गालियाँ देने लगे। शोर इतना बढ़ गया था कि मैं कुछ देर के लिए अपनी जगह से हिल नहीं पाया। फिर दौड़कर आगे गया। गाँव के कुछ किसान थे। किसी कर्जे की बात कर रहे थे। बैंक मैनेजर से

झूमा-झटकी करने लगे। सरपंच ने छुड़ाया। लोगों ने समझाया और जबरदस्ती ठेलकर उन्हें बाहर किया। जाते-जाते उनमें से एक अधनंगा किसान जो ज्यादा उत्तेजित था, बोला, "क्या सारे चोट्टे एक जैसा बोलते हैं? हमारे गाँव का सेठ और तुम एक ही स्कूल में पढ़कर आए हो क्या, लूट की स्कूल में?"

इस हो-हल्ले के बाद सी.ई.ओ. साहब बोलने के लिए खड़े हुए तो मुझे लगा कि वे असहज हो जाएँगे। लेकिन उन पर जैसे इस घटना का कोई असर नहीं हुआ था। उन्होंने तो कमाल कर दिया। उन्होंने सोक पिट के बारे में समझाया। 'गाँव का पानी गाँव में, और घर का पानी घर में, जैसा सरकारी नारी लगाकर गाँव वालों से सोक पिट खोदने और हैंडपम्प, कुएँ आदि को रिचार्ज करने के लिए तैयार कर लिया।

पहाड़ी पर वृक्षारोपण की न केवल योजना बताई बल्कि श्रमदान से उसके लिए गड्ढे खोदने के लिए लोगों को तैयार कर लिया। देर तक जाने कितनी बातें समझाते रहे जो खुद मुझे उबाऊ लग रही थीं कि घर की मोरी से बाहर बहने वाले पानी को घर के बाहर सोख्ता गड्ढे खोदकर उसमें उतारो। पानी को कहीं भी बहने न दो। घर के पीछे खाली जमीन पर सब्जियाँ बोकर बहने वाला पानी वहाँ उतार दो। हैंडपाग और कुँओं से बाहर बहने वाले पानी को गड्ढा खोदकर रिचार्ज विधि से जमीन में उतारो। वे बोलते जा रहे थे और मैं अविश्वास के साथ सुन रहा था। सी.ई.ओ. साहब की समझाइश में रेंजर साहब के भाषण की तरह सपाटगी तो नहीं थी लेकिन एक अजीब-सी नाटकीयता थी। उनकी आवाज और प्रस्तुति में दिल को छू लेने वाली बात नहीं थी। मुझे लगा कि ये बातें असरदार नहीं रहेंगी। इन बातों में रस्म अदायगी की एक सरकारी बू है जिसे साफ महसूस किया जा सकता है। हम लोग गाँव वालों के लिए बाहरी आदमी हैं। सरकारी आदमी। हमारी बातों को समझने और आत्मसात् करने के लिए उन्हें घरेलू किस्म का विश्वसनीय माहौल और व्यक्ति चाहिए।

मैं अजीब-सी उलझन में बैठा रहा। मुझे अचरज तो तब हुआ जब सी.ई.ओ. साहब के भाषण के बाद कार्यक्रम खत्म होते ही आठ-दस गाँव वालों ने तत्काल अपने घर के सामने सोक पिट खोदना शुरू कर दिया। कुछ लोग हैंडपम्प और कुओं पर पहुँच गए और रिचार्जिंग के लिए गड्ढा खोदने का काम शुरू कर दिया। कुछ लोग रेत और ईंटों के टुकड़े वहाँ जमा करने लगे। अचरज तो तब बढ़ गया जब कुछ नौजवान पहाड़ी पर पहुँच कर वृक्षारोपण के लिए श्रमदान करके गड्ढे खोदने लगे। तब मैंने सोचा, कृषि विभाग के खान साहब सही तो नहीं फरमा रहे थे कि गाँव में अब भी सम्भावना है। सिर्फ जरूरत है सही एप्रोच की।

यह पुलक ज्यादा देर मन में नहीं रही। शाम को स्कूल के मास्टर साहब को

इस पुलक में शामिल करना चाहा तो उन्होंने मेरा स्कूली उत्साह साफ कर दिया। उनकी बातों पर एकाएक भरोसा नहीं हुआ। दिनभर का सारा आयोजन सिर्फ नाटक था? मैं गाँव की गलियों में वापस पलट गया था। मास्टर साहब मुझे पुकारते ही रह गए थे। मैं यह सोचकर कि सरपंच और इतनी भीड़ ने पौधे लगाने का सिर्फ नाटक किया था, कुढ़कर रह गया।

वह संरपच जो गाँव के विकास और एकता की बड़ी-बड़ी बातें कर रहा था। उसका क्या हुआ? मैं गाँव की गलियों में दाखिल हुआ। सारे सोख्ता गड्ढे वैसे ही खुदे पड़े हैं। कुछेक ने जो हम लोगों के सामने गड्ढे भरना शुरू किया था, हमारी पीठ फिरते ही काम रोक दिया था। गड्ढे वैसे ही अधूरे पड़े हैं। मैं स्कूल के पास हैंडपम्प तक गया तो देखा, रिचार्जिंग के काम के लिए खुदाई का काम भी अधूरा पड़ा है। रेत का ढेर बिखर गया है। ईंटों के टुकड़े वैसे ही पड़े हैं।

सन्न रह गया मैं! किस चतुराई से मुझे मूर्ख बनाया गया था। वापस लौटने लगा तभी एक साँड़ तेजी से हुँकार मारते हुए भागता आया। मैं उछलकर गली के घर की दीवार से चिपक गया। साँड़ दौड़ता हुआ अगली गली में चला गया। वहाँ बच्चों के चीखने की आवाजें आने लगीं। गली और वहाँ के लोगों को रौंदता हुआ साँड़ वहाँ से भी निकल गया। मैं गुस्से में बड़बड़ाने लगा तो गली के ओटले पर बैठे बूढ़े ने बताया कि गाँव के सरपंच के दबाव में गाँव के ही एक किसान ने बछड़े को छुट्टा छोड़ दिया है जो कभी-कभी गाँव में भी घुस जाता है। उधम मचाता है। नुकसान करता है। क्या करें? कोई उपाय नहीं है।

मैं घिसटते कदमों से वापस लौटा। मास्टर साहब पंचायत भवन के बाहर खड़े थे। मैंने उन्हें वृक्षारोपण से लेकर सोख्ता गड्ढों तक के बदहाल बताए। वे कुछ नहीं बोले, वे तो पहले से जानते थे। मैंने गुस्से से पूछा तो वे डरते-डरते बोले, "साहब आप लोगों के जाते ही सारे काम ज्यों-के-त्यों छोड़ दिए गए। काहे का वृक्षारोपण और काहे का ग्राम-विकास। जो कुछ थोड़ा बहुत उस समय किया वह तो अभियान-दल को बताने के लिए किया था। हमें भी धौंस देकर सरपंच ने कहा था कि बच्चों को लेकर आना! कार्यक्रम में भीड़ दिखेगी।"

"लेकिन पहाड़ी पर तो गाँव के बहुत सारे लोगों ने वृक्षारोपण के लिए गड्ढे खोदना शुरू किया था।" मैंने मास्टर सहाब को याद दिलाना चाहा जैसे वे भूल गए हों।

"नहीं साहब वे कोई अपनी मर्जी से इकट्ठा नहीं हुए थे।" मास्टर साहब ने अजीब-सी लाचारी से कहा, "कुछ लोग तो गड्ढा खोदने के लिए मजदूरी से बुलाए गए थे। कुछ लोग कार्यक्रम के बाद जलपान में मिठाई और फल के लालच में आ गए थे। और रही हमारी बात तो साहब, स्कूल के मास्टर की क्या

बिसात? एक धमकी में ही स्कूल के बच्चों को लेकर चले जाते हैं। गाँव में सरपंच से कौन बैर मोल ले?'' मास्टर साहब ने ऐसी दयनीयता से कहा जैसे यह सब नियति की अनिवार्यता है। मास्टर साहब ने संजीदगी से गरदन हिलाते हुए कहा–''आपके जाते ही सभी अपने-अपने घर वापस चले गए। पहाड़ी पर पौधों के लिए गड्ढे, गाँव में सोख्ता गड्ढे, हैंडपम्प और कुओं के रिचार्जिंग का काम, सब वैसा ही छोड़ दिया और इसी गाँव में नहीं, हर गाँव के सरपंच ने ऐसा ही किया है।''

मैं भौंचक्का मास्टर साहब को देखता रहा। मुझे उनकी लाचार और अवसाद में डूबी आवाज पर गुस्सा आया। फिर मुझे लगा यह गुस्सा व्यर्थ है। इस तरह का गुस्सा भी दरअसल एक किस्म की लाचारी है। मैंने मास्टर साहब को देखा जिनके चेहरे पर अब लाचारी की जगह इस बात की हैरानी है कि मैं इन बातों को समझ क्यों नहीं पाया?

मैंने उसी हैरानी के किनारे खड़े होकर पूछा, ''लेकिन इस दिखावे की क्या जरूरत थी?''

मास्टर साहब एकाएक कुछ नहीं बोले। पहले मेरी ओर देखा फिर बोले, ''बताते हैं कि राजधानी से कोई आदेश आया है। अभियान-दल की रिपोर्ट के आधार पर ही ग्राम-पंचायत को अलॉटमेंट मिलेगा। सरपंच इसीलिए अभियान दल को प्रभावित करना चाहता है,'' कहकर मास्टर साहब मुस्कराए। बहुत देर बाद उनका संकोच और भय खत्म हुआ। वे मुस्कराए अपने कथन पर या मेरी नादानी पर यह भाव उनके चेहरे से नदारद है।

मैंने मास्टर साहब की मुखमुद्रा से ध्यान हटाया और सोचने लगा कि इन सारी बातों को सी.ई.ओ. साहब भी समझ नहीं पाए। मैंने मास्टर साहब की ओर नजरें उठाईं तो जैसे वे मेरे मन की बात ताड़ गए। बोले, ''सी.ई.ओ. साहब को सब कुछ मालूम है बल्कि उनके निर्देश पर ही यह सारे तामझाम हुए हैं। सी.ई.ओ. साहब भी चाहते हैं कि उनके ब्लॉक की यानी जनपद की अच्छी रिपोर्ट जाएगी तो ज्यादा अलॉटमेंट आएगा। ज्यादा आएगा तो ज्यादा कमीशन मिलेगा।''

मुझे लगा, जैसे मैं बीच बाजार में नंगा कर दिया गया हूँ। ये लोग इतने दिनों से दल को छल रहे हैं और हमें पता भी नहीं चला। मैंने अपमान से उपजे गुस्से को दबाया और कहा।

''ये किसने कह दिया कि ऐसी रिपोर्ट के आधार पर अलॉटमेंट मिलता है? मुझे नहीं लगता कि ऐसा कुछ होता है।''

''न होता हो! सी.ई.ओ. साहब और सरपंचों को क्या फर्क पड़ता है? थोड़ा बहुत खर्चा ही हुआ है। लेकिन यदि अलॉटमेंट मिल जाता है तो उनका काम बन

जाएगा। सी.ई.ओ. साहब कोई चांस नहीं लेना चाहते हैं।'' मास्टर साहब इस तरह मुझे समझाते हुए बोले जैसे क्लास में बच्चों को पढ़ा रहे हों।

काफी देर हम दोनों के बीच खामोशी रही। मास्टर साहब अपमान से उपजी मेरी पीड़ा को समझ गए इसलिए चुपचाप खड़े रहे। मैं भारी मन से वापस पलटा।

अब मुझे वे किसान याद आए जो कृषि अधिकारी खान साहब और बैंक मैनेजर रस्तोगी साहब के भाषणों पर भड़क गए थे। मैंने उन्हें कार्यक्रम से बाहर निकाला था तो सरपंच कैसा हँसा था? मैंने आवाज देकर मास्टर साहब को बुलाया। वे करीब आकर खड़े हो गए तो मैंने बैठने का संकेत किया। वे बहुत संकोच के साथ बैठ गए।

''मास्टर साहब वे किसान कौन थे जो सुबह कार्यक्रम में भड़क गए थे?'' मैंने पूछा तो मास्टर साहब के चेहरे पर करुणा आ गई जो हल्के अँधेरे में भी नजर आ रही थी।

''साहबजी किसान तो बहुत से भड़के थे!'' मास्टर साहब ने पूछा और मेरे आशय को टटोला।

''मैं उन तीनों के बारे में पूछ रहा हूँ जो सबसे आगे थे। जो बैंक मैनेजर का गला पकड़ने चले आए थे।'' मैंने प्रश्न बनाकर उनकी ओर देखा।

''नंगे बदन वाला शंकर था, जो सिर्फ धोती पहने था। धोती और बन्डी पहने दयाराम था और तीसरा रामरतन था।'' मास्टर साहब आगे बोलते हुए रुक गए तो मैंने नजरों को प्रश्न बनाकर उनकी ओर देखा।

''बहुत बुरी गुजरी साहबजी इन किसानों के साथ।'' मास्टर साहब की आवाज गहरे अवसाद में डूब गई, ''बैंक ने पचास तरह के प्रलोभन दिए। कृषि विभाग का अफसर, यह नहीं जो आज आए हैं, कोई दूसरा था जिसने सोयाबीन के बीज लेने के लिए बैंक से कर्जा दिलाया। किसानों ने कर्ज लिया। बीज लिया। बीज नकली निकल गया। बीज जमीन से बाहर तो आ गए लेकिन पौधा बढ़ा नहीं। इसी पर बस नहीं हुई। कृषि विभाग का अफसर फिर आया और किसानों को ही डाँटने लगा। कहा, बीजों को अच्छा खाद और पोषक दवाइयाँ छिड़कनी थी। फिर कर्जा। फिर बीज। फिर खाद के लिए कर्जा। फसल के लिए दवाइयों का कर्जा। बैंक मैनेजर ने सबकी जमीनें बैंक में गिरवी रख ली हैं। इतनी मेहनत और खर्चे के बाद भी नतीजा बुरा निकाला। बुरा क्या साहबजी भयानक निकाला।''

''क्यों? इस बार भी पौधे बड़े नहीं हुए?'' मैंने पूछा।

''बड़े तो हुए लेकिन फसल रुपए में दस पैसे भी नहीं आई। इसी सदमे में शंकर का दिमाग हिल गया है। कभी तो अच्छी बातें करता है। कभी बहकी-बहकी बातें करता है।''

"लेकिन ये लोग बैंक मैनेजर पर क्यों भड़क रहे थे?" मैंने थोड़े अचरज से पूछा।

"ये बैंक मैनेजर भी उसी बैंक मैनेजर की तरह बोल रहे थे। वही शब्द, वही भाषण। वही लहजा। और सच पूछो तो साहबजी ये बैंक वाले बिल्कुल हमारे गाँव के बनिये की तरह बातें करते हैं। उसी तरह व्यवहार करते हैं। क्या कर्जा देने वाले लोगों की कहीं ट्रेनिंग होती है जो एक जैसा बोलचाल और व्यवहार सीखे आते हैं?"

मेरा अचरज बढ़ता देख वे आगे बोले, "कर्जा देते समय मीठी-मीठी बातें और जमीन के सारे कागजात रख लेते हैं। वसूली के समय मोहलत माँगों तो पहचानते भी नहीं हैं।"

"आप गलत न समझें तो एक बात कहूँ?" अचानक रस्तोगी जी की आवाज आई तो हम सब चौंक पड़े। वे यहीं-कहीं निकट खड़े थे या फिर अभी आकर खड़े हुए थे। मास्टर साहब तो उनको देखकर सकपका गए। रस्तोगी जी ने एक नजर मास्टर साहब पर डाली और बोले, "दरअसल ये भोली बहक की भावुक बातें हैं। एक राष्ट्रीयकृत बैंक का नेटवर्क तो बहुत बड़ा होता है। उसका पूरा स्ट्रक्चर और सिस्टम ऐसा होता है कि उसके उद्देश्यों में आम आदमी की सहायता प्रमुख है।"

अब मुझे उनकी बातें भोली और भावुक लगीं। वे जो बातें कह रहे थे वो बैंक के प्रचार और सरकार की चापलूसी में कही जाने वाली बातें हैं। कई बार आदमी प्रचार की भाषा का इतना अभ्यस्त हो जाता है कि एक समय में उसे खुद विश्वसनीय लगने लगती हैं।

"मै सच कह रहा हूँ।" वे फिर बोले, "बैंक कि योजनाओं और प्रस्तावों में कोई कमी नहीं हैं। दरअसल किसान इसको समझ नहीं पा रहे हैं।"

"तो फिर दोष किसका?" मास्टर साहब दबी जुबान से बोले, "योजनाएँ तो बाद में बनीं, समझ तो पहले से मौजूद थी। योजनाओं को इनकी समझ के हिसाब से बनना था।" कहकर मास्टर साहब किंचित् पीछे हो गए जैसे इस बात के जवाब में कोई हमला होने वाला हो। मैं चाहकर भी नहीं बोला कि योजनाएँ किसानों की समझ के हिसाब से ही बनी हैं। गाँव में लागू होने वाली ये योजनाएँ महानगरों में बैठे जाने कितने धन्ना-सेठों और मंत्रियों के हित में काम कर रही हैं।

हमारी चुप्पी को रस्तोगी जी ने सहमति समझा या फिर अपने तर्कों की विजय, वे उत्साह में आ गए, "लोग जिन बातों का विरोध कर रहे हैं, उसमें एक बात भूल जाते हैं कि यदि थोड़े कष्ट और कमाई में थोड़ी ऊँच-नीच आई है तो रास्ते भी बहुत से खुल गए हैं। इतनी बड़ी मात्रा में कमाई के अवसर और पैसे की आवक पहले कहाँ थी? आज तो थोड़ी-सी पूँजी में घर बैठे-बैठे लखपति हो सकते हैं। श्रम निरर्थक साबित हो गया है। लोग खुशहाली को वेलकम करना नहीं जानते हैं।"

तभी आहट हुई हम लोगों ने देखा, डॉ. प्रसाद हैं। डॉ. प्रसाद के आने से बहस खत्म हो गई। डॉ. प्रसाद को रस्तोगीजी से कुछ काम था। दिन-भर के कार्यक्रम की रिपोर्ट तैयार करनी थी। वे दोनों चले गए। मैं और मास्टर साहब बातें करते रहे। काफी समय गुजर गया। तभी मोबाइल की घंटी बजी। मास्टर साहब और मेरी बातें क्षण भर रुकीं। मैंने अपना मोबाइल निकालकर देखा, वह चुप है। शायद किसी और का बजा होगा, सोचकर हम वापस बातों में मसरूफ हो गए। थोड़ी देर में ही डॉ. प्रसाद दौड़ते हुए आए। हम लोग चौंक गए।

"एक बुरी खबर है। रस्तोगी साहब के बेटे ने आत्महत्या कर ली। उन्हें अभी वापस भेजना होगा। मैंने जीप के ड्राइवर से कह दिया है। अभी छोड़कर आएगा। आप चलकर मिल लो।" डॉ. प्रसाद का स्वर गम्भीर था। मैं उठकर उनके साथ चल दिया। मास्टर साहब भी पीछे-पीछे आ गए। पंचायत भवन के कमरे में, जहाँ हमें ठहराया गया था, रस्तोगी साहब बैठे सिसक रहे थे। मैंने दिलासे में उनके कन्धे पर हाथ रखा। सिसकियाँ जोर की रूलाई में फूट पड़ीं।

फिर रोते हुए बताया, "बेटा पिछले कुछ दिनो से डिप्रेशन में था। कारण किसी को कुछ बताया नहीं था। अभी मरने से पहले बताया था उसने। सेंसेक्स नीचे चला गया था। इतना नीचे कि लड़के को ऊपर जाना पड़ा। अभी पत्नी ने बताया कि आज सुबह कुछ देर के लिए बेटा घर में अकेला रह गया। चूहेमार दवा खा ली।" कहते हुए वे फूट-फूट कर रोने लगे। हम सबने उन्हें चुप कराया। डॉ. प्रसाद ने उन्हें पानी का गिलास दिया। पानी पीकर रस्तोगीजी की रुलाई थम सी गई। डॉ. प्रसाद ने सहारा देकर उन्हें जीप में बैठाया। जीप के जाने के बाद हम लोग काफी देर तक वहीं खड़े रहे। जीप दिखाई देना बन्द हुई तो वापस पलटे।

प्रसाद साहब ने बताया कि सेंसेक्स ने एकदम से गोता खाया। ट्रेडिंग अमाउन्ट पर जो शेयर खरीदे थे, सेंसेक्स ने उनको धूल में मिला दिया। वो पैसा भी गया। ट्रेडिंग अमाउन्ट भी गया। सिर पर कर्ज का पहाड़ खड़ा हो गया।

कमरे में एक अजीब-सा सन्नाटा फैल गया। मुझे याद आया, दोपहर में रस्तोगीजी गाँव के लोगों के अपढ़ होने को कोस रहे थे। कह रहे थे कि ये लोग पैसे को दबाकर बैठते हैं। बाजार में डाले, चाहे खेती के सहारे, चाहे दूसरे व्यापार में तो इससे मनी का फ्लो बनता है। कर्ज से भी कमाई की जा सकती है।

थोड़ी देर पहले बहस में रस्तोगीजी की बातें सुनकर हम सब चुप हो गए थे। तब हम लोग कहाँ जानते थे कि हमारी चुप्पी का जवाब देने के लिए निर्मम तर्क समय की देहरी पर खड़े हैं। मादा साँप जिन बच्चों को जन्म देती है सबसे पहले वही उसे खा जाती है। खुशहाली के सपनों के पीछे का दारुण दुख सामने आ गया। इन दुखों ने घर भी रस्तोगीजी का ही चुना। यह दोनों के लिए त्रासदी है। दिल खोलकर

जिस तलवार की प्रशंसा रस्तोगीजी कर रहे थे, उसी तलवार ने सबसे पहले रस्तोगीजी के सुखों का सिर धड़ से अलग कर दिया।

मैं बाहर खुले में आकर खड़ा हो गया। तभी देखा, निकट के पेड़ के नीचे अँधेरे में कुछ लोग खड़े हैं। मुझे देखकर वे मेरे करीब आ गए। तब तक मास्टर साहब भी बाहर आकर मेरे निकट आ गए। मास्टर साहब ने बताया शंकर, दयाराम और रामरतन हैं। मैं भी उन्हें पहचान गया। ये वही तीन हैं, जिन्होंने रस्तोगीजी और खान साहब से झगड़ा किया था। शायद उन्हें रस्तोगीजी के बेटे की मौत की खबर लग गई थी। उनके चेहरे पर एक अजीब-सी उदासी थी, जिसमें एक अकारण का अपराध बोध भी शामिल था। उनके गुस्से का रस्तोगीजी के बेटे की मृत्यु से कोई सम्बन्ध नहीं था। लेकिन सम्भवतः वे एक दुखी आदमी से झगड़े के अपराधबोध से भर गए थे। हालाँकि झगड़ा रस्तोगीजी के दुख के पैदा होने से पहले ही हो गया था।

वे कुछ बोलते उसके पहले ही मैंने उन्हें समझाया और आश्वस्त किया कि रस्तोगीजी के बेटे की मृत्यु में उनका किसी का कोई अपराध नहीं है। फिर किसका है? एक प्रश्न दारोगा की भाँति मेरे सामने खड़ा हो गया। जवाब जो था इतना उलझा हुआ और पेचीदा था कि मैं घबरा गया। यह सोचकर राहत मिली कि यह प्रश्न इन लोगों ने नहीं किया। ख़ुद को चुप किया जा सकता है। कितने अचरज और दुख की बात है कि अपराधी को जानते हैं लेकिन उनका नाम या वर्णन करना मुश्किल है ऐसा मुश्किल कि बताने जाओ तो सब कुछ हास्यास्पद लगेगा।

मैंने माहौल को हल्का करने की गरज से शंकर, दयाराम रामरतन से खेती की बातें करना शुरू की। बातों में मैंने उनसे खेतों और फसलों के बारे में पूछा। तभी मुझे याद आया तो मैंने शंकर से कहा, ''तुम लोगों ने सोयाबीन क्यों बोया?''

''कृषि विभाग के अफसर ने कहा था नकदी की फसल है। शुरू के सालों में तो फसल के दाम भी अच्छे मिले।'' जवाब दयाराम ने दिया।

''फिर?'' मैं दयाराम की ओर देखने लगा।

''फिर क्या साहबजी, दो-तीन साल बाद सोयाबीन के भाव खोलने में सरकार से देरी होने लगी। तब तक कम्पनी वालों को उनके मुँह माँगे दाम पर सोयाबीन बेचना पड़ा।'' दयाराम ने खिन्न होकर जवाब दिया।

''और सोयाबीन ऐसी फसल भी नहीं है कि कम्पनी के अलावा किसी और को बेच दें? हाट बाजार में जाओ तो कोई किलोभर भी नहीं खरीदेगा। कम्पनी को बेचना मजबूरी है।'' शंकर गरदन झुकाकर बोला।

''तो तुम सोयाबीन छोड़कर कपास और मक्का क्यों नहीं बोते? ये नकदी की फसले हैं। और हाट-बाजार में भी अच्छे दामों पर बिक जाएगी।'' मैंने उन्हें समझाना चाहा।

वे तीनों मुझे अचरज से देखते रहे। फिर शंकर बोला, "साहब जी, आपको नहीं मालूम क्या?"

"क्या?" मैंने पूछा।

"इतने सालों तक सोयाबीन बोने से जमीन खराब हो गई है। अब इन जमीनों में गेहूँ-चना नहीं पैदा होगा। सोयाबीन बोना मजबूरी है।" शंकर ने थकी आवाज में कहा।

मैं चुप हो गया। खेती के बारे में वैसे भी मेरी जानकारी बहुत कम है। पर इतनी समझ है कि ये फँस चुके हैं।

पशुपालन विभाग के डॉ. राजपूत जो इतनी देर से चुप थे, पहली बार बोले– "सर! सोयाबीन की तकनीक, बीज और आइल प्लान्ट सब कुछ अमेरिका से आया है। इनमें सबसे पहले मध्य प्रदेश को फँसाया गया है। सोया की खली सबसे ज्यादा निकलती है। तेल निकालने के बाद भी लगभग साठ प्रतिशत प्रोटीन उसमें रहता है, जो जानवरों के लिए उम्दा खाना है। और अमेरिका में जानवरों के लिए इसकी बेहद जरूरत है। दरअसल सोया तो एनीमल फूड है।"

सिर भन्ना गया मेरा। मुझे लगा, सिर्फ कृषि तकनीक ही नहीं बल्कि बेईमान बनाने और हत्या करने की नई तकनीक भी वहीं से आ रही है। मैंने पूछा, "कुछ तो फसल आई होगी?"

"क्या कहें साबजी, थैला भर बीज बोकर मुट्ठी भर फसल आई है। आठ-नौ बोरे सोयाबीन हैं।" कहकर शंकर चुप हो गया।

"तो फिर...?" मेरे मुँह से सहसा निकल गया।

"तो फिर क्या...इतनी-सी फसल से क्या होगा? बीज का कर्जा दे देंगे तो खाद का कर्जा रह जाएगा। पिछले खराब हुए बीज का कर्जा रह जाएगा। फसल पर दवाई छिड़काव का कर्जा रह जाएगा। इन सब कर्जों को कैसे चुकाएँगे? कुछ समझ में नहीं आता है।" शंकर कहकर चुप हो गया।

रामरतन बोला, "दुखी मत हो। बुरे दिन ज्यादा नहीं रहेंगे। अच्छे दिन भी आएँगे।" कहने को तो मैंने दिलासा देना चाहा लेकिन फिर अपने ही कथन पर लज्जा आ गई। ऐसा कहकर मैं किसी के अपराध को नियति के हवाले से छिपा रहा हूँ।

"सबसे बड़ी बात तो यह है कि ये थोड़ी-सी फसल भी किसी एक कर्जे में दे दी तो सालभर खाएँगे क्या?" दयाराम जो इतनी देर से चुप था, बोला।

"कुछ मत पूछो साबजी, सोचते हैं तो कलेजा मुँह को आता है।" शंकर ने कहा और हँसने लगा। मुझे अचरज हुआ। फिर मुझे लगा, ऐसा करके वह दुख को जगह नहीं देना चाहता है या शायद लाचारी की लज्जा से बचने के लिए हँस रहा है।

हम तीनों की खामोशी अँधेरे को गाढ़ा करने लगी। वे तीनों भी असहज हो गए। चुप्पी का तनाव तोड़ने के लिए शंकर बोला, ''बच्चे ने आत्महत्या क्यों की?''

''कर्ज बढ़ गया था। छुटकारे के लिए यही रास्ता दिखा?'' मैंने अफसोस के साथ कहा।

मैदान में सन्नाटा छा गया। फिर शंकर धीरे से बोला, ''हम लोग मन्दिर में जा रहे हैं। आज वहाँ नाटक और भजनों का कार्यक्रम है। हम तीनों ने भी भाग लिया है। मैं कृष्ण बना हूँ। रामरतन अर्जुन और दयाराम कर्ण बना है।'' सुनकर मैंने गर्दन हिलाई कि मुझे मालूम है हालाँकि मुझे नहीं मालूम था।

वे तीनों चले गए। अँधेरा बढ़ने लगा। मैं थके कदमों से पंचायत भवन के भीतर आया कन्दील बालकर टेबिल पर रख दिया था। धुँआदी रोशनी में कमरा बेहद फैला हुआ लग रहा था जैसे कोई ओर-छोर नहीं हो। थकान और उदासी के अतिरेक में मैं कुर्सी पर आकर बैठ गया। सिर पीछे कुर्सी से टिकाया तो आँखें बन्द हो गईं। घटनाएँ कितनी तेजी से घटित हुई थीं। सारी चीजों और स्थितियों के बारे में जानता था। लेकिन अपने सामने उसे नंगा होते देख रहा था। एक गहरी साँस लेकर मैंने आँखें खोलीं तो देखा सामने दीवार पर प्रधानमंत्री की फोटो लगी है। प्रधानमंत्री के चेहरे पर मुस्कान है। किस बात गर मुस्करा रहे हैं? इनके पास मुस्कराहट की कौन-सी वजह बची है?

मैं कुर्सी से उठकर दरवाजे की ओर बढ़ा तो चौंक गया। दरवाजे पर पॉल क्रगमेन खड़े हैं। अँधेरे के बावजूद पहचान गया। पर अभी उनके चेहरे पर मुस्कान नहीं है जो नोबल प्राइज लेते समय के उनके चित्र में दिखाई देती थी। उनके चेहरे पर गहरी हताशा है। मैंने पूछा, ''क्या हुआ आप हताश हैं?''

''नही।'' वे सिर हिलाकर बोले, ''मैं डरा हुआ हूँ। तुम्हें मालूम है हम कहाँ जा रहे हैं।''

मैं कुछ कहता इसके पहले ही वे फिर बोले, ''हम जिस रास्ते पर जा रहे हैं उसे ध्यान से देखो।'' कहते-कहते उनके चेहरे पर डर अँधेरे से ज्यादा फैल गया। फिर उन्होंने उँगली से दूर मैदान की ओर इशारा किया और कहा-''वो देखो माइलस्टोन -उन्नीस सौ तीस। हम उन्नीस सौ तीस की ओर जा रहे हैं।''

''हम मतलब?'' मेरे मुँह से बमुश्किल निकला।

''हम सब यानी...।'' वे वाक्य अधूरा छोड़कर दरवाजे से परे हट गए।

मैंने देखा, मैदान में बुश खड़े हैं। मेरा अचरज बढ़ गया। बुश के पीछे असंख्य लोग खड़े हैं। अचरज से जख्मी मैं सोचने लगा इतने सारे लोग इतने छोटे मैदान में कैसे समा गए? एकाएक सारी भीड़ सिमटकर छोटी होती गई और एक ग्लोब में बदलकर बुश के हाथों में आ गई। बुश के चेहरे पर घबराहट है। उसके हाथों से

ग्लोब फिसल रहा है। फिर वह हाथों से फिसलकर नीचे गिरा। धड़ाम की आवाज के साथ असंख्य चीखें हवा में गूँजीं। घबराहट में मेरी चीख निकल गई। कोई मेरा कन्धा झिंझोड़ रहा है। मैंने समझा पॉल क्रुगमेन है। मैंने घबराकर कहा–"यह तो खामोश तबाही का भयानक मंजर है।"

'क्या कह रहे हैं आप?" तेज आवाज सुनकर मैंने आँखें खोलीं तो देखा, मास्टर साहब घबराए से मेरे निकट खड़े हैं। मैं पसीने से तर–बतर खड़ा हूँ। मास्टर साहब ने मुझे वापस कुर्सी पर बैठाया। पानी पिलाया। कुछ देर बाद मैं सामान्य हुआ। सामान्य हुआ तो शर्मिन्दा हो गया। मास्टर साहब मुझे बिटर–बिटर देख रहे हैं।

"क्या हुआ था सर!" वे डरते–डरते बोले।

"कुछ नहीं!" मैंने झेंपकर कहा, "बस जरा परेशानी और थकान के कारण घबरा गया था।" कहकर मैं कुर्सी पर निढाल हो गया। तभी सरपंच आ गया। उसने कहा कि खाना तैयार हो गया है चलकर खाना खा लें। मैंने कहा, "अभी भूख नहीं है। रात के कार्यक्रम से लौटकर खा लूँगा।"

सरपंच ने मुझे बताया–" रात के कार्यक्रम देर तक चलेंगे, अभी खाना खा लेंगे तो ठीक होगा।"

मैंने जवाब नहीं दिया तो वह दौड़कर सी.ई.ओ को बुला लाया। सी.ई.ओ. ने आकर मेरी तारीफ करना शुरू कर दी।

"आप तो सचमुच बहुत ऊर्जावान हैं। सुबह से जुटे हैं लेकिन जरा भी नहीं थके।" फिर सहसा वे प्रशंसा से उतरकर समझाइश पर आ गए।

"लेकिन दल के और लोग थक गए हैं। सबको भूख लगी है। सब लोग साथ में हैं तो सभी का खयाल रखना पड़ेगा। और फिर गाँव में खाना खाने से मना करना अन्न का अनादर समझा जाता है।" फिर कुछ क्षण मेरी ओर देखा और अपनी अफसरी के दीर्घ अनुभव के सहारे मुझे आश्वस्त करते हुए बोले, "आप निश्चिन्त रहें। हमारी समझाइश के अनुसार ही गाँव में विकास के काम होंगे। सरपंच साहब ने बहुत स्नेहभाव से दाल–बाटी बनाई है। दाल–बाटी तो गरम खाने का ही मजा है।" अन्त में उसने मुझे स्वाद का थोड़ा लालच भी दिया। फिर मेरी खामोशी को सहमति जानकर उसने सरपंच से खाना लगाने को बोल दिया।

मैं कुछ नहीं बोला। मैंने सोचा, और कुछ कहूँगा तो सी.ई.ओ. अधिक चापलूसी करेगा। उसकी बनावटी बातों से मेरा गुस्सा बढ़ेगा और अकारण का विवाद खड़ा हो जाएगा। गुस्से को टालने के लिए चुप रहना ही ठीक समझा। गाँव में और खासकर इतनी दूरस्थ जगह पर इस तरह दिन–रात रहने का मेरा पहला अवसर है। मुझे इस बात का अफसोस होने लगा कि मैं सचमुच गाँवों के बारे में

कितना कम जानता हूँ। सिर्फ सुनी-सुनाई बातों से हर आम शहरी की तरह मन में यह भ्रम पुख्ता हो गया है कि गाँव के बारे में मैं बहुत कुछ जानता हूँ।

सरपंच ने बताया कि गड्ढों की खुदाई का काम हो गया है। कल हैंडपम्प और कुओं पर वाटर-रिचार्जिंग के लिए खुदाई का काम शुरू हो जाएगा। सुनकर मैं कुढ़कर रह गया। बिल्कुल सफेद झूठ इतनी सहजता से वह बोल रहा था कि मैं सिर्फ कुढ़ ही सकता था।

खाना खाने के बाद कुछ साथी कमरे में आ गए। स्वास्थ विभाग के डॉ. प्रसाद और पशुपालन विभाग कि डॉ. राजपूत, दोनों कुर्सियाँ खींच कर करीब बैठ गए। डॉ. प्रसाद बोले, "रात को नाटक और भजनों के कार्यक्रम में चलना है।"

"यार इस अभियान की सबसे कमजोर कड़ी ये रात के कार्यक्रम हैं।" मैंने तिक्त स्वर में कहा।

वे दोनों हँस पड़े। पिछले कुछ दिनों से साथ रहने के कारण हम लोगों में कुछ आत्मीयता बढ़ गई है। घर से इतनी दूर का अकेलापन ऐसी आत्मीयता को सहज ही अनिवार्य कर देता है। इसलिए उनकी हँसी ने मुझे निराश नहीं किया। मैंने अपनी झुँझलाहट पर काबू किया। मुझे यह समझने में कठिनाई हो रही है कि नाटक और भजनों के माध्यम से ग्रामीण विकास के सन्देश दिये जा सकते हैं। पिछली रात भी नाटक देखा था, बहुत ही अवास्तविक और फूहड़ लिखा गया था। पंचायत विभाग के वेतनभोगी कलाकार जिस ढंग से प्ले कर रहे हैं, उसे देखकर कोफ्त होती है। चीजों और स्थितियों का इस तरह सरलीकरण होते ही सब कुछ रस्मी, बनावटी और उबाऊ हो जाता है। यह कम अचरज की बात नहीं है कि काहिली सिर्फ दफ्तर में कुर्सी पर ही नहीं दिखाई जा सकती है। वह मंच पर प्ले करते हुए भी नजर आती है। एक तरह की कामचोरी। क्यों? क्योंकि यह नौकरी का हिस्सा है।

"ऐसे धार्मिक भजनों से क्या सन्देश दिए जा सकते हैं?" मैंने मुँह बिचकाकर कहा।

"धर्म के साथ जब कोई बात जुड़ जाती है तो उसका असर ज्यादा होता है।" डॉ. राजपूत ने वही बात कही जो हम लोगों को प्रशिक्षण के दौरान बताई गई थी।

"क्या असर होता है?" मैंने प्रतिप्रश्न किया-"धर्म से सिर्फ धमकाया जा सकता है, श्रद्धा का समझ से कोई रिश्ता नहीं होता है। होना यह चाहिए कि गाँव के लोग वृक्ष, हवा, पानी और साफ-सफाई की बातों को उनकी अनिवार्यता में समझें। भजनों से सिर्फ भक्तिभाव आता है। लाखों अनपढ़ लोग ऐसे हैं जो श्लोक या भजनों को समझते नहीं हैं लेकिन भक्तिभाव से गाते हुए जीवन गुजार देते हैं।" कहते हुए मैं उठकर खिड़की के निकट जाकर खड़ा हो गया। एक अजीब-सी

खिन्नता महसूस करने लगा। मुझे लगा, धर्म और ईश्वर के घालमेल के कारण अभियान में भटकाव आ जाएगा। इस तरह गाँव के लोगों को हम दूसरे भटकाव में धकेल रहे हैं।

मैं वापस पलटा और बोला, ''पता नहीं कौन है जो ऊपर बैठे अफसरों और मंत्रियों को भरोसा देता है कि इस तरह के प्रयोग से निरक्षर जनता को जानकार और समझदार बनाया जा सकता है?'' मेरे स्वर में प्रश्न नहीं रोष था। मैं बगैर किसी को सम्बोधित किए बोला लेकिन डॉ. प्रसाद को लगा कि जवाब देने की जिम्मेदारी उनकी है।

''भजन जुबान पर जल्दी चढ़ते हैं।'' डॉ. प्रसाद समझाते हुए बोले।

''जुबान पर तो फिल्मी गीत भी जल्दी चढ़ते हैं तो क्या उससे दुनिया बदल गई?'' कोई कुछ नहीं बोला। शायद इस बार सभी समझ गए कि यह कोरा रोष है। एक ऐसा बौद्धिक रोष जिससे हाल-फिलहाल किसी का कुछ नहीं बिगड़ने वाला। बहस से उपजा रोष एक किस्म का ठंडा प्रभाव छोड़ता है, आतंक पैदा नहीं करता है। ऐसा आतंक जो बुनियादी सोच को बदले। सीधे दिल और दिमाग पर जो चोट करे उसके लिए कबीर जैसी वाणी चाहिए।

फिर मैंने एक बहुत ही घिसा-पिटा और चालू जुमला बोला, जिसके बोलते ही मुझे खुद उसकी व्यर्थता को लेकर शर्मिन्दगी महसूस हुई। मैंने कहा, ''धर्म तो अफीम है।''

सभी लोग हँस पड़े और मैं झेंप गया।

मुझे लगा, मैं व्यर्थ ही बहस को खींच रहा हूँ। ये लोग तो बहस के अन्त का सिरा खोज रहे हैं। मैं ही बहस को धार दे रहा हूँ। मुझे सन्देह हुआ कि बहस में मेरी आक्रामकता कहीं आनन्द की भूख तो नहीं है?

तभी डॉ. प्रसाद ने जैसे सिरा पकड़ लिया, बोले, ''ईश्वर से पंगा मत लो सरजी! अभी ट्रांसफर हो जाएगा।'' कहकर वे हँसने लगे।

डॉ. राजपूत उठकर मेरे करीब आए और मेरे कन्धे पर हाथ रखा। गोया बहस की तल्खी कम करने का यह भी एक तरीका है। शायद ऐसा ही था। मैं सामान्य हुआ। थोड़ी गम्भीरता से बोला, ''मेरी नास्तिकता का सम्बन्ध किसी राजनीतिक पार्टी से नहीं है। किसी भी राजनीतिक पार्टी में मेरा विश्वास नहीं है। राजनीतिक अविश्वास का यह चरम समय है।'' कहकर मैं थोड़ा रुका और मुस्कराकर बोला, ''लुच्चे और लाचार में कोई फर्क नजर नहीं आता है।''

वे दोनों मुस्करा दिए। मेरी लाचारी की पोल खुल गई। वे दोनों शायद समझ गए कि आक्रोश अपनी नियति तक पहुँच गया है। मैं उन दोनों से अपनी स्थिति और लाचारी छुपाना चाहता था लेकिन यह मुमकिन नहीं है। मैं थोड़ा उदास हो गया।

हम तीनों पंचायत भवन से बाहर निकलकर मन्दिर की ओर चल दिए। कार्यक्रम शुरू हो गया। मैंने सोचा, लौटकर पारूल को लिखे जा रहे खत को पूरा कर लूँगा। पारूल भला इस बहस में कहाँ मौजूद है? बहस की व्यर्थता को खत से खारिज किया जा सकता है। यह सोचकर अब मैं थोड़ा तनावमुक्त हो गया। मन्दिर में हो रहे शैक्षणिक कार्यक्रम की फूहड़ता से मेरा मनोरंजन होने लगा। मैं कार्यक्रम की विद्रूपता का आनन्द उठाने लगा।

कार्यक्रम में कृष्ण–अर्जुन संवाद भी है। दोपहर को मिले उस किसान शंकर को कृष्ण बने हुए देखना भी मजेदार अनुभव है। वह अर्जुन बने रामरतन को गीता–सार समझा रहा है। देह की नश्वरता, आत्मा की अमरता को बहुत ही अटपटी बोली में समझा रहा था। और गाँव के लोग मंत्रमुग्ध सुन रहे हैं। बोली का अटपटापन मेरे लिए है, लोगों के लिए सहज और सम्प्रेषणीय है। शंकर ने पीताम्बर पहन रखा है। गले में मालाएँ, सिर पर मुकुट और उस पर मोर पंख लगा हुआ है। हाथ में बाँसुरी, कमर में करधनी। इसी तरह अर्जुन ने भी रेशमी वस्त्र के साथ गले में नकली मोतियों की मालाएँ पहन रखी हैं। हाथ में धनुष, सिर पर मुकुट। इसी तरह की वेषभूषा में दयाराम कर्ण बना धनुष–बाण सम्भाले खड़ा है।

कृष्ण ने कहा, ''शत्रु सामने है निर्णय करो खुद अर्जुन तुम अपने आप। किस बात का है लिहाज तुम्हें। क्या लगते तुम्हारे बाप।''

मुझे हँसी आने लगी। लेकिन सब लोग बहुत खामोशी से ध्यान लगाकर सुन रहे हैं। मैंने हँसी दबा ली। यह भी विडम्बना है कि एक की गम्भीरता दूसरे के लिए हास्य प्रसंग है। मैं गर्दन घुमाकर मन्दिर को देखने लगा। पास बैठे सरपंच ने बताया कि यह शिवजी का मन्दिर है। पूरे जिले में यह मन्दिर प्रसिद्ध है। गाँव में कुछ लोग पीढ़ियों से शिवलिंग बनाने का काम कर रहे हैं। इस गाँव में बनाए गए शिवलिंग देश के कोने–कोने में जाते हैं। कार्यक्रम खत्म होने पर वह मुझे दिखाने ले गया। मन्दिर के पास एक झोपड़ीनुमा दुकान है। दुकान में छोटे–बड़े अनेक शिवलिंग रखे हैं। शिवलिंग ब्लैकट्रेप स्टोन को तराश कर बनाए गए हैं। ये पत्थर यहाँ बहुतायत में हैं। मुझे एकाएक पारूल की याद आ गई। सोचा, पारूल को यदि शिवलिंग उपहार में दूँगा तो खुश हो जाएगी। वह तो शिवभक्त है। मैंने एक सामान्य आकार का शिवलिंग खरीद लिया। फिर मैं उत्सुकता में मन्दिर में दाखिल हुआ। मन्दिर में एक पिंजरे में तोता टँगा हुआ है। तोता लगातार बोल रहा है। सब लोग खुश होकर उसे देख रहे हैं। मैं विस्मय में पड़ गया कि तोता के ऐसे बोलने पर ये लोग खुश क्यों हैं?

''तोता सीताराम–सीताराम बोल रहा है। कितना अच्छा लगता है।'' डॉ. राजपूत बोले।

मैंने कहा–''सीताराम–सीताराम नहीं, कंडोम–कंडोम बोल रहा है।''

मन्दिर में बैठे लोग भजन करना छोड़ एकाएक मुझे देखने लगे। सबके मुँह अचरज से खुले हैं। डॉ. प्रसाद ने दौड़कर मेरा हाथ पकड़ा जैसे कोई स्थिति बिगड़ गई हो और वे सँभालेंगे। बोले–''आप लोग गलत न समझें। टीवी पर विज्ञापन आता रहता है। साहब उसकी बात बता रहे हैं।''

मेरे गम्भीर चेहरे को देखकर किसी को भरोसा नहीं हुआ कि वह बात किसी दूसरे सन्दर्भ में कही गई थी। डॉ. प्रसाद कुढ़ गए। मुझे खींचकर मन्दिर से बाहर ले आए ।

''क्या कर रहे हैं आप?'' वह मुझे कोने में ले जाते हुए बोले। मैं उन्हें बस देखता रहा। आवाज नहीं निकली मेरी। मुझे विश्वास नहीं हुआ कि तोता इतना साफ–साफ कंडोम बोल रहा था और इन्हें सुनाई नहीं दे रहा है। मैं सोचने लगा, क्या भक्ति और देह के आनन्द का आपस में कोई सम्बन्ध है? जो तोता सीताराम–सीताराम बोलता है आखिरकार वह कंडोम क्यों बोलता है? यानी देहसुख का रास्ता भक्ति से भी होकर जाता है।

मैंने कहा–''मैं मजाक कर रहा था।''

डॉ. प्रसाद को भरोसा नहीं हुआ। भरोसे लायक बात न मेरे चेहरे पर थी, न मेरी आवाज में। अब मैं भी सोच में पड़ गया। डॉ. प्रसाद मेरा कन्धा थपथपाने लगे।

पंचायत भवन की ओर वापस लौटते हुए डॉ. प्रसाद ने मेरे हाथ में शिवलिंग देखा तो माहौल को हल्का करने के लिए बोले कुछ नहीं लेकिन हँस दिए। मैं उस हँसी से आहत हो गया। मैं उस हँसी के मर्म को समझ गया। डॉ. राजपूत भी मुस्कराने लगे। वे समझ गए कि माहौल सामान्य हो रहा है।

''यार, यह एक सामान्य–सी चीज है। किसी को उपहार में देना है। मेरी पसन्द–नापसन्द इससे नहीं जुड़ी है।'' मैंने थोड़ी सफाई देते हुए कहा।

डॉ. प्रसाद मुस्करा दिए। बोले, ''आप अन्यथा न लें। हम कोई सन्देह नहीं कर रहे हैं। लेकिन आप इस बात पर गौर करना। आप उपहार में शिवलिंग नहीं, विचार दे रहे हैं। कई बार ऐसा होता है कि अनजाने में हम अपनी असहमति के ही संरक्षक हो जाते हैं।'' मैं भौचक्का उनका मुँह देखने लगा। मुझे उनसे ऐसी गहरी बौद्धिक टिप्पणी की उम्मीद नहीं थी। मैं उन दोनों को सामान्य समझ वाले सरकारी अफसर मानकर चल रहा था।

फिर पटाक्षेप–सा करते हुए डॉ. राजपूत बोले, ''छोड़ो इन बातों को। रात बहुत हो गई है। चलकर सोना चाहिए।''

मैंने जवाब नहीं दिया। मन पर रात के अँधेरे से ज्यादा भार है। यह तो बिल्कुल

गैर प्रजातांत्रिक सोच है। इस तरह तो हम किसी के विश्वास का सम्मान ही नहीं कर पाएँगे।

हम लोग आगे बढ़े तो मैं एकाएक ठिठक गया। किसी के तेज-तेज साँस लेने की आवाज आने लगी। फिर ये आवाज एक तेज हुँकार में बदल गई। मैंने देखा, सामने साँड़ खड़ा हैं। सिर हिलाते हुए, मस्ती में डोलते हुए। अँधेरे के बावजूद वह नजर आ रहा है। मैं फिर घबराहट से भर गया। धीरे-धीरे सबकुछ अँधेरे में डूबने लगा। सिर्फ सिर हिलाता साँड़ नजर आ रहा है। मैंने साफ-साफ देखा, उसके सींगों पर रस्तोगीजी के लड़के की लाश टँगी है। मैं समझ गया यह कहाँ से आया है। मैंने डॉ. प्रसाद को बताया। उन्होंने कहा-"ऐसी कोई बात नहीं है। उसके सींगों पर मिट्टी लगी है। यह वही साँड़ है जो गाँव की गलियों में घूमता रहता है। अभी इधर पास की गली से आया है।"

मुझे डॉ. प्रसाद पर तरस आया। ये लोग कुछ नहीं जानते हैं। मैंने उन्हें बताया, "यह पास की गली से नहीं आया है। यह दलाल स्ट्रीट से आया है। या शायद और पीछे वॉल स्ट्रीट से।"

मैंने घबराकर डॉ. प्रसाद का कन्धा पकड़ लिया। उन्होंने मेरी पीठ पर दिलासे का हाथ रखा। मैंने उनकी ओर देखा तो मेरी घबराहट और बढ़ गई। यह तो बुश है। बुश धीरे से बोला-"घबराओ मत, धैर्य रखो। संकट का सामना हम सब को मिलकर करना है। हम ब्याज दरें कम कर रहे हैं। उद्योगपतियों से कहा है कि वे कीमतें न बढ़ाएँ।" मैं चौंक गया। ये आवाज तो हमारे प्रधानमंत्री की है। बुश के मुँह से हमारे प्रधानमंत्री की आवाज निकल रही है। मैं समझ नहीं पाया कि ऐसा कहकर वे मेरा मजाक उड़ा रहे हैं या मेरा अपमान कर रहे हैं। बुश के चेहरे पर सन्तोष उतर आया। उसका चेहरा चमकने लगा। चेहरे पर एक तेज आ गया। मैंने पूछा, "इस उमर में भी चेहरे पर यह चमक। बदन में ताकत, यह चुस्ती-फुर्ती? शिलाजीत खाते हो?"

"नहीं, डाबर च्यवनप्राश।" कहकर वह हँसा, "माय फ्रेंड चेहरे पर चमक फेअर एंड हैंडसम क्रीम से आती है। दुनिया की सबसे शानदार और महँगी क्रीम। और जवाँमर्दी के लिए वियाग्रा है। दुनियाभर में मशहूर लिवेट्रा टैबलेट, अमेरिकन वियाग्रा है।" कहकर उसने अपनी दायीं आँख दबाई। तभी मैं चौंक पड़ा। एकाएक साँड़ के चेहरे पर मुस्कराहट आ गई। मैं सोच में पड़ गया कि ऐसी मुस्कान मैंने कहाँ देखी है? तभी साँड़ पलटा और तेजी से भागा। रास्ते में पड़ी चीजों को रौंदता हुआ बहुत दूर निकल गया। मैंने देखा, साँड़ के भागने से उस रास्ते पर उसके पैरों के निशान दूर तक नजर आ रहे हैं। सहसा, बुश नीचे झुका और उन पैरों के निशान मिलाकर एक ग्राफ बनाने लगा। कुछ देर असमंजस में खड़े होकर ग्राफ को देखता

रहा। समझ में नहीं आ रहा था कि ग्राफ ऊपर जा रहा है कि नीचे।

मैं धम्म से नीचे बैठ गया। काफी देर बाद मैंने अपनी उखड़ी हुई साँसों पर काबू पाया। डॉ. प्रसाद ने मुझे सहारा देकर उठाया और कहा, "चलकर ब्लड प्रेशर देख लेते हैं। आप चिन्ता मत करना।" मैंने सहमति में सिर हिला दिया। हम लोग पंचायत भवन आ गए तो डॉ. प्रसाद ने ब्लड प्रेशर देखकर कहा–"थोड़ा ज्यादा है लेकिन चिन्ता की कोई बात नहीं। मैं गोलियाँ देता हूँ। आराम करो। सुबह तक एकदम ठीक हो जाओगे।" पास खड़े डॉ. राजपूत ने मुस्कराकर मेरा हाथ थपथपाया। बोले, "आप सोचते बहुत ज्यादा हैं। यह दुनिया है, इसी तरह चलती है। पर एक बात कहूँ, अन्यथा मत लेना। आप किसी सायकीएट्रिस्ट को दिखा दें। आजकल तो बहुत अच्छी दवाइयाँ आ गई हैं। कहकर वे दिलासे की मुस्कान मुस्कराए और चलते-चलते बोले, "गुड नाइट।" फिर वे लोग अपने अपने बिस्तर पर चले गए।

बहुत कोशिश करके मैं इस द्वन्द्व से बाहर निकला और खुद को नींद के हवाले किया।

सुबह नींद देर से खुली। सिर भारी हो गया। बदन में थकावट महसूस होने लगी। तभी सरपंच और सी.ई ओ. कहने लगे, "सरपंच साहब ने आज आखिरी दिन विदाई समारोह रखा है। आप भी चलिए।"

मैंने कहा–"मेरी तबीयत ठीक नहीं है। आप लोग जाकर देखें।"

"तबीयत तो खराब होनी ही है। आप बहुत मेहनत कर रहे हैं।" सी.ई.ओ. खिड़की से बाहर झाँकते हुए बोले। उनके स्वर में चिन्ता है। उनके चेहरे पर आवाज का समर्थन नहीं है। उनका चेहरा झूठी गवाही के लिए भी तैयार नहीं है। तभी सरपंच को भी लगा कि उसके बोलने की गुंजाइश बची है तो आगे झुककर बहुत मुलायम स्वर में बोला–"साहब ने बिल्कुल ठीक कहा।"

सरपंच की मुलायम आवाज में मेरे लिए चिन्ता से ज्यादा चापलूसी है। जिसे अब भी न समझ पाना मूर्खता ही होती। मैंने दोनों को नजरें उठाकर देखा और कहा– "आप लोग चलें। मैं थोडी देर आराम करूँगा।"

सी.ई.ओ. साहब ने बताया–"कार्यक्रम भी लगभग समाप्ति पर है। अभियान-दल के सदस्यों को स्मृति चिह्न दिए जाने हैं।" फिर उन्होंनें सरपंच को कुछ संकेत किया। सरपंच दौड़कर गया और थोड़ी देर बाद वापस लौटा तो उसके हाथ में एक पैकेट था।

"साहब को हमारी ओर से छोटा सा उपहार!" सरपंच अति विनम्र मुद्रा में बोला। मैंने देखा, सी.ई.ओ. साहब के चेहरे पर भी वही आग्रह है। वे मुझे समझाते हुए बोले, "इस गाँव में हैंडलूम का काम बढ़िया होता है। आपके लिए एक बेडशीट है।"

मैंने सरपंच के हाथों से चुपचाप बेडशीट ले ली, सरपंच को लगा कि ऐसे अवसर पर सिर्फ विनम्र मुद्रा नाकाफी है तो बोला–"साहबजी आप इत्ती दूर से हमारे गाँव में आए। हमारा मान बढ़ाया। समझ लीजिए यह उपहार हमारा प्रेम है, विश्वास है।" कहकर वह अजीब ढंग से मुस्कराया। मुझे लगा जैसे उसका वाक्य खत्म नहीं हुआ था और डॉ. प्रसाद बोल रहे हैं कि उपहार में वस्तु नहीं विचार दे रहे हैं।

मैंने बेडशीट टेबल पर रख दी। जहाँ शिवलिंग पहले से रखा है। मुझें लगा जैसे मैंने एक शिवलिंग के पास दूसरा शिवलिंग रख दिया हो।

सरपंच और सी.ई. और मुझे बीमार समझ कर आराम करने की सलाह देकर चले गए। मैं शर्म, क्रोध और लाचारी से थककर चूर हुआ वापस लेट गया। तेज गरम हवाएँ अब मुझे ज्यादा महसूस होने लगीं। मुझे लगा पूरा कमरा तप रहा है। गर्मी और थकान से मेरी आँखें मुँदने लगीं। स्कूल के मैदान से कार्यक्रम की आवाजें टुकड़ों में मुझ तक पहुँचने लगीं। एकाएक भड़ाक से किसी ने दरवाजा खोला। मैंने चौंककर देखा, मास्टर साहब हैं। उनके चेहरे पर हवाइयाँ उड़ रही हैं।

"क्या हुआ? क्या बात है?" मैं उठकर बैठ गया। मास्टर साहब के मुँह से आवाज नहीं निकली। हकबकाए से मुझे देखते रहे। मैं उठा और हाथ पकड़ उन्हें कुर्सी पर बैठाया कुछ देर बाद वे सामान्य हुए।

"शंकर और रामरतन ने आत्महत्या कर ली।" मास्टर साहब ने गरदन झुकाए, बगैर पूछे बताया। मैं स्तब्ध रह गया। मास्टर साहब दुखी स्वर में बोले–"दोनों अपने–अपने खेतों में पेड़ पर फाँसी लटक गए।" मैंने झपटकर पैरों में चप्पलें डालीं और मास्टर साहब के साथ शंकर के घर की ओर भागा।

खौफनाक मंजर था शंकर के घर का। लाश को खेत से घर ले आए थे। लाश भीतर कमरे में रखी है। शंकर की पत्नी धाड़े मार कर रो रही है। बच्चे बिलख रहे हैं। गाँव के लोगों की भीड़ इकट्ठी हो गई थी। पुलिस आ गई थी। लाश पोस्टमार्टम के लिए शहर ले जाने वाले हैं। परिवार का आर्तनाद आकाश छूने लगा। तब तक सी.ई.ओ. साहब, डॉ. प्रसाद और डॉ. राजपूत आदि भी आ गए। सरपंच एक कोने में खड़ा पुलिस के सिपाही से कुछ बात कर रहा है।

परिवार के दुख में इजाफा के लिए शायद कुछ कसर रह गई थी। तभी बैंक की जीप और एक ट्रैक्टर आकर रुका। बैंक वाले वसूली पर आए थे। आते ही बैंक के आदमियों ने शंकर की पत्नी को डराना, धमकाना शुरू कर दिया। फिर घर की छत से टीन उखाड़कर ट्रैक्टर पर रखने लगे। गाँव के कुछ लोग समझाने गए तो उन्हें धक्का देकर दूर कर दिया और धमकाने लगे कि सरकारी काम में बाधा मत डालो। मास्टर साहब ने मुझे धीरे से बताया कि वो मोटा आदमी बैंक का अफसर है। ये

बाकी के लोग बैंक के कर्मचारी नहीं हैं। आजकल वसूली के लिए बैंक इस तरह गुंडे किराए पर लेती है। सुनकर धक्क-सा रह गया मैं। बिल्कुल फिल्मी दृश्य था। बेहद अमानवीय। ऐसा दृश्य मैंने जीवन में पहली बार देखा। अचरज की बात तो यह थी कि पुलिस इन सबसे निस्पृह होकर अपनी कागजी कार्रवाई में डूबी है। जैसे यह सब रोजमर्रा की घटना हो।

''लगता है जैसे प्रलय का दिन है। प्रलय में भी ऐसे दुख का पहाड़ नहीं टूटता होगा!'' मास्टर साहब ने भरे मन से कहा, ''इतने संकट, इतने दुख, यह प्रलय नहीं तो और क्या है?''

मास्टर साब के प्रश्न का जवाब किसी ने नहीं दिया। वह एक लाचार गुस्सा था जिसका ज़वाब एक लाचार चुप्पी हो गई।

पास ही ओटले पर बैठे पथराई आँखों वाले शंकर के बूढ़े बाप ने जोर से खखारा और जैसे हमारी लाचार चुप्पी पर थूका हो। थूककर गमछे से मुँह पोंछते हुए कहा, ''आज का दिन ही क्यों? यहाँ तो रोज, बल्कि हर घड़ी परलय है। इस घड़ी परलय से बचे तो दूसरी घड़ी मरे। ...मरना तो तय है।'' कहकर वह शंकर की रोती बिलखती पत्नी को सूनी आँखों से ऐसे देखने लगा जैसे यह विलाप व्यर्थ है।

बैंक का मोटा अफसर जीप से उतरकर इन सबसे विचलित हुए बिना अपने निर्देशन में छत उखड़वा रहा है।

मैं गुस्से से आगे बढ़ा और उस मोटे अफसर के सामने जाकर खड़ा हो गया।

''आपको मालूम है जिस घर की छत आप उखाड़ रहे हैं, उस घर के मालिक ने आत्महत्या कर ली है।'' मैंने गुस्से में कहा।

''आत्महत्या से बैंक का कर्जा पूरा हो जाता है क्या?'' उसने मुझसे प्रतिप्रश्न किया।

''लेकिन यह मनुष्यता नहीं है। यह तो लूट है। उस औरत ने पति खो दिया है। उसे आप बेघर कर रहे हैं। इस घर में एक लाश रखी है। कुछ तो सोचो।'' मैंने गुस्से को छिपाने की कोशिश किए बगैर कहा। उसने मेरे गुस्से पर तनिक भी ध्यान नहीं दिया। फिर मुझे छोड़कर आगे बढ़ा और छत उखाड़ रहे आदमियों से बोला-'' जिस कमरे में लाश है उस कमरे की छत को छोड़ देना।'' फिर मेरी ओर पलटकर बोला, ''बस!'' जैसे मुझ पर उपकार किया हो।

क्रूरता की सीमा अभी खत्म नहीं हुई थी। उन लोगों ने घर में रखे सोयाबीन से भरे सारे बोरे और दूसरा सामान भी ट्रैक्टर पर रखा। जिस आनन-फानन के साथ वे आए थे, उसी रफ्तार से सारा सामान ट्रैक्टर पर लादकर चल दिए। सब लोग हक्के-बक्के रह गए। शंकर के खेत की फसल थोड़ी-सी आई थी। घर का आखिरी आर्थिक आधार थी यह फसल। वह भी लूट ली गई। तभी मुझे एकाएक खयाल

आया कि ये लोग रामरतन के यहाँ भी जाएँगे। मैंने डॉ. प्रसाद, डॉ. राजपूत और सी.ई.ओ. से कहा। हम सब लोग थानेदार से मिले। वह साफ मुकर गया। उसने कहा–"वे लोग सरकारी आदेश से वसूली कर रहे हैं। मैं क्यों रोकने लगा?" थानेदार ने कुछ इस बेशर्मी से कहा कि उसके चेहरे पर आई मक्कारी छिप नहीं सकी। उसने छिपाने की कोशिश भी नहीं की। उसने सरकारी नियम से बँधे होने की लाचारी का फूहड़ अभिनय किया। ऐसे समय में सी.ई.ओ. की स्वभावगत चालाकी काम आई। उसने थानेदार को कुछ समझाया कुछ धमकाया। कहा, "हम सब सरकारी लोग हैं। यहाँ इनमें से कुछ तो बड़े सरकारी अफसर हैं। ये गुस्से वाले साहब तो सूचना-विभाग से हैं। मामला प्रेस में चला जाएगा। शायद मानव-अधिकार आयोग तक जाए। आपकी मुश्किल हो जाएगी। आखिर आप मौके पर मौजूद हैं। बहुत थू-थू होगी। नौकरी पर बन आएगी सो अलग।"

थानेदार ने एकदम से तो कोई धौंस नहीं खाई फिर भी थोड़ा सोच में पड़ गया। वह हम लोगों के साथ रामरतन के घर आया लेकिन देर हो चुकी थी। बैंक वाले छत उखाड़कर घर का दूसरा सामान और बची हुई फसल के बोरे लादकर ट्रैक्टर रवाना कर चुके थे। रामरतन के बूढ़े अन्धे बाप के हाथों में सामान की लिस्ट भी थमा दी थी।

तभी मास्टर साहब ने मेरे कान के करीब मुँह लाकर धीमे से कहा–"ये लोग अब दयाराम के घर जाएँगे।"

मैंने तेजी से आगे बढ़कर थानेदार को स्थिति बताई। यह भी कहा–"यदि दयाराम के घर भी ऐसी ही वसूली हुई तो बड़ी बात नहीं कि वह भी आत्महत्या कर ले। फिर हम सारे लोग गवाही देंगे कि आप चाहते तो यह आत्महत्या रोक सकते थे।"

थानेदार ने एक बार मुझे घूरकर देखा, फिर बगैर कुछ बोले बैंक के अफसर के पास पहुँचा। उन दोनों में कुछ देर तक बातें होती रहीं। बैंक के अफसर ने वहाँ से एक बार मेरी ओर देखा। फिर थानेदार की ओर देखते हुए आश्वासन की मुद्रा में अनमने ढंग से सिर हिलाने लगा। थानेदार ने मेरे पास आकर कहा–"बैंक वाले मान गए हैं। वे लोग जा रहे हैं। पर एक बात बताओ," उसने क्षण-भर रुककर मेरी ओर देखा फिर बोला, "क्या आज रोक देने से वसूली रुक जाएगी? दयाराम की आत्महत्या टल जाएगी?" कहकर वह रामरतन के घर के भीतर लाश उठवाने चला गया। थानेदार के शब्दों में धमकी नहीं थी। रोष नहीं था। एक अजीब सा ठंडापन था। जिससे हम सब सिहर कर रहे गए। वह यहाँ से जाकर खाली जगह नहीं छोड़ गया बल्कि एक डरावना प्रश्न छोड़कर चला गया जिससे सामना करने की हिम्मत हममें से किसी में नहीं है।

मैंने सिर उठाकर रामरतन के घर की ओर देखा। रामरतन की पत्नी विलाप में घर के आँगन में लोट रही है। उसने दुख के अतिरेक में दराती से खुद का गला काटने की कोशिश की थी। लोगों ने उसे बचाया था। गले से अभी भी खून बह रहा है। बच्चे रो नहीं रहे, स्तब्ध खड़े पिता की लाश को देख रहे हैं। डॉ. प्रसाद ने फर्स्ट एड बॉक्स बुलाकर रामरतन की पत्नी के गले पर पट्टी बाँधी। रामरतन के रिश्तेदारों से कहा–"बच्चों को यहाँ से हटाओ।" दोनों लाशें एक ही ट्रैक्टर पर रखी जाने लगीं। किसी ने कहा, लाश को चादर से ढँक दो। घर में चादर नहीं थी। आस-पड़ोस में चादर खोजने लगे। कहीं नहीं मिली। इस बस्ती में चादर का क्या काम? मुझे सरपंच नजर आया। मैंने सोचा, उसे कह दूँ एक चादर ले आए। इस गाँव में हैंडलूम का काम बहुत अच्छा होता है। क्या पता, इन चादरों में से भी कुछ कमीशन मिल जाए। सरपंच के पीछे सी.ई.ओ. खड़ा था, फिर थानेदार... मंत्रीजी दिखाई नहीं दे रहे हैं लेकिन वे कमीशन को जरूर देख लेंगे। मुझे लगा कमीशन काफी दूर तब बँटेगा। तभी मास्टर साहब मेरे करीब आए। तिक्त स्वर में बोले–"दुख और गरीबी मरते दम तक पीछा करती है। फाँसी की रस्सी खरीदने के लिए इन लोगों के पास पैसा नहीं था। घर के बर्तन बेचकर रस्सी लाए थे।"

फिर अवसाद में उनका सिर धीरे-धीरे हिलने लगा, "देख लो, घर का पैसा बाजार में आ गया। बैंक मैनेजर साहब ठीक कहते थे, पैसे में बहाव होना चाहिए।" बोलते-बोलते मास्टर साहब की आवाज भर गई, "और देखो, ये अनपढ़ किसान भी इस बात को समझ गए थे। बस मामूली-सी देर हुई। फकत मरने के बाद समझे।" मैंने सोचा, सरकारी नियम-कायदे ऐसे ही होते हैं कि इसे मरे बगैर नहीं समझा जा सकता है। बूढ़े-आड़े ऐसे ही नहीं कह गए हैं कि बगैर मरे स्वर्ग नहीं दीखता।

एक गहरी उदासी मेरे भीतर बैठ गई। कल तक जो कृष्ण बना अर्जुन को गीता के उपदेश दे रहा था। जीवन-मृत्यु और अमरता की गूढ़ बातें बता रहा था, आज अपने ही उपदेशों के विभ्रम से दूर चला गया। शायद एक ही दिन में जीवन की क्षणभंगुरता को समझ गया था। कितना जटिल ज्ञान था उनके लिए जिसे फाँसी के फन्दे पर झूलने के योग से ही समझा जा सकता था। वे दोनों जीवन की निस्सारता और योग को तो गीता सुनकर समझ सकते थे लेकिन ईश्वर के असहाय होने को मरकर ही समझ पाए होंगे।

एक रात के कृष्ण और अर्जुन दोनों हताहत हुए एक अदृश्य शत्रु से। अर्जुन बना रामरतन ब्रह्मांड के सारे योद्धाओं को परास्त कर चुका था। लेकिन खुद की लड़ाई हार गया। शायद यह लड़ाई महाभारत की लड़ाई से बड़ी है। वह कुरुक्षेत्र से बड़े मैदान में खड़ा था। और कृष्ण बना शंकर भी असहाय हो गया था। ईश्वर बनकर

भी वह बच नहीं पाया। दोनों ऐसे शत्रु से मारे गए जिसे वे देख नहीं सकते थे, पहचान नहीं सकते थे।

मास्टर साहब से दयाराम के बारे में पूछा। उन्होंने बताया कि उसे गाँव के लोगों ने कुछ तो समझा-बुझाकर कुछ जबरदस्ती करके घर में रोक कर रखा है। इधर शंकर और रामरतन के घर आता तो बैंक वालों से झगड़ा करता। पुलिस से भी उलझ जाता। पुलिस तो ऐसे अवसर की ताक में रहती है। उसे पकड़कर बन्द कर देती। अभी कोई उससे मिलने मत जाओ। दुख और गुस्से से भरा बैठा है। बहुत उत्तेजित है। दिन-रात जिन दोस्तों के साथ रहता था, उनकी आत्महत्या ने उसे गुस्से से भर दिया है।

हम सब वापस पंचायत भवन लौट आए। मास्टर साहब ने खाने के बारे में पूछा तो सभी ने मना कर दिया। रात गए मास्टर साहब दयाराम को लेकर आए। बिखरे बाल, मैले और फटे कपड़े। चेहरे पर मृत आँसुओं के निशान, आँखें लाल और बदहवास। दयाराम बहुत डरावना लगने लगा। उसे खटिया पर बैठने के लिए कहा लेकिन कोई जवाब दिए बगैर वह हम लोगों की खटिया के पास जमीन पर बैठ गया। कोई कुछ नहीं बोला। माहौल में बहुत धारदार और तनाव भरी चुप्पी फैल गई। कुछ भी कहना नाकाफी लगने लगा। दिलासा का कोई भी वाक्य उसके दुख को कम नहीं कर सकता था। दयाराम ने एक हाथ पहले खटिया पर रखा फिर मेरे घुटने पर। मैंने अपना हाथ उसके कन्धे पर धर दिया। मेरे हाथ के दबाव ने जैसे उसके भीतर के दुख और धैर्य के दरवाजे खोल दिए। वह फूट-फूट कर रोने लगा। काफी देर तक वह रोता रहा। उसकी तेज रुलाई जब हिचकियों में बदली तो मैंने हाथ पकड़कर धीरे से उसे खटिया पर अपने पास बैठा लिया। कई बार चुप्पी ज्यादा बड़ा दिलासा हो जाती है। हम लोगों को चुप देखकर वह बोला-"लाशें तो अब पुलिस वाले कल शाम तक ही देंगे। क्रियाकरम का इन्तजाम करना है। अब दोनों के परिवार की जिम्मेदारी भी मुझ पर है। यही सोचकर मन को रोक लेता हूँ वर्ना मरने की हिम्मत तो मुझमें भी है।" कहकर उसने चेहरा उठाया तो देखा, उसकी आँखें आँसुओं से और चेहरा दुख से डबडबा आया है। मैंने उसका कन्धा थपथपाया। मास्टर साहब थोड़ा आगे सरके और बोले-"मरने के लिए नहीं, जिन्दा रहने के लिए हिम्मत रखना कठिन काम है। फिर से शुरू करो, सब ठीक हो जाएगा।"

दयाराम सिर हिलाने लगा फिर बोला-"हाँ, यही सोच रहा हूँ। स्साले शंकर और रामरतन दोनों ने कठिन काम मेरे लिए छोड़ दिया है।" कहकर उसकी आवाज काँपने लगी।

देर तक वह मेरा हाथ थामे बैठा रहा। रात के अँधेरे में दुख का गाढ़ापन घुलने

लगा। फिर वह धीरे से उठा और बगैर कुछ बोले बस हाथ जोड़े और मास्टर साहब के साथ चल दिया। कुछ देर तक उसकी लड़खड़ाती आकृति अँधेरे में नजर आई, फिर वह अँधेरे में उसके दुख के साथ घुल गई।

रात बहुत देर तक किसी को नींद नहीं आई। सुबह बहुत देर से नींद खुली। लौटने के लिए जल्दी करते हुए भी दोपहर हो गई। मुझे हल्का सा बुखार महसूस होने लगा। मास्टर साहब भी आ गए। हम सभी ने मिलकर कुछ रुपए इकट्ठा करके मास्टर साहब को दिए ताकि शंकर और रामरतन के क्रियाकरम में उनके परिवार की कुछ मदद हो जाएगी। मास्टर साहब से यह भी कहा कि उन परिवारों में और खासकर दयाराम को यह न बताया जाए कि यह रुपए हम लोगों ने दिए हैं। मास्टर साहब ने स्वीकृति में सिर हिलाकर रुपए रख लिए।

जीप आ गई। हम सब लोग चल दिए। हिचकोले खाती जीप में मैंने सिर पीछे टिका दिया। जाने कितनी दूर आ गए। धूप तेज हो गई। तब मुझे याद आया कि शिवलिंग और बेडशीट का पैकेट तो वहीं पंचायत भवन में छूट गया। बुखार की गर्मी में भी मैं मुस्करा दिया। अधमुँदी पलकों में थकान उतरने लगी। मुझे दूर कहीं से रस्तोगीजी की आवाज आती सुनाई देने लगी।

"बैंक आपकी मदद करेगा। बीज लेने के लिए, खाद लेने के लिए बैंक आपको कर्जा देगा। उन्नत बीज महँगे होते हैं, लेकिन पैदावार अधिक होती है। महँगाई से डरें नहीं। महँगाई को एन्जॉय करें। मौज करें...।"

जीप गाँव से बाहर आई तो हिचकोले से मेरी अधमुँदी पलकें खुल गईं। जीप उसी पहाड़ी से गुजर रही है जहाँ कल वृक्षारोपण हुआ था। मुरझाये पौधे गर्दन लटकाए खड़े हैं। तभी मैंने देखा कि कल वाला बुल पहाड़ी पर घूम रहा है। पहाड़ी पर वृक्षारोपण के पौधों को कुचल रहा है और उखाड़कर चर भी रहा है। डॉ. प्रसाद ने भी उसे देख लिया और बोले–"वो देखो पहाड़ी पर। बुल ऊपर जा रहा है। लेकिन वृक्षारोपण के पौधों को चरता हुआ ऊपर जा रहा है।"

मैंने हिचकोले से पैदा हुई अपनी कराह को रोकते हुए कहा–"बुल ऊपर जा रहा है तो क्या हुआ? नुकसान करने के बाद ही ऊपर जा रहा है और उसका क्या भरोसा अभी दौड़कर नीचे आ जाए।"

कोई कुछ नहीं बोला। एकाएक ड्राइवर ने जीप रोक दी। कहा–" जीप गरम हो गई है। पानी डालना पड़ेगा।" कहकर वह टीन का डिब्बा उठाकर कहीं कुएँ से पानी लेने चला गया। मैं दौड़कर पहाड़ी के निकट गया। मैंने जीप से ही देख लिया था। तभी वहाँ सारे पौधे एकाएक तेजी से बढ़ते हुए वृक्ष हो गए। मुरझाए वृक्ष। सभी वृक्षों पर एक-एक रस्सी लटकने लगी। जिसके लटके सिरे पर फाँसी का फन्दा भी बन गया। सहसा कहीं से भागकर शंकर और रामरतन आए। दोनों पेड़ की शाख पर

बँधी रस्सी को देखते-देखते फाँसी लटक गए। फिर सहसा गाँव से किसानों की भीड़ आने लगी। हर कोई उन पेड़ों पर बँधी रस्सी को पकड़कर फाँसी लटकने लगा। मैं जड़ हो गया। अचरज से उन्हें देखने लगा। मैंने डॉक्टर प्रसाद को बताया जो मेरे पीछे ही वहाँ आ गए थे। मेरा विस्मय और बढ़ गया, जब डॉक्टर प्रसाद ने इसे मेरा वहम नहीं कहा। वे स्वीकृति में सिर हिलाने लगे। बोले-" मैं भी देख रहा हूँ।"

तभी वहाँ सरपंच नजर आया। उसके हाथ में चादरें हैं। उसके निकट सी.ई.ओ. खड़ा है। कैलकुलेटर पर अपने कमीशन का हिसाब लगा रहा है। उसके पीछे मंत्री और उससे बड़े अफसरों की लाइन लगी है। सभी कैलकुलेटर पर हिसाब देखने को बेताब हैं।

मैंने देखा, सारे पौधे मुरझाए, गमगीन मुद्रा में गर्दन झुकाए खड़े हैं। जैसे किसी शोक-सभा में खड़े हैं। एकदम मौन। धूप तेज हो गई है। सूने आकाश में एक चील प्रकट हुई है। हम सब जीप की ओर देख रहे हैं। ड्राइवर अभी तक पानी लेकर नहीं आया है।

# बोरचिन्दी तक

नदी तक नहीं गया। वहाँ तक जाने का विचार छोड़ दिया। बीच रास्ते से वापस पलट आया। अपनी अन्यमनस्कता में मैं यह भी नहीं भाँप पाया कि दुख, अपमान और आक्रोश के भाव लगातार मेरे चेहरे पर चढ़-उतर रहे हैं। राह चलते लोग मुझे आश्यर्च से देख रहे हैं। और कोई-कोई मन्द-मन्द मुस्करा भी रहा है। थाने की बगल से गुजरते हुए मैंने तिवारी मास्टर साब को उनके साथ जा रहे साथी को कोहनी मारते हुए देख लिया, तब मुझे खयाल आया कि मेरा चेहरा मेरे विचारों की फिल्म की स्क्रीन हो गया है और मैं हल्के-हल्के कुछ बुदबुदा भी रहा हूँ।

मैं तुरन्त सँभल गया। आँखें मिच-मिचाकर और नाक-मुँह बनाकर कुछ इस तरह खुद को प्रदर्शित करने लगा, गोया यह सब भी मैं जानबूझकर सचेतावस्था में कर रहा हूँ। मैं दुबारा उसी तरह बड़बड़ाने और नाक-मुँह बनाते हुए अभिनय करने लगा तब तक रास्ता सुनसान हो चुका था और मैं खुद को ही अपनी असहज हरकतों की सफाई दे रहा था।

रास्ते से पलटा तो पीठ पीछे सूरज निढाल-सा पहाड़ियाँ उतर रहा था। मैंने सोचा, अँधेरा होने से पहले ही घर पहुँच जाऊँगा। घर तक पहुँचते-पहुँचते भी अँधेरा मुझसे पहले बस्ती में दाखिल हो गया। मैं फिर भयभीत हो गया। बचपन से महसूस कर रहा हूँ। अँधेरा बेवजह ही उदास कर देता है। और उदास होने की मामूली-सी वजह भी भीतर कहीं दुबकी हो तो नौबत आत्महत्या के विचार तक जाती है। कभी-कभी हत्या के भी।

घर में दाखिल हुआ तो देखा, पत्नी रसोई घर में बैठी सब्जी काट रही है। मैं कुढ़कर रह गया। इसे देखो, कितनी निश्चिन्त है। इसे किसी बात से कोई लेना-देना नहीं है।

क्या मैं इतना निश्चिन्त नहीं हो सकता हूँ? फिर खुद ही इन्कार में गरदन हिलने लगी। असम्भव है। हर रोज दफ्तर में एक नया स्पष्टीकरण माँगा जाता है। अभी पहले का ठीक से जवाब भी नहीं लिख पाता कि दूसरा मिल जाता है। सुबह से कितने ही हल्के और फ्रेश मूड में बैंक जाओ लेकिन चपरासी को कागज लेकर

टेबल पर आते देखकर मन दहल जाता है। लगता है, फिर कोई मेमो मिलने वाला है। कागज का एक टुकड़ा बहुत घातक वार करता है।

कौन कहता है कागज निर्जीव होता है? कितनी ताकत, कितनी क्रूरता समाई रहती है इन कागजों में।

किसी को तिल–तिल मारने का सबसे ठंडा और कारगर तरीका है यह। दरअसल इसे भी हत्या में शामिल किया जाना चाहिए। धीरे–धीरे टॉर्चर करके मरने का सबसे क्रूर, हिंसक और सुरक्षित तरीका है। स्पष्टीकरण के पत्र हर रोज लिखते रहना, कोल्ड–ब्लडीड मर्डर, मेरे पास तो इन पत्रों की एक मोटी फाइल तैयार होती जा रही है। कई बार तो ढेर सारे पत्रों में कोई जवाब देना भूल जाता हूँ तो उसका भी स्पष्टीकरण पूछ लिया जाता है। कई बार मन होता है, आमने–सामने बैठकर बॉस से दो टूक बात कर ली जाए, लेकिन आमने–सामने बैठकर वह इतने प्यार और मिठास से बात करता है कि लगता ही नहीं कि यह बॉस है। कोई दूर–दराज का रिश्तेदार लगता है। बातों के क्रम में दफ्तर की इन कमीनी बातों को टाल जाता है। ज्यादा कुरेदो तो कह देता है, "भाई मैं मजबूर हूँ। मेरे पास फाइल आती है तो टीप लिखनी पड़ती है। कागज का पेट भरना पड़ता है। मेरी आपसे कोई निजी दुश्मनी तो है नहीं।"

मैं चुप हो जाता और इन्तजार करता। कभी न कभी तो कागज का पेट पूरा भर जाएगा। आखिर ये फाइलें, ये कागज कितने भूखे हैं? इतना लम्बा समय गुजर गया, इनका पेट क्यों नहीं भरता? लगता है शायद बॉस का मन नहीं भरा है। वह अभी और खिलवाड़ करेगा। पहले एक बार बॉस ने इस छोटे से कस्बे में असुविधाओं को कोसते हुए कहा था, "उनके पास मनोरंजन के लिए कुछ भी नहीं है। बैंक में इतना वक्त हो जाता है कि कहीं आ–जा नहीं पाता हूँ। फिर इस छोटी–सी बस्ती में कहाँ जाए?"

इसलिए यही उसका खिलवाड़ है। यही उसका मनोरंजन है।

हिंसा में भी आनन्द है। मनोरंजन के प्रचलित तरीके अब सुख नहीं देते हैं। कुछ नए की चाह में, बदलाव की इच्छा में मैं एक समर्थ और ताकतवर आदमी के मनबहलाव का साधन मात्र हूँ। वह सच कहता है कि मुझसे उसकी कोई निजी शत्रुता नहीं है। आनन्द के साधन से कैसी शत्रुता? उसे कौन जाकर बताए कि उसके आनन्द का साधन एक जीता–जागता इंसान है। साँस लेता है। रोटी खाता है। समाज का एक हिस्सा है। बहुत ज्यादा नहीं थोड़ी–सी जरूरी सुख–सुविधाओं के साथ जीना चाहता है। अब तो यह भ्रम भी दूर हो गया है कि जिसे मैं लड़ाई समझ रहा हूँ, वह एकतरफा आक्रमण है। कभी तो लगता है कि मैं रोम के कॉलोजियम थियेटर के ग्लैडिएटर की तरह हूँ। मुझे तो निहत्था कर दिया है। मेरे सामने शेर भी वही है। दर्शक भी वही

है और खुश होने वाला शासक भी वही है। उसकी खुशी का चरम मेरे जीवन के अन्त में है। जितने समय तक मैं बचा हुआ हूँ उतने समय की उसकी तफरीह है। इसमें मेरी कोई बहादुरी या चतुराई नहीं है। खेल को आगे तक चलने देने का समय उसके मनबहलाव की इच्छा है। सबसे ज्यादा क्रूरता तो इसमें छुपी है कि सारे प्रकरण को वह सरकारी व्यवस्था के न्याय से जोड़ रहा है। कोई बॉस के खिलाफ उँगली नहीं उठा सकता है। वह सारी कार्रवाई को एक बेईमान आदमी के खिलाफ बैंक के हित में प्रमाणित कर रहा है।

क्या दूसरों के दुखों को किक करके भी खुश हुआ जा सकता है? और कब तक? यानी समय के उस हिस्से तक हम पहुँच चुके हैं, जहाँ दूसरों के दुखों को भी मनोरंजन का साधन बनाया जा सकता है। यह बदलते युग की सफलता है या व्यवस्था का एक और अश्लील मजाक? कितना अजीब लगता है कि एक ही इमारत में बैठकर मात्र एक दीवार के पार भी मैं स्वयं उनके केबिन में जाकर बात नहीं कर सकता हूँ। वह पत्र से जवाब पूछते हैं, मैं पत्र से जवाब देता हूँ। सारी बातें कागजों पर होती हैं। सारा सफर कागज तय करते हैं। क्या करूँ मैं? जाकर माफी माँग लूँ? फिर लगा कि माफी ही तमाम बातों का हल होती तो मैं माफी भी माँग लेता। ऐसे किसी ईगो से नहीं बंधा हूँ। लेकिन कमबख्त को माफी नहीं, कमीशन चाहिए। लोन लेने आए तमाम हितग्राहियों से कमीशन लेकर उस तक पहुँचाऊँ। यह पहले भी असम्भव था, आज भी है।

कितनी अजीब बात है? इसी भूमि विकास बैंक में एक दिन में लाखों के वारे- न्यारे हो जाते हैं। पहले से खुदे कुओं को नया बताकर लोन स्वीकृत किया और पैसे बाँट लिए। जिनके कुएँ नए बनते भी हैं तो उन्हें प्रत्येक किश्त पर कमीशन तो चुकाना होता है और कुछेक कुएँ तो महज कागजों पर ही खुदे हैं। मुझे लगता है, कागज भूखा ही नहीं प्यासा भी होता है। इतने कुएँ कागजों पर खुद रहे हैं लेकिन प्यास कागजों पर से नाली बनाकर जाने कितनों के पेट में पहुँच गई है। सुपरवाइजर कुआँ देखने जाता है। मूल्यांकन अधिकारी, शाखा प्रबंधक और कभी-कभी मुख्य प्रबंधक भी, यहाँ तक कि चेयरमैन भी। सभी के पास भूखे और प्यासे कागज हैं।

ऐसे में मुझ जैसा एक मामूली-सा सुपरवाइजर क्या कर सकता है? जो कर रहा हूँ उससे तो हड़कम्प मचा है। मुझे शुरुआती दिन याद आ गए। मैंने खुद ने तो कभी कमीशन लिया नहीं, लेकिन कोशिश यह रही, कोई और भी नहीं ले पाए। इस तरह अकेले बॉस ही नहीं दूसरे सहकर्मी भी दुश्मन हो गए। मैंने कभी किसी की परवाह नहीं की। क्रान्ति का भूत सवार था। जो कुछ भी करता था, लगता था क्रान्ति के मुहाने पर आग धर रहा हूँ। बाद में मालूम हुआ कि क्रान्ति के बचकाने उत्साह में

खुद अपने आसपास ही बारूद बिखेर ली है।

प्रशान्त सच कहता है, मेरी हरकतें बचपना ही नहीं बल्कि मूर्खता है। तमाम कड़वी बातों के बावजूद वही एक शुभचिन्तक रह गया है। धीरे-धीरे दूसरों की हरकतों से मुँह मोड़ लिया। कोई कुछ भी करे, आँखें बन्द कर लीं। लेकिन दूसरों ने आँखें बन्द नहीं कीं। वे लोग और ज्यादा चौकन्ने और सतर्क हो गए और मुझे फँसा हुआ देखने में ही उन्हें अपनी सुरक्षा नजर आई। कब-कब किसने मेरे आसपास जाल बुने, मुझे नजर नहीं आया। जब फँसा तो हिल भी नहीं पाया और बॉस से संवाद की सारी स्थिति खत्म हो गई। बॉस तो चाहता भी यही था।

तब भी प्रशान्त ने कहा था, ''आदमी कितना भी बुद्धिमान हो, शॉर्प हो लेकिन बॉस का जो यह पद है, कुर्सी है वहाँ सारी बातें खत्म हो जाती हैं। बॉस कोई भी हो, ये लोग दूसरों के कान से सुनते हैं, दूसरों की आँखों से देखते हैं। दूसरों के दिमाग से सोचते हैं और ये दूसरा अक्सर दफ्तर का कोई उनका निकटतम बाबू होता है।''

मैं क्या करता? मेरे पास कहने के लिए दूसरों की जुबान नहीं थी। कुछ भी नहीं कर पाया। मैंने फाइल को हाथों में तौला। बेहद वजनी है। सवाल-जवाब के ही इतने पत्र इकट्ठे हो गए हैं कि एक मोटी फाइल तैयार हो गई है। मैंने वापस उसे अलमारी में रख दिया।

वापस पलटा तो देखा, पत्नी खाना लगभग तैयार कर चुकी है। इच्छा नहीं है लेकिन फिर भी खाने बैठ गया। खाना दो वक्त बनता है तो खा भी लेना चाहिए। कितनी ही बातों में इच्छा-अनिच्छा खत्म होती जा रही है।

खाना खाकर सोचा, चौराहे पर जाकर पान खा लिया जाए और सिगरेट खरीद ली जाए। फिर सोचा, महीने का आखिरी हफ्ता है। पान का विचार छोड़ दिया और सिगरेट की जगह बीड़ी खरीदने का तय करके निकल पड़ा। चौराहे पर इतनी जल्दी और सतर्कता से आया कि कोई मिले नहीं। छोटी-सी बस्ती है। जानता हूँ, चपरासी भी मिल जाएगा तो अभिवादन तक नहीं करेगा। बैंक में भी चपरासी वगैरह सुना-अनसुना करने लगे हैं। पुकारो तो दूसरी तरफ चले जाते हैं। अपमान के अनुभव से परे किसी आदमी को ये बताओ तो उसे ये सब बातें साधारण लगतीं बल्कि वह इसी में मेरा ओछापन भी तलाश लेता। अधिकतर लोग इन बातों में किस्से-कहानियों-सा मजा लेते। शुरू-शुरू में इन बातों को जो कोई भी मिल जाता तो मैं विस्तार से सुनाता था। इसकी अर्थहीनता अब महसूस होती जा रही है। चौराहे से घर तक वापसी का सफर नितान्त अकेले और बे-रोकटोक कट गया। भीतर आकर कुर्सी पर ढह गया। पत्नी बर्तन माँज रही है। मैं उठकर वापस दरवाजे पर खड़ा हो गया। मैं नहीं चाहता ऐसी स्थिति में उससे आँखें मिलानी पड़े। फिर सोचा,

मनोहर बाबू के यहाँ हो आऊँ। कई दिनों से बेहद बीमार हैं। जाने का सोचते ही एक अजीब-सी निष्क्रियता महसूस की। कल जाऊँगा। इस निर्णय ने मन में सन्तोष भर दिया।

अब किसी से मिलने में डर लगता है। वह बैंक के प्रकरण की बात करेगा। मन बेचैन हा गया। कोई भी सन्तोष मेरे लिए स्थायी नहीं रहता। हर सुख अपने पीछे पीड़ा की पोटली छुपाकर चलता है? सुबह उठते ही खबर मिल गई, मनोहर बाबू चल बसे। स्तब्ध रह गया। काश! शाम को ही मिल आता। हम दोनों के पास बातें करने के लिए कोई ज्यादा विषय तो रहते नहीं थे लेकिन हर शाम नए विषय पर बात होती थी। कल शाम की बातें भी उनके साथ चली गईं। पता नहीं, क्या बातें करते? पत्नी ने ही बताया, शवयात्रा आठ-नौ बजे तक निकलेगी। बिस्तर से उठ बैठा मैं। तैयार होकर बाहर निकलने लगा, तो पत्नी ने कहा, "कुछ खा-पीकर जाओ। श्मशान से लौटने में समय हो जाएगा। वहीं से बैंक चले जाओगे। देर हो जाएगी।"

मैंने पत्नी के चेहरे की ओर देखा, मुझे लगा वह व्यंग्य कर रही है, लेकिन उसका चेहरा भावहीन है। मैंने इन्कार कर दिया और बाहर निकल आया। मनोहर बाबू के घर के सामने भीड़ जुटने लगी है। प्रशान्त भी वहीं खड़ा है। मैं उसके पास जाकर खड़ा हो गया। वह बोला कुछ नहीं, चुपचाप मेरा हाथ पकड़ लिया।

अर्थी तैयार होते-होते और रिश्तेदारों के आने में दस बज गए। अर्थी उठाई गई तो मैं और प्रशान्त पीछे-पीछे चलने लगे।

मैंने कहा -"प्रशान्त दस यहीं बज गए हैं। साढ़े दस तक बैंक नहीं पहुँचे तो कमबख्त अनुपस्थिति दर्ज करेगा।"

, "लेकिन ऐसी स्थिति में हमें श्मशान तक तो चलना पड़ेगा।" प्रशान्त असमंजस में बोला।

"ऐसा करते हैं, बोरचिन्दी तक चलते हैं।" मैंने कहा।

"बोरचिन्दी तक? यह क्या होता है?" उसने गरदन घुमाकर पूछा।

"श्मशान से पहले कहीं एक जगह अर्थी को नीचे उतारेंगे और अर्थी से एक कपड़ा फाड़कर वहीं बेर की झाड़ियों से बाँध देंगे। ऐसी मान्यता है। अर्थी के साथ जाने वाले को बेहद जल्दी हो तो इस जगह से लौटा जा सकता है। अन्यथा फिर दाह-संस्कार के बाद ही वापस लौट पाएँगे। यदि हम अर्थी के साथ चल दिए हैं तो बोरचिन्दी तक तो जाना ही पड़ेगा।"

प्रशान्त सहमत हो गया। वह भी दफ्तर में मेरी स्थिति को समझता है। दोनों खामोशी से चलते रहे। आगे गाँव के बाहर निकलते ही बस स्टैंड के निकट अर्थी

रखी गई। शव पर ढँकी लाल शाल को फाड़कर उसका टुकड़ा बेर की झाड़ी में अटका दिया गया। मैंने देखा सड़क के किनारे बैठे कुछ यात्री बस का इन्तजार कर रहे हैं। बस स्टैंड के नाम पर एक खँडहर होता जा रहा कमरा है जो कभी यात्रियों के बैठने के लिए बनाया गया था, अब उसमें कुत्ते और सूअर दौड़ रहे हैं।

अर्थी श्मशान की ओर आगे चल दी। हम वापस लौट पड़े।

बैंक में पहुँचने पर एक और शॉक लगा। आज दिन शायद तय करके निकला था कि मुझे टुकड़ों में दुख दिया जाएगा।

प्रशान्त पास ही खड़ा था। उसने भी पढ़ा। मैंने पत्र वापस टेबल पर रख दिया। मुझे खुद को भी लगा, जो प्रतिक्रिया अपेक्षित थी, वैसा कुछ नहीं हुआ। मुझे थककर निढाल-सा कुर्सी पर बैठ जाना चाहिए था। लगता है, मनोहर बाबू की मौत आज बहुत से दुखों को सहने की ताकत दे गई है। मृत्यु कभी-कभी आदमी को ताकत भी देती है।

'तत्काल प्रभाव से निलम्बित।' किस पर यह प्रभाव हुआ? मैंने पत्र वापस उठा लिया और मोड़कर जेब में रख लिया। सारा दफ्तर मेरी ओर देख रहा है लेकिन न मैं चीखा, न चिल्लाया। कहीं कुछ भी नहीं। चुपचाप बाहर निकल आया। प्रशान्त ने मेरे पीछे आना चाहा, मैंने हाथ के इशारे से मना कर दिया। मैं घर आ गया। सोचा चादर ओढ़कर रो लिया जाए। पलंग पर लेटकर चादर ओढ़ ली, लेकिन चाहकर भी रो नहीं पाया। मैं टुकड़ों में रो चुका हूँ। रुलाई के लिए दुख के जिस आवेग की जरूरत होती है, वह मेरे भीतर खत्म किया जा चुका है। यही इन लोगों का तरीका है। आदमी एक बार में रो कर हल्का होना चाहे तो उसकी भी गुंजाइश नहीं है। एक ही दुख को रोज-रोज टुकड़ों में रोना है।

इतने दिनों में मुझे इस बड़े दुख के लिए तैयार कर दिया है। अब मुझे रोज इस कागज को पढ़ना है और रोना है। मुझे खुद पर आश्चर्य होने लगा। क्या दुख के लिए यह वजह कम है?

बहुत मुमकिन है कि वजह इतनी बड़ी हो गई कि दुख उसके आगे बौना हो गया है। यानी दुख को हम तभी हरा सकते हैं जब हमारे पास हारने के लिए कुछ भी न बचे। छोटे-छोटे सुखों से या उपलब्धि से लगातार कंगाल होने पर ही हम दुखों का परास्त करने की ऊर्जा हासिल कर पाते हैं। कँगले लोगों के पास दुखों का पहाड़ काटने के लिए रिक्तता की ऊर्जा होती है।

सोचकर कुछ अजीब-सा लगा। चादर फेंककर बाहर आया। हाथों को बगल में दबाकर धीरे-धीरे गाँव से बाहर की सड़क पर निकल आया। वैसे गाँव में गिने-चुने तो मकान हैं। बेतरतीब फैली हुई पहाड़ियाँ। इन छोटी पहाड़ियों पर दो-दो, चार-चार के समूह में आदिवासियों के टपरे हैं। कितना अरसा गुजर गया इस

आदिवासी क्षेत्र में मुझे? ठीक से हिसाब नहीं लगा पाया। गरदन झटक कर चलता रहा। मुझे मालूम है, आगे सड़क के किनारे खेत में जो टपरा है वहाँ एक बूढ़ा आदिवासी अकेला रहता है। मैं जब टपरे में पहुँचा तो वह खटिया पर लेटा था। मुझे देखकर उठ गया। मैं वहीं खटिया के किनारे बैठ गया। वह एक कप और महुए की बोतल लेकर आ गया। बोतल आधी खत्म होने को आई तो खोजता हुआ प्रशान्त आया।

फिर उसी ने बताया, ''तुम जिस कुएँ को देखने गए थे और जिसे प्रमाणित किया था, वह गलत सर्वे नम्बर में निकला। वह खेत उस आदमी का नहीं है।'' मैं कुछ नहीं बोला। चुपचाप उसे देखता रहा। उसने थोड़ी देर मेरे जवाब की प्रतीक्षा की फिर मेरे करीब ही बैठ गया।

''जब लोन देने की प्रक्रिया शुरू होती है तो फाइल में खेत की सीमाएँ निर्धारित होती हैं। एक नक्शा तैयार होता है। मैंने उसी नक्शे के हिसाब से उस हितग्राही से खेत की सीमाएँ पूछी थीं। फिर गलत कैसे और कहाँ हुआ?'' मैंने थोड़ी देर बाद थोड़े दुख और अचरज से पूछा।

''यह थोड़ा कठिन है, लेकिन असम्भव नहीं। जब फाइल तैयार हो रही होगी, उस आदमी ने दूसरे के खेत के नक्शे को देखकर खेत के आसपास की सीमाएँ याद कर लीं। पूर्व में फलाँ का खेत, पश्चिम में फलाँ का खेत, जब तुम साइट पर गए तो उस मुताबिक उसने बता दिया।'' प्रशान्त समझाते हुए बोला।

''लेकिन...लेकिन मैं नियम के खिलाफ कहाँ गया? मैं तो उसी खेत पर गया जो नक्शे में है, जो फाइल में लगा है। मैंने नक्शे के मुताबिक ही उस खेत मालिक से पूछा। उसने सही बताया। अब वह खेत मालिक बेईमान निकला तो मैं क्या करूँ? सर्वे और पूछताछ का यही प्रचलित तरीका है।'' मैंने अपने ऊँचे होते स्वर को रोका।

''हाँ, सभी ऐसा ही करते हैं। लेकिन तुम पर आरोप है कि तुमने ऐसा जानबूझकर किया है। फर्जी लोन दिलाने के लिए। दूसरे सुपरवाइजरों के जो ऐसे केस हैं, वे निरस्त कर दिए गए हैं। उन्हें चेतावनी-पत्र दिया जा रहा है कि वे तुम्हारी सजा से सबक लें।'' इतना कहकर प्रशान्त ने भी अपना कप उठा लिया, जो इतनी देर में बूढ़े ने तैयार कर दिया था। उसने अपना कप खाली किया तो मुँह की कड़वाहट चेहरे पर आ गई।

''यानी... यानी उन्हें सिर्फ चेतावनी-पत्र और मैं सजा का उदाहरण। मेरे हश्र से सबक लेंगे वे?'' गुस्से में मेरी आवाज थरथराने लगी।

''देख यार, बॉस आदमी का नाम नहीं, सिस्टम का नाम है।'' उसने मेरी ओर देखा और संजीदगी से गरदन हिलाते हुए बोला, ''आदमी से लड़ाई का तरीका

और है। सीधे-सीधे लड़ सकते हैं। सिस्टम से लड़ाई का तरीका किसी को नहीं मालूम।'' कहते हुए उसने मेरी ओर देखा। मैं उसे ही देख रहा था तो वह मुस्कराकर बोला, ''तरीका मालूम हो जाए तो तू वो नहीं कर देगा, क्या कहता है तू...हाँ क्रान्ति।''

''तू मेरा मजाक उड़ा रहा है?'' मैंने झुँझलाकर कहा।

''नहीं यार, मैं तुझे दुनियादार बना रहा हूँ। सिस्टम बदलने का कोई फॉर्मूला नहीं है। क्षण का निर्णय है। कभी सही निर्णय रहा तो ठीक, नहीं तो गए काम से।'' कहकर वह इस बार हँसा नहीं। अपना कप भरकर चुपचाप पीने लगा।

मैं चुप हो गया। यह समय ऐसी बहस का नहीं था। अपनी असहमति मैंने प्रकट नहीं की। झोपड़ी में तनाव भर गया। दिल ढल गया। शाम हो गई। रात आ गई। पहाड़ियों पर अँधेरा उस बूढ़े की झुर्रियों की भाँति फैल गया। हम लोग पीते रहे। मुझे तो लगने लगा कि एक समूचा महुए का पेड़ मेरे भीतर उतर आएगा तो भी मुझे नशे से ढँक नहीं पाएगा। रात गए घर पहुँचा तो पैर लड़खड़ा रहे थे। पत्नी दरवाजे पर ही बैठी है। उठकर भीतर चली गई। पैरों की लड़खड़ाहट के बावजूद मुझे सब याद रहा। मैं जूते उतारना नहीं भूला। जूते उतारकर भीतर गया और पलंग पर गिर पड़ा।

देर रात गए नींद खुली तो एकाएक समझ में नहीं आया कि किस तरह सोया हूँ। फिर सिर थाम कर बैठ गया। कमरे में नीम अँधेरा फैला है। उठकर पानी पिया। वापस आकर पलंग के पास खड़ा हो गया। मस्तिष्क में सांय-सांय हो रही है। पास पड़ी खटिया पर निगाह डाली, पत्नी सोई है। जाने आज कौन-सी साड़ी पहनी है? बिल्कुल अजनबी लग रही है, और पास में लेटी पराई स्त्री देह की कल्पना से ही मन हल्के से पुलक गया। मैं आश्चर्य करने लगा। सुख की इस आदिम चाह से भी भीतर कहीं क्लेश नहीं हुआ। मैंने पत्नी के सीने पर से साड़ी का पल्लू हटाया तो नीचे से वही चिर-परिचित देह निकल आई। मन खिन्न हो गया। पल्लू वापस डाल दिया। उठकर बाहर के कमरे में आ गया। टेबल के दराज में हाथ डाला। बीड़ी का बंडल मिल गया। बीड़ी सुलगाकर खिड़की की जाली से चेहरा सटाकर खड़ा हो गया।

क्या करूँगा अब? यहाँ रहना तो मुश्किल हो जाएगा। घर से बाहर निकलने में आँखें नहीं उठा पाऊँगा। कितनी अजीब बात है कि इस घटना के लिए जिन्हें शर्मिन्दा होना चाहिए वे खुश हो रहे होंगे। कल से विजेता की भाँति घूमेंगे और मैं बगैर किसी वजह के शर्मिन्दा होकर बाहर निकलूँगा। लोग ढाढस भी बँधाएँगे तो व्यावहारिक होने का उपदेश देना नहीं भूलेंगे। यदि कुछ लोग रास्ते में नहीं मिल पाएँगे तो कमबख्त घर आ जाएँगे। कुछ लोग तो भेजे जाएँगे।

जैसे लोग मनोहर बाबू के घर जाते हैं। उनके परिवार को शोक-संवेदना देने के लिए। इसी तरह लोग मेरे पास आएँगे। यदि मृत्यु एक पराजय है तो मेरी भी मृत्यु हो चुकी है। आने वाले लोगों को यह सहूलियत है कि वे अपनी सान्त्वना सीधे मेरे सामने प्रकट करेंगे। प्रश्न करेंगे। पूरा किस्सा सुनना चाहेंगे। मुझे फिर से उस यातना से गुजरना पड़ेगा। मनोहर बाबू तो ऐसे प्रश्नों से बच गए। मैं जिन्दा हूँ। इन लोगों को किस्सों का सुख देने के लिए। छोटा-सा कस्बा है। लोगों को वक्त काटने का बहाना मिल गया है। इनमें से अधिकांश ऐसे लोग भी हैं, जो बॉस के साथ बैठेंगे तो उनकी न्यायप्रियता की तारीफ करेंगे। प्रशान्त बता रहा था, बॉस को खुश करने के लिए उसी के कुछ साथी तो यहाँ तक कह रहे थे कि, ''सर, आपने बहुत दया दिखाई। आप तो अभी टर्मिनेट कर सकते थे। कुछ समय बाद ऐसा कुछ होगा तो उसे बड़ा झटका नहीं लगेगा।''

कैसी दया है यह?

कँपकँपी-सी छूट गई मुझे। पत्नी से सुबह कहूँगा, यहाँ नहीं रहेंगे। घर चलेंगे अब। गिनती का तो सामान है। घंटे-दो घंटे में समेट लेंगे। मैं वापस भीतर कमरे में आया। खूँटी पर लटक रही शर्ट की जेब से निलम्बन का पत्र निकाला और दरवाजा खोलकर घर के बाहर आ गया। कुछ ही दूर बिजली के पोल पर लगी ट्यूबलाइट के नीचे खड़ा हो गया और पत्र खोलकर पढ़ने लगा। एक बार, दो बार। तीन-चार-दस बार। पढ़ता रहा।

शायद अब कागज का पेट भर गया है। टाइप की हुई इन इबारतों के आखिरी हरूफों का ही भूखा था कागज। इस कागज को भूखा कौन रखता है? दूसरों का पेट काटकर कागज का पेट क्यों भरा जाता है? कितनी ही इबारतें हैं। कितने ही हरूफ हैं जिनसे कागज का पेट भर सकता है, बल्कि कागज खुश रह सकता है और खूबसूरत भी। कहानियाँ लिखी जाती हैं। उपन्यास लिखे जाते हैं। कविताएँ लिखी जाती हैं। एक-दूसरे को चिट्ठी लिखी जाती है। सिर्फ इन्ही से कागज का पेट नहीं भरा जा सकता क्या? कागज कभी कहता है उसे कौन से शब्द चाहिए? और फिर कागज इन लोगों के कब्जे में कैसे आया? क्या कोई तरकीब नहीं है, जिससे कागज को इन लोगों के कब्जे से छुड़ाया जा सके? जो लगातार इस तरह शब्द उसके पेट में डालकर उसका जायका, उसका पेट बिगाड़ रहे हैं और दूसरों के पेट भी काट रहे हैं।

पत्र हवा के कारण मेरी मुट्ठी में फड़फड़ाने लगा। मैंने मजबूती से उसे पकड़ लिया। मुझे लगा, कागज को मजबूती से पकड़कर रखना होगा। फिर जाने कहाँ उड़कर, किसके हाथ में जाकर पता नहीं क्या पेट में रख लेगा। जाने कौन दुखी हो जाएगा। वापस कमरे में आया तो सोचा पत्नी को जगाकर कह दूँ, तैयारी कर ले।

सोचा, सुबह कहूँगा। इसकी नींद क्यों खराब की जाए?

सुबह उठकर चाय की प्याली हाथ में पकड़ी ही थी कि प्रशान्त आ गया। मैंने उसे बताया कि मैं घर जा रहा हूँ। वह बोला कुछ नहीं लेकिन विरोध भी नहीं किया। वह बैठा रहा तब तक मैं नहा-धोकर फ्रेश हो गया। दोनों चौराहे पर पान खाने चल दिए। प्रशान्त के साथ होने से मुझे सुरक्षा बोध महसूस होता रहा। इस वक्त प्रशान्त के अलावा कोई बच्चा भी मेरे साथ होता तो मुझे राहत मिलती।

रास्ते में प्रशान्त ने बताया कि, "बॉस कह रहे थे कि मुझे इस सख्त कार्रवाई के लिए दुख है लेकिन बैंक की प्रतिष्ठा और भ्रष्टाचार रोकने के लिए यह कदम उठाना बहुत जरूरी था।"

"ठीक कहते हैं वे। ऐसा नहीं कहेंगे तो दूसरे लोग सबक कैसे लेंगे।" मैंने किंचित व्यंग्य के लहजे में कहा। प्रशान्त ने मेरा हाथ अपने हाथ में ले लिया। धीरे से बोला-"एक ही रात में बैंक में सभी ने सबक ले लिया है। बॉस को एक प्रतिशत कमीशन मममयादा देने पर सभी सहमत हो गए हैं। बॉस को रात में ही सूचना भी दे दी गई है।"

मैं मुस्करा दिया। प्रशान्त मुस्कराया नहीं। मेरी ओर देखे बगैर बोला, "बहुत शातिर शिकारी है। गोली शेर को मारी लेकिन गोली की आवाज से बाकी सबको डरा दिया। इसी को तो वह बड़ी कुर्सी सँभालने की काबिलियत कहता है।

पान की दुकान आ गई। हम दोनों चुप हो गए।

लौटकर आए तो पत्नी खाने की तैयारियाँ कर रही थी। प्रशान्त चला गया। मैं बचा-खुचा सामान समेटने लगा। फिर कुर्सी पर बैठ गया। एकाएक मनोहर बाबू याद आ गए। कितनी सारी स्मृतियाँ साथ जा रही हैं। कैसा लगता है अब? मेरे साथ स्मृतियाँ जा रही हैं। मनोहर बाबू के जाने के बाद उनके घर में स्मृतियाँ ठहर गईं।

अचानक आहट हुई और एकाएक मैं चौंक पड़ा। उठकर दरवाजे तक आया। दोपहर होने से पूर्व का आभास देती धूप है। सन्नाटा है। मुझे लगा, यह भी स्मृतियों की आहट होगी। स्मृतियाँ जब रुलाती हैं तो क्या भयभीत नहीं करेंगी? मनोहर बाबू का घर भी अब भाँय-भाँय करता होगा। इतने बड़े घर में वहाँ भी लोग जरा सी आहट पर चौंक जाते होंगे। मुझे यह लगने लगा है कि भावुक लोगों को आत्माएँ नजर नहीं आती हैं। दरअसल उनके साथ स्मृतियाँ होती हैं। स्मृतियाँ उनके साथ उठती-बैठती हैं। दरअसल ओझा भी आत्माओं को नहीं भगाते, आत्माओं की पूजा नहीं करते हैं। वे हमारे लिए स्मृतियों से लड़ते हैं। उनके लिए आस्था रखते हैं।

सोचता हुआ मैं दरवाजा बन्द करके वापस लौट पड़ा। फिर दूसरा विचार उठा,

घर जाकर क्या करेंगे?

मैं एकाएक भयभीत हो गया। मुझे एक दूसरा नरक वहाँ खुलता दिखाई दिया। मैंने देह में उठती झुरझुरी को छुपाया। खुद की नजरों से। फिर मैंने तय किया कि अभी वहाँ के बारे में नहीं सोचना है। अचानक एक खयाल फिर सिर चढ़ने लगा। क्या ऐसा नहीं हो सकता है कि अभी-अभी चपरासी दौड़कर आए और कहे कि-"सर, बड़े साहब का हार्ट फैल हो गया।"

मैंने सिर को झटका दिया, असम्भव है। लेकिन होने को तो क्या नहीं हो सकता है? बीमारियाँ तो स्साले को जमाने भर की हैं। होने को तो यह भी हो सकता है कि जीप लेकर निकले और घाटी वाले मोड़ पर एक्सीडेंट हो जाए? सारा किस्सा खत्म। या फिर ऐसा भी किया जा सकता है कि रात को चुपके से दीवार फाँदकर उसके घर पहुँचा जाए, और दोनों पैरों में गोलियाँ मार दी जाए। चेहरे पर काली नकाब डाल ली जाए तो कोई क्या पहचानेगा? जान से न मारकर कमबख्त को सालेक भर के लिए बिस्तर पर पटका जा सकता है। पिस्तौल कहाँ से आएगी? सोच इतनी आगे गई तो यह भी सोचा।

शहर में किराए के गुंडे मिलते हैं, उनसे सम्पर्क करके भी यह काम तो किया जा सकता है। शहर में कहाँ, किस तरह इन लोगों से सम्पर्क किया जा सकता है? इस बूढ़े को मारने के साथ ही यदि वे लोग लूट-पाट करने लगें या एकाध उनमें से पकड़ा जाए तो? काँप गया मैं। नहीं, ऐसा नहीं किया जा सकता। ऐसे कामों में खतरे हैं। हाँ, पोस्ट मास्टर एक दिन बता रहा था कि गाँव में मूठ मारने वाले ओझा या तांत्रिक होते हैं जो नींबू पर मंत्र पढ़कर फेंकते हैं तो दुश्मन धीरे-धीरे गलकर मरने लगता है। मुझे यह विचार भी नहीं जँचा। जाने क्यों तमाम बातों के बावजूद मैं उसकी मौत में हल तलाश नहीं कर पर रहा हूँ। कल्पना में भी उसकी हत्या के लिए मन तैयार नहीं हो पा रहा है। सहसा पत्नी ने आवाज दी। उठकर खाना खाने चल दिया। खाना खाकर उठे ही थे कि प्रशान्त, हरीश और कुलकर्णी बाबू और दूसरे मित्र आ गए।

हाथ ठेले पर सामान चढ़ाकर उसे बस स्टैंड रवाना कर दिया। हम लोग आहिस्ता-आहिस्ता पैदल चल दिए। कुछ दूर चलने के बाद मैंने समय देखा, दस बज रहे हैं। मैंने प्रशान्त से कहा, "बैंक का समय हो रहा है। तुम लोग वापस चले जाओ। व्यर्थ में कोई नया नाटक हो जाएगा।"

"कुछ नहीं होगा यार।" वह मेरा हाथ पकड़कर बोला, "अभी लौट आएँगे। बस स्टैंड तक तो चलेंगे ही।" हम लोग वहाँ पहुँचे ही थे कि बस भी आ गई। बस ठीक बेर की झाड़ियों के पास आकर रुकी। मैंने पलटकर देखा, बेर की झाड़ियों में कल की अर्थी से फाड़ी गई चिंदी अभी भी हवा में हिल रही है। मैं मुस्करा दिया।

ये लोग भी मुझे बोरचिन्दी तक छोड़ने आए हैं। मैं बस में चढ़ा और हाथ बढ़ाकर पत्नी को ऊपर बस में खींचा। बस चल दी। पलटकर देखा, वे लोग हाथ हिला रहे हैं। मैंने सोचा, बस में चढ़ने से पहले मेरी कमीज से भी एक चिंदी फाड़कर इन लोगों ने बेर की झाड़ियों में बाँध देनी चाहिए थी।

# राजा गया दिल्ली

जेठ की दोपहरी है। तेज गरम हवाएँ अपने साथ सन्नाटे को भी बुहार लाई हैं। बँगला सूनसान है। गेट के निकट बने केबिननुमा कमरे से निकलकर चौकीदार अभी-अभी आकर अलसाया-सा खड़ा है। धूप अब तेज हो गई है। मेनगेट के पास और लॉन का हिस्सा छोड़कर सभी दूर घने पेड़ हैं। उन पेड़ों के कारण घनी छाया है। तेज हवा ने सभी दूर पत्ते बिखरा दिए हैं। बँगले के नजदीक के पेड़ों के आसपास सीमेंट-कांक्रीट के गोल ओटले बने हुए हैं। लगभग चार एकड़ में फैला बँगला एक अजीब से सन्नाटे से भरा हुआ है। मंत्रीजी का परिवार राजधानी में नहीं रहता है। गाँव में है। बँगले के अधिकांश कमरे जो मंत्रीजी के निजी उपयोग के लिए हैं, बन्द हैं। आगे के कमरों में दफ्तर है, जहाँ क्लर्क, एक टाइपिस्ट, एक कम्प्यूटर ऑपरेटर और दो चपरासियों के अलावा उनका निज सचिव बैठता है। मंत्रीजी इस समय प्रदेश में कहीं दौरे पर हैं। कम्प्यूटर ऑपरेटर की-बोर्ड पर झुका हुआ काम कर रहा है। दूसरा तमाखू मसल रहा है। निज सचिव जो कोई श्रीवास्तवजी हैं। काफी देर से किसी फाइल को पढ़ने की कोशिश कर रहे थे, अब फाइल नीचे रखकर कुर्सी पर अधलेटे हो गए हैं। मंत्रीजी बँगले में नहीं हैं इसलिए भीड़-भाड़ भी नहीं है। इक्का-दुक्का लोग आते हैं और पूछकर चले जाते हैं।

वे दोनों बँगले की सीढ़ियाँ उतर कर बँगले की चार-दीवारी के भीतर नीम के पेड़ के इर्द-गिर्द बने ओटले पर आकर बैठ गए। दोनों के चेहरे पर हल्की-सी थकान है। दोनों में से एक गोरी रंगत वाला लम्बे कद का जगन्नाथ है जो पचास की उम्र तक आते-आते सम्बोधन की गँवई सुविधा में घिसकर जगन रह गया है। दूसरा औसत ऊँचाई का साँवले रंग का कालू है। वह कालू ही पैदा हुआ था और आज इसी संक्षिप्त नाम कालू से जाना जाता है। इस सम्बोधन से उसे कोई एतराज भी नहीं है। हालाँकि जगन को भी कभी जगन्नाथ कहलाने की ख्वाहिश पैदा नहीं हुई लेकिन उसे इतना याद है कि कभी उसका नाम जगन्नाथ हुआ करता था। कालू की उम्र चालीस के करीब है।

राजधानी में आए हुए आज उन्हें दूसरा दिन है। गाँव में वे सुना करते हैं कि

जब आदमी का बुरा वक्त आता है तो वह 'कोरट-कचेरी' या थाने के चक्कर में पड़ जाता है। अब उन्हें लग रहा है कि इससे भी बुरा वक्त आता है तो आदमी नेताओं के चक्कर में पड़ जाता है।

काम कोई खास नहीं है लेकिन धीरे-धीरे जटिल होता जा रहा है। गाँव में नर्मदा किनारे उनके खेत डूब क्षेत्र में आ गए हैं। जिला कार्यालय से उन्हें नोटिस मिला कि जमीन से फसलें और टापरी हटा लें, क्योंकि विभाग द्वारा उन्हें मुआवजा भी दिया जा चुका है। वे दोनों भागकर जिले के पुनर्वास दफ्तर में पहुँचे और बाबुओं से लेकर अधिकारी तक के सामने गिड़गिड़ाए कि उन्हें मुआवजे में एक धेला तक नहीं मिला है। बाबुओं ने रजिस्टर खोलकर उन दोनों अनपढ़ लोगों को दिखाए जहाँ उनके नाम के आगे दी गई मुआवजे की राशि दर्ज थी। उन दोनों के रोने-धोने पर इतना भर मालूम हुआ कि ऐसी जानकारी दफ्तर को तहसील कार्यालय से मिली है। उधर तहसीलदार ने बताया कि उसे एक-एक किसान की जानकारी कोई जबानी याद नहीं है। पटवारी ने जो जानकारी दी है वह सही है और अन्तिम। फिर भी चाहो तो पटवारी से मिल लो। पटवारी को खोजा तो मालूम हुआ कि उसका तबादला हो गया है। नए पटवारी को कोई मालूमात नहीं है। कुल मिलाकर कई दिनों, हफ्तों, महीनों तक जगन और कालू तहसील कार्यालय और पुनर्वास के दफ्तर के बीच टप्पे खाते रहे तो गाँव के स्कूल-मास्टर ने सलाह दी कि वे सीधे राजधानी जाकर विभाग के मंत्री से मिल लें, तत्काल निबटारा हो जाएगा, एक दिन में। और फिर मंत्री तो बिना मुकुट का राजा होता है। एक फोन भोपाल से खड़खड़ाएँगे तो कलेक्टर भागता हुआ उनके घर आएगा। ऊपर से खास बात यह कि मंत्रीजी गाँव के सरपंच के किसी रिश्ते में भी तो लगते हैं। साथ ही मास्टरजी ने यह भी समझाया कि इतने बड़े शहर जा रहे हो, वह भी जिनगी में पहली बार तो लगे हाथों रेलगाड़ी भी देख आना। उमर बीत रही है वर्ना यह तो रहा काम है जो रावण से नहीं हो पाया था। बात सोलह आने ठीक थी। मास्टर शहर का रहने वाला था लेकिन फिर भी इन दोनों को वह भला मानस लगा। पढ़े-लिखे होने का भी कुछ अलग ही मजा है। ऐसा सोचकर दोनों ने मास्टर को गुड़ की चाय पिलाई और घर ले जाने के लिए केतली भर छाछ दिया। और उन्हें लगा, समस्या का हल भोपाल जाने भर से हो जाएगा।

इस तरह मंत्रीजी के नाम सरपंच की चिट्ठी, खाने के लिए दो-चार दिन की दसमी (पराठे) की पोटली आम का अचार और ऐसे ही मन में पोटली भर उत्साह लेकर वे दोनों गाँव से शहर और फिर रात को बस पकड़कर कल सुबह-सुबह राजधानी पहुँचे थे। राजधानी के बारे में वे अपने गाँव में काफी कुछ सुन चुके थे। लम्बी और चौड़ी सड़कें हैं। उँगलियों पर गिन नहीं पाएँ, इतनी दुकानें हैं। बसें, ट्रकें,

टेम्पो और अनगिनत ऑटोरिक्शा भागते-दौड़ते हैं। इन सबके बारे में जितना सुना था, देखने पर वह सुने हुए से ज्यादा रोमांचक और चकित कर देने वाला नजारा निकला। गाँव में तो खैर ऑटोरिक्शा हैं नहीं लेकिन नजदीक के शहर में भी गिनती के ही हैं पर यहाँ राजधानी में तो पलक झपकते ही दर्जनों ऑटोरिक्शा सड़क पर सामने से निकल जाते हैं। आँख चूके और जरा भी पैर बहका तो राम नाम सत। पता नहीं इतने सारे लोगों को कहाँ जाने की जल्दी मची है। सब दौड़ते-भागते नजर आते हैं। किसी को किसी से बात करने की फुर्सत नहीं है। उन्हें आश्चर्य तो यह हुआ कि किसी भी दुकान या मकान के आगे ओटले नहीं हैं।

फिर ये लोग कहाँ और किस पर बैठकर बातें करते होंगे? शाम को कहाँ इकट्ठे होते होंगे? शहर उन्हें अचरज से भरा लगा।

बस से उतरते ही उन दोनों ने जो पहला काम किया था वो यह कि नजदीक ही रेलवे-स्टेशन पर जाकर मन भरकर रेलगाड़ी देखी थी। 'हे प्रभो! तुम्हारी माया अपरम्पार' कहते हुए जब स्टेशन से बाहर आए तो चकित और मुग्ध थे।

मंत्रीजी का बँगला खोजने में परेशान तो बहुत हुए लेकिन निराश नहीं। गाँव में बचपन से सुनते आए हैं कि लोग पूछते-पूछते गंगाजी चले जाते हैं। अलबत्ता थोड़ा दुख जरूर हुआ कि पूछने पर अधिकांश लोग बगैर जवाब दिए तेजी से आगे बढ़ जाते थे। उन दोनों ने ऑटोरिक्शा नहीं लिया, सिटी बस पर सवार नहीं हुए बल्कि पैदल चलते हुए, पूछते हुए रात को मंत्रीजी के बँगले पर पहुँचे थे जहाँ गेट से ही चौकीदार ने सुबह आने के लिए बोलकर उन्हें टरका दिया। रात किसी धर्मशाला में गुजारकर सुबह से वे दोनों फिर बँगले पर आ गए।

रात वाला चौकीदार अब नहीं है। कोई दूसरा है। उसी तरह नीली वर्दी पहने हुए। दोनों ने उसके केबिन में बैठकर अपनी 'रड़कथा' उसे विस्तार से सुनाई, जो उसने कुछ सुनी, कुछ अनसुनी की और उन्हें भीतर पी.ए. साब श्रीवास्तवजी से मिलने को कहा। श्रीवास्तवजी से मिलकर जब ये उसे भी अपनी कथा सुनाने लगे तो उसने हाथ के इशारे से रोक दिया और फाइल पर अपने लिखने का काम पूरा करके गरदन उठाई और फिर कहा-"पूरी रामायण मत सुनाओ, अर्जी लाए हो तो दे दो।" दोनों चुप हो गए। अर्जी तो मास्टरजी से लिखवाकर लाए थे लेकिन यह सोचकर कि मंत्रीजी के हाथों में ही देंगे, पी.ए. साब को देने का विचार छोड़ दिया। क्या पता, अर्जी कहीं फेंक-फाँक दे या दबाकर ही बैठ जाए। शहर के लोग, उस पर से सरकारी आदमी, निश्चित ही बदमाश होगा। सरकारी आदमी और शहर के प्रति सन्देह तो उनके मन में पहले से था। गाँव में सरकारी दफ्तरों के बारे में वे जो बातें सुनते रहते थे, इससे उनका सन्देह बढ़ता रहा फिर जब खुद दफ्तरों के चक्कर काटे तो सुनी-सुनाई बातों के सन्देह को कटु अनुभव ने पूर्ण विश्वास में बदल दिया।

पी.ए. श्रीवास्तवजी भी अपने प्रति इस अविश्वास को भाँप गए। इस तरह के लोग कोई पहली बार तो बँगले पर आए नहीं हैं। समस्याएँ बदलती रहती हैं लेकिन लोग नहीं। थोड़ा-बहुत चेहरे-मोहरे में फर्क होगा, बाकी तो वही लोग, वही कथा। श्रीवास्तवजी ने फिर अर्जी के लिए जोर नहीं दिया। कुछ देर सोचकर कहा,-"अच्छा बताओ, मामला क्या है?" पूरी बात सुनकर श्रीवास्तवजी ने धीरे से गरदन हिलाई और पलटकर कम्प्यूटर-ऑपरेटर शर्मा से कहा, जो पहले ही इन दोनों की बातें ध्यान से सुन रहा था, "मामले में कोई दम नहीं है।" फिर वापस इन दोनों से मुखातिब हुए, "देखो, पुनर्वास के दफ्तर में कहते हैं कि तुम्हें पैसा मिल गया है तो उनसे कहो, रसीद बताओ? रसीद समझते हो ना? पावती?"

जगन ने मुंडी हिलाई और बताया कि समझते हैं। फिर बोला, "कहा था। उनके पास हमारा अँगूठा लगी रसीद भी है।"

"तो तुम कह दो, रसीद जाली है।" श्रीवास्तवजी कागज में पिन लगाते हुए बोले।

"वो कहते हैं, साबित करो।" इस बार कालू बोला और मायूसी में गरदन हिलाने लगा। जगन जो दो पैरों पर उकड़ू बैठा था अब पालथी मारकर बैठ गया और बोला, "साबजी, कभी सिंचाई विभाग, कभी तहसील तो कभी कलेक्टर ऑफिस, बस यहाँ-से-वहाँ दौड़ाते रहते हैं। कुछ कहो तो कहते हैं एक अकेला तुम्हारा ही काम है जो उसको लिए बैठे रहें।"

इतना कहकर दोनों इस तरह श्रीवास्तवजी को देखने लगे जैसे निराकरण अभी और यहीं हो जाएगा। कई बार अविश्वास के बर्फ की सतह सहानुभूति की जरा-सी आँच से पिघलने लगती है। श्रीवास्तवजी के श्रोता भर की भूमिका ने उन्हें फिर से आश्वस्त कर दिया कि हो-न-हो यहाँ काम हो जाएगा।

श्रीवास्तवजी ने एक लम्बी साँस छोड़कर एक ऐसी बात कही जो सरकारी दफ्तरों के बारे में आम तौर पर कही और सुनी जाती है।

"दफ्तरों को तो कमबख्त ये बाबू ही चला रहे हैं।" फिर कुछ देर रुककर निकट बैठे टाइपिस्ट से कहा, "जिले के अधिकारी तो साले सब निकम्मे हो गए हैं। असली राज तो ये बाबू करते हैं। गोली मार देनी चाहिए इनको।"

इतना सुनकर जगन और कालू के चेहरे पर ऐसा सन्तोष आ गया मानो सचमुच गोली मार दी गई हो। फिर दोनों ने एक-दूसरे की ओर देखा और आँखों में ऐसा भाव आया जैसे कहा हो, देखा! अब इस 'देखा' में जाने कितने ही आश्वासन, सान्त्वनाएँ, उत्साह और श्रीवास्तवजी के प्रति प्रशंसा भाव मिला था। कुछ देर पहले उनके मन में श्रीवास्तवजी के प्रति अविश्वास था, वह पूरी तरह से खत्म नहीं हुआ लेकिन काफी हद तक ढहने लगा। वे नहीं जानते हैं कि श्रीवास्तवजी के मन में

उनके प्रति सहानुभूति और जिले के अधिकारियों और बाबुओं के प्रति गुस्सा इस गरम दोपहरी में फुर्सत और ऊब से उपजा है। उनके लिए यह चर्चा तो चाय के साथ बिस्कुट चबाने जैसी है। हालाँकि श्रीवास्तवजी के मन में एक बार तो यह आया कि यहाँ से मंत्रीजी का हवाला देकर जिला कलेक्टर को इन दोनों के काम के लिए फोन कर दे लेकिन फिर सोचा कि इस एक फोन से मंत्रीजी से अपना नजदीकी रिश्ता जोड़कर जिले में रौब जमाकर काम करा लेने की कला इन दोनों को नहीं आती है। कोई और होता तो अपने गलत काम भी इसी फोन के दम पर करा लेता लेकिन ये लोग वहाँ भी बस गिड़गिड़ाकर रह जाएँगे। एक फोन बेकार जाएगा, ऊपर से दुख यह रहेगा कि मिला कुछ नहीं। श्रीवास्तवजी ने दोनों को देखा, वे उठ खड़े हुए थे। दोनों कुछ देर संकोच में खड़े रहे फिर कालू बोला, "साबजी, हमको रोटी खानी है उधर पेड़ के नीचे जाकर खा लें?"

श्रीवास्तवजी ने अपने पैर सामने टेबल पर से हटाए जैसे रोटी के सम्मान में यह करना जरूरी हो। फिर बोले, "हाँ-हाँ बिल्कुल खा लो बल्कि यहीं, उधर कोने में, टेबल पर बैठ जाओ।"

कुर्सी-टेबल पर बैठकर रोटी खाने की बात पर वे दोनों संकोच में पड़ गए फिर इनकार में गरदन हिलाते हुए कालू ने कहा, "नहीं, हम उधर पेड़ के नीचे ही जाएँगे। कुर्सी पर बैठकर कैसे खा सकते हैं?"

इतना कहकर दोनों पलट गए। कुछ दूर जाकर दोनों में कुछ फुसफु साकर बातें हुईं फिर कालू वापस पलट कर आया और संकोच में कुछ देर खड़ा रहा फिर हिम्मत करके बोला, "साबजी, चलो आप भी हमारे साथ रोटी खा लो।" श्रीवास्तवजी एक क्षण तो इन दोनों के आमंत्रण पर कुछ बोल नहीं पाए फिर हाथ हिलाते हुए बोले, "नहीं... नहीं, तुम लोग खाओ।" कुछ क्षण वह रुके फिर यह सोचकर कि उनकी अस्वीकृति को ये लोग अपनी गरीबी और बासी रोटियों के प्रति उनकी अरुचि से न जोड़ लें तो बोले, "मैं खाना खाकर आया हूँ।"

कालू वापस पलट गया। वे दोनों बँगले की सीढ़ियाँ उतरकर बँगले की चार दीवारी के भीतर ही, नीम के पेड़ के इर्द-गिर्द बने ओटले पर आकर बैठ गए। फिर जगन ने कालू से पूछा-"दसमी तो बासी है अपने पास, लेकिन श्रीवास्तवजी से पूछना भी जरूरी था। उनसे पूछे बगैर रोटी खा लेना भी ठीक नहीं होता, क्यों?"

उसने अपने संस्कारों की वकालत में कालू की सहमति माँगी। कालू ने पोटली खोलते हुए कहा, "यह तो जरूरी था। वो क्या कहते कि इतना भी काण-कायदा नहीं है। इस तरह तो निमाड़ के नाम को बट्टा लगता।"

दोनों ने पोटली में से दसमी निकाली और उस पर अचार रखकर खाने लगे। दोनों पालथी मारकर बैठ गए थे। दोपहर की धूप के कारण चेहरे पर एक ऐसा उजाड़ है जिससे दोनों बेखबर और लापरवाह है। नीम की सूखी पत्तियाँ चारों ओर फैली हैं। उसी को बुहारकर दोनों ओटले पर बैठ गए थे।

"दो दिन में मंतरीजी आ जाएँ तो बेस। दसमी दो दिन पुरेगी।" कालू ने जगन को जानकारी ही नहीं दी बल्कि आगाह भी किया। हालाँकि दोनों कुछ पैसा भी साथ रखकर लाए हैं लेकिन सोच रहे हैं उसको खर्च करने की नौबत आने से पहले ही मंत्रीजी आ जाएँ तो ठीक।

"आ जाएँगे। यहाँ इत्ता बड़ा घर है इसको छोड़कर आदमी भला कहाँ भटकेगा?" जगन ने कालू को प्रत्यक्ष रूप से तो आश्वस्त किया लेकिन ऐसा करके उसने अपने सन्देह पर भी विजय पाने की कोशिश की। फिर दोनों में से कोई नहीं बोला। चुपचाप दसमी खाते रहे।

दसमी-अचार खाकर दोनों बँगले के कोने में लगे नल से पानी पीकर गेट के पास बने केबिन में चौकीदार के पास आकर बैठ गए। पूछना तो जगन चाहता था लेकिन हिम्मत कालू ने दिखाई और पूछा, "ये नल-चौबीस घंटे चलता है? कभी बन्द नहीं होता है?"

चौकीदार ने बहुत बेरहमी से बीड़ी जमीन पर रगड़ी और दूर नल की ओर देखता हुआ बोला, "यह नल ही क्यों? ऐसे दो नल और हैं बँगले में। दिन-रात चालू रहते हैं। छत पर दो बड़ी टंकियाँ भरी रहती हैं, वो अलग।" कहकर चौकीदार दीवार से टिककर अधलेटा हो गया।

आदत के अनुसार जगन के मुँह से 'वा परभु!' निकला और अचरज और प्रशंसा के भाव के साथ कालू को देखने लगा जो इस सुविधा गाथा को सुनकर पहले ही परास्त हो चुका था। दोनों काफी देर तक चौकीदार से बातें करते रहे। यूँ तो श्रीवास्तवजी ने उनसे भले मानस की तरह बातें की थीं लेकिन फिर भी वे महज वक्त काटने के लिए उनके पास बैठने की हिम्मत नहीं जुटा पाए थे। मीठी जुबान के बावजूद श्रीवास्तवजी उन्हें अपने वर्ग के नहीं लगते थे।

कुछ देर तक चौकीदार इनकी बातों का हुँकारा देता रहा फिर ऊँघने लगा। दोनों उस केबिन से बाहर आ गए। धूप तेज हो गई है लेकिन बँगले की चार दीवारी के भीतर इतने अधिक पेड़ हैं कि भीतर गर्मी नहीं लग रही है। धूप मेनगेट पर ही ठिठक गई थी।

मेनगेट के दाईं ओर चार दीवारी से लगे हुए, दूर तक गुलमोहर के पेड़ों की कतार है। फूले हुए गुलमोहर दूर तक आसमान को लाल कर रहे हैं। चार दीवारी के आसपास का आसमान अंगारों-सा दहक रहा है। नीचे की जमीन गुलमोहर के

फूलों से ढँक गई है। लाल छींट की चादर बिछ गई है जैसे। बँगले के पास से पीछे की तरफ आम के पेड़ों की कई कतारें हैं। ऊब और उदासी में दोनों को यह दृश्य बहुत सुखद लगा। फूले हुए आम के पेड़ों को देखते हुए कालू ने जगन को बहुत अचरज से बताया कि आम पे इतनी देर से इस महीने में 'महूर' आए हैं। तब उन दोनों को एक साथ महसूस हुआ कि उन्हें गाँव छोड़े कुछ दिन नहीं जैसे बहुत अरसा बीत गया है।

दोनों गुलमोहर की झरती पत्तियों को देखते रहे जो बँगले तक जाती हुईं डामर की राहदरी पर गिर रही हैं। जगन ने गर्मी न लगने के बावजूद अपनी कमीज उतार देने की आदत को सप्रयास रोका। गाँव में इतनी देर तक कमीज पहने हुए वह कभी रहा नहीं। वहाँ तो कमीज पहनने की जरूरत भी नहीं पड़ती है। इस असुविधा को कन्धे उचकाकर भूलने की कोशिश करने लगा। बेचैनी से बचने के लिए दोनों फिर श्रीवास्तवजी के कमरे में आ गए। श्रीवास्तवजी इस समय कुर्सी पर पीछे सिर टिकाए ऊँघ रहे हैं। इस बार टाइपिस्ट टाइप कर रहा है। कम्प्यूटर ऑपरेटर शर्मा नदारद है। चपरासी नीचे दरी पर बैठा दीवार से सिर टिकाए सो रहा है। कुछ देर पहले की अन्तरंग बातचीत से दोनों में इतना साहस आ गया था कि कुर्सी पर न सही लेकिन नीचे दरी पर चपरासी के पास बैठने लगे। उसी समय श्रीवास्तवजी की आँखें खुलीं तो दोनों बैठते-बैठते रुक गए और फिर नमस्कार में हाथ जोड़कर खड़े हो गए। श्रीवास्तवजी ने एक हाथ कुर्सी से नीचे झुला दिया और हाथ के इशारे से बैठने को कहा। दोनों बैठ गए तो श्रीवास्तवजी फिर ऊँघने लगे उनके बैठने से चपरासी ने आँखें खोल दीं। दोनों सकुचा गए, बोले कुछ नहीं लेकिन अकारण पैर को सिकोड़ने लगे, जबकि वहाँ पैर फैलाने को पर्याप्त जगह थी। अब कमरे में फैली हुई फाइलों के ढेर को घूरने लगे। जगन ने सोचा, श्रीवास्तवजी की नींद खुले तो पूछें कि शाम को 'मंतरीजी' कब आएँगे? एक बार कुछ नक्खी हो जाए तो समझ पड़े। फिर धीरे-धीरे पैर फैला लिए। दोनों आपस में बात करना चाहते थे लेकिन श्रीवास्तवजी और चपरासी की नींद न टूट जाए इस भय से चुप बैठे रहे। दोनों रह-रहकर दीवार पर टँगी घड़ी को घूरते रहते। घड़ी को इनके घूरने की रत्तीभर भी परवाह नहीं थी। वह उसी रफ्तार से चलती रही। दोनों बेचैन हो गए। समय नहीं सरक रहा है। दोनों ने आपस में आँखों में इशारा किया और उठकर बाहर चल दिए। आहट से श्रीवास्तवजी की नींद खुल गई।

–"क्या बात है?" श्रीवास्तवजी ने पूछा तो वे दोनों ठिठक गए। कुछ जवाब नहीं दे पाए। वे समझ भी नहीं पाए कि उनसे कुछ पूछा है या किसी और से। श्रीवास्तवजी दरवाजे के पार कहीं देख रहे हैं। फिर उन्होंने उन दोनों को हाथ के इशारे से पास बुलाया। दोनों पलटकर उनके नजदीक आ गए।

"देखो भाई, इस तरह इन्तजार करने से कुछ नहीं होगा। मेरी मानो तो अर्जी मुझे दे जाओ, कुछ होने जैसा होगा तो मैं मंत्रीजी से करा लूँगा, लिखा दूँगा। यहाँ तो धूप खाकर कबाब हो जाओगे।" इतना कहकर अपनी बात का असर देखने के लिए श्रीवास्तवजी दोनों को घूरने लगे। कबाब का जिक्र सुनकर टाइपिस्ट भी हाथ रोककर इन दोनों को देखने लगा, फिर उसे जुमला समझ में आ गया तो गरदन झुकाकर वापस टाइप करने लगा। दोनों ने इस बार एक-दूसरे की तरफ देखकर आँखों-आँखों में कोई मशविरा भी नहीं किया और अचानक नीचे झुककर श्रीवास्तवजी के पैर पकड़ लिए।

"साबजी, हमसे अर्जी मत माँगो। अर्जी तो हम मंतरीजी को ही देंगे। मुद्दाम इसीलिए आए हैं तो एक बार मिल तो लें।" वे दोनों गिड़गिड़ाने लगे। श्रीवास्तवजी घबरा गए, बोले-"अरे-अरे, पैर छोड़ो। मैं कोई तुम लोगों से अर्जी छीन नहीं रहा हूँ। मैंने तो एक बात कही थी, बाकी तुम्हारी मर्जी।" घबराकर श्रीवास्तवजी ने अपने दोनों पैर ऊपर उठा लिए, फिर वे दोनों भी उठकर टेबल के सामने आकर खड़े हो गए। श्रीवास्तवजी समझ गए कि अर्जी को ये दोनों अपना हथियार समझ रहे हैं। कोई बड़ा सहारा। जैसे अर्जी के बगैर इतने बड़े शहर में अनाथ हो जाएँगे। इस नासमझी को दूर करना मुश्किल काम था। श्रीवास्तवजी ने उन्हें आश्वस्त किया कि मंत्रीजी के आते ही सबसे पहले उन्हें ही मिलवाएँगे। अर्जी अपने पास ही रखो। दोनों के चेहरे पर राहत के भाव आ गए। दोनों कुछ देर चुपचाप खड़े रहे फिर कालू ने पूछा, "मंतरीजी कब आएँगे?"

श्रीवास्तवजी कुछ क्षण चुप रहे फिर समझाने के ढंग से बोले, "देखो भाई, यूँ तो आज शाम तक आ जाना चाहिए, फिर आगे उनकी मर्जी। कोई रोक-टोक या जबरदस्ती तो है नहीं। जब मर्जी चाहे आएँगे।"

दोनों ने बहुत संजीदगी से सिर हिलाए। फिर श्रीवास्तवजी ने सामने पड़ी फाइल उठा ली तो दोनों समझ गए कि ये उनके लिए चले जाने का संकेत है। दोनों फिर कमरे से बाहर आकर पेड़ के नीचे ओटले पर आकर बैठ गए।

"शहर में शाम कित्ती देर से आती है?" जगन ने बहुत उदासी के साथ कालू से शिकायत की। कालू ने सिर्फ सहमति में मुंडी हिलाई। जगन पेड़ से पीठ टिकाकर बोला, "अपने गाँव में तो खेत में चार चाँस वक्खर जत-पत फिराते हैं कि सूरज नदी में उतर जाता है और शाम खेत में आ धमकती है।"

कालू ने अपना सिर दोनों घुटनों पर रख लिया था, उठाकर कहा, "हाँ, और एकाध भारा चारा काटकर घर की तरफ चलते हैं तब तक तो रात पीछे-पीछे घर तक आ जाती है और इस श्रीवास्तो को देखो, पच्चीस फाइल में भी शाम नहीं कर पाया।" कालू का मन खिन्न हो गया। जगन अब पेड़ का सहारा छोड़कर आगे

खिसक आया। दोनों मेनगेट की ओर देखने लगे। मेनगेट के पास सड़क दूर तक अकेली सोई पड़ी थी।

"चाय पी लें?" कालू ने जगन की ओर देखकर पूछा, "चार रुपए लग जाएँगे। वो भी तब, जब कट पिएँगे।" जगन ने चेतावनी दी। कालू चुप हो गया। सोचने लगा, परदेस में पैसे की जात पास में रहे तो ठीक। इस तरह उजाड़ना ठीक नहीं। इस बार कालू पीछे खिसका और पेड़ से पीठ टिकाकर अधलेटा हो गया। नींद जैसे इसी की प्रतीक्षा में थी।

कालू की आँखें खुलीं तो देखा, जगन ओटले पर हाथ का सिरहाना बनाकर लेटा है और शाम बँगले के भीतर है। उसने झट से जगन को उठाया, जगन चौंककर उठ बैठा।

"मंतरीजी आ गए क्या?" जगन ने घबराकर पूछा।

"नहीं, लेकिन शाम हो गई है।" कालू ने आश्वासन दिया कि एक काम तो हुआ।

दोनों बँगले की ओर देखने लगे जहाँ से कम्प्यूटर ऑपरेटर शर्मा, चपरासी और श्रीवास्तवजी बाहर निकल रहे हैं। दोनों आगे खिसककर ओटले से नीचे उतर आए और श्रीवास्तवजी के पास आकर रुक गए। श्रीवास्तवजी ने उनको देखा और अपने हाथ में थमा फाइलों का बस्ता चपरासी को देते हुए बोले, "मेरे स्कूटर तक चलो, मैं आता हूँ।" फिर उन दोनों की ओर देखते हुए बोले, "देखो भाई, मंत्रीजी आज तो नहीं आ रहे हैं। तुम लोग अब जाओ। अभी हम लोगों के जाते ही चौकीदार तुम दोनों को बाहर कर देगा।"

"मंतरीजी कब आएँगे?" दोनों एक साथ बोले।

"आज तो नहीं .... शायद कल आ जाएँ।" कहकर श्रीवास्तवजी ने एक बार दोनों को देखा और चल दिए। दोनों भी मेनगेट की तरफ चल दिए। इसके सिवा और कोई चारा नहीं था। रात फिर उसी धर्मशाला में काटना है।

रात बमुश्किल कटी। एक तो जगह अजनबी फिर ऊपर से भारी रात। बची हुई बासी रोटियों को अचार के बचे टुकड़ों के साथ निगलकर वे दोनों रात को धकेलने में जुट गए थे। काफी रात गए फिर नींद ने मदद की।

जैसे ही सुबह हुई तो दोनों ने ऐसी हाय-बाप मचाई कि जैसे गाड़ी छूट रही हो। फटाफट तैयार होकर चल दिए। सुबह के छह मुश्किल से बजे थे।

"इत्ती सुबह जाना ठीक होगा? मंतरीजी आ गए होंगे?" जगन ने पूछा तो कालू भी समझ गया कि यह शंका नहीं है बल्कि जाने की उतावली पर जगन सहमति चाहता है। संकोच दूर करना चाहता है। उसने तत्काल समझाया, "क्या गलत है इसमें? और फिर मंतरीजी भी आ गए होंगे। हम लोग भी कभी दूसरे गाँव जाते हैं

और रात रुकना पड़ता है तो सुबह जल्दी घर नहीं आते हैं क्या? ढोर-डंगर कौन छोड़ता है फिर?''

जगन ने कदमों की गति को कम भी नहीं होने दिया लेकिन प्रश्न जरूर किया, ''मंतरीजी के घर ढोर-डंगर तो दिखे नहीं थे?''

''क्या बँगले के सामने बाँधेंगे?'' कालू इस नासमझी पर झुंझलाया।

''कित्ते एकड़ में तो बँगला फैला है। बँगले का बाड़ा कित्ता बड़ा है? पिछवाड़े कहीं बाँधे होंगे।''

इस बार जगन कुछ नहीं बोला। सुबह की सूनी सड़कों पर दोनों तेजी से चले जा रहे हैं। बँगले के करीब पहुँचे तो देखा, भीतर दो नौकर झाड़ू बुहार रहे हैं। मेनगेट बन्द है। गेट के सीखचे पकड़कर कैदियों की तरह खड़े हो गए। एक क्षण जगन को यह सोच अजीब-सा लगा। वे गेट के बाहर हैं, खुले में हैं लेकिन कैदियों की भाँति हैं। दोनों सोच रहे हैं कि दूसरा पहल करे। दोनों आवाज नहीं लगा पा रहे थे। संकोच में कुछ देर खड़े रहे। कुछ देर पहले की उतावली पर संकोच काबिज हो गया। सहसा झाड़ू लगाते हुए नौकर ने देखा। उसने झाड़ू पटक दी और गेट के नजदीक आया।

''क्या बात है, सुबह ही चले आए?'' नौकर इन दोनों को पहचान गया था।

''धरमसाला में भी पड़े-पड़े क्या करते? सोचा यहीं, बाहर दरवाजे पर बैठेंगे।'' जगन ने इतनी सुबह से आने के अपराध की सफाई दी, फिर नौकर का हाथ छूकर कहा, ''मंतरीजी आ गए क्या?''

''नहीं आए भाई! इती सुबह तो वे उठते भी नहीं, समझो दोपहर ढले ही आ पाएँगे।'' कहकर वह थोड़ी देर रुका फिर बोला, ''बैठो बाहर, झाड़ू लग जाए तो भीतर आना।'' कहकर वह चला गया।

दोनों गेट के बाहर दीवार के सहारे चुपचाप बैठ गए। थोड़ी देर बाद दोनों उठ खड़े हुए। भीतर परिसर में झाड़ू लगाने से उड़ने वाली धूल बाहर आने लगी थी। जगन ने धीरे से कालू का हाथ पकड़ा और सामने की सूनी सड़क पर चल दिया। दिन की शुरुआत अच्छी नहीं हुई है। कालू ने सोचा, 'गाँव होता तो कहीं जाने से पहले पंडितजी से चौघड़िया देखने को कहते। माटसाब से सलाह लेते। यहाँ परदेस में तो बिल्कुल अकेले हो गए हैं। किससे मिलें, किससे बात करें? दो घड़ी मन की बात कहकर दुख हल्का कर लें, ऐसा कोई भी नहीं।'

कालू चलते-चलते बीच सड़क पर रुका और फिर वहीं बैठ गया। जगन ठिठक गया।

''क्या हुआ?'' जगन के सवाल में अचरज नहीं, दुख था।

''थक गया मैं!'' कालू बोला तो उसके स्वर में थकान, देह से ज्यादा थी।

जगन ने हौंसला दिया, "अरे, इतनी-सी दूर चले और थक गए? हम तो अपने गाँव से मीलों दूर दूसरे गाँव जाते हैं। तहसील जाते हैं तो हमेशा पैदल चलते हैं, तब तो थके नहीं और आज कैसे थक गया?"

कालू कुछ बोला नहीं। चुपचाप खड़ा हो गया। जगन ने उसका कन्धा थपथपाया और दोनों फिर चल दिए। मुख्य सड़क पर आए तो देखा, आवाजाही शुरू हो गई है। दोनों सड़क के किनारे खड़े होकर देखते रहे। तभी एक लालबत्ती की कार मुख्य सड़क से उसी सड़क पर मुड़ी जिधर से ये लोग आए थे। दोनों ने एक-दूसरे की ओर देखा और तेजी से वापस पलटे। बँगले तक दोनों भागते आए। कार बँगले के पास से मुड़कर दूसरी सड़क पर चली गई और आगे जाकर दूसरे बँगले में दाखिल हो गई। दोनों हाँफने लगे थे। जगन ने कालू के कन्धे पर हाथ रखा और बिलखती साँसों को धीरज बँधाने लगा। जगन को अचरज हुआ कि इतनी सी दूर दौड़ने पर हाँफने लगे हैं?

बँगले का गेट खुल गया था। दोनों भीतर दाखिल हुए तो कुछ देर पहले झाड़ू बुहारने वाला नौकर फिर दिखाई दे गया। इन दोनों को देखकर वह करीब आया और बोला, "फिर आ गए तुम लोग? मैंने कहा तो था कि दोपहर से पहले नहीं आएँगे मंत्रीजी, बल्कि शाम ही हो जाएगी।" कहकर वह अकारण अपनी कमीज को झटकने लगा।

"अभी एक लालबत्ती की कार सड़क से इधर आई थी तो हम समझे कि मंतरीजी आ गए तो दौड़कर इधर आ गए।" कालू ने सफाई दी।

"अरे भाई मेरे, इधर दर्जनों लाल बत्ती की कारें हैं। इस एरिये में बहुत से मंत्री रहते हैं।" वह इन दोनों को समझाने के ढंग से बोला, "तुम तो एक बात समझ लो, मंत्रीजी यदि आएँगे तो बँगला ऐसा खाली-खाली नहीं दिखेगा। खूब भीड़-भड़क्का रहेगा। बस यही पहचान है कि बँगले में मंत्रीजी हैं।"

बात पूरी तरह दोनों के समझ में तो नहीं आई लेकिन दोनों ने हाथ जोड़ लिए, फिर जगन धीरे से बोला, "पर हम उधर कोने में पेड़ के नीचे बैठ तो सकते हैं ना? हमारे गाँव का सरपंच तो मंत्रीजी का रिश्तेदार है। चिट्ठी लाए हैं उसकी।" कहकर जगन ने देखा कि उसकी बात का नौकर पर रत्तीभर भी प्रभाव नहीं हुआ है। वह थोड़ा झुंझलाकर बोला, "भैया, यहाँ जो भी आता है, मंत्रीजी के किसी रिश्तेदार की चिट्ठी लेकर ही आता है।" फिर कुछ रुककर बोला, "बैठो, बैठना है तो उधर बैठ जाओ।" इतना कहकर फिर कमीज झटकने लगा। यह शायद उसकी आदत है।

दोनों पलटकर उसी पेड़ के नीचे आकर बैठ गए, जहाँ कल दोनों ने रोटियाँ खाई थीं।

जगन को सहसा कुछ याद आया, धीरे से बोला, "आज शाम तक मंतरीजी आएँगे। रोटियाँ तो कल ही खत्म हो गईं। बाजार में खाने के सिवा रस्ता नहीं।"

कालू ने सिर उठाकर जगन की ओर देखा और संजीदगी से कहा, "परदेस में निकले हैं तो पैसा तो खरचना पड़ेगा।"

फिर कुछ रुककर कहा, "क्या कर सकते हैं? इस तरह बाप का बाप जिन्दा रयता तो वाड़ा भरई जाता।" जगन ने पैसे टटोले तो भीतर बनियान की जेब में रखे थे। बनियान की जेब पेट के ऊपर थी। उसने पेट को थपथपाया और सोचा दो वक्त के खाने में पता नहीं कितना रुपया खर्च होगा? बोवनी के बीज के लिए रुपए बचा रखे थे वही लेकर आया है। उसने कालू को बताया तो कालू गालों पर हथेली रखकर कुछ सोचता रहा फिर बड़ी मायूसी से बोला, "मुझे तो गाय बेचनी पड़ी थी, खैर...दूध भी तो कोई खास नहीं देती थी लेकिन गऊ माता बेचना नहीं चाहिए। डोकरा बीमार है, सोचा था उसके हाथों दान करा देंगे। यही दुख है। फिर भी बेचनी पड़ी।" कहकर वह कुछ सोचने लगा।

"सोचा कहीं पूरा होता है?" उसने एक ऐसा सवाल किया जो अपने आप में जवाब है। जगन चलते-चलते क्षण भर ठिठका फिर बोला, "बखत बुरी आई तो ढोर-ढकार और बर्तन-भांडे ही तो बेचेंगे। चोरी तो नहीं की, और फिर याद है डोकरा क्या कवाड़ा कहता था? गूँ खाने से क्या काल कटता है?" जगन ने पिता की अक्सर कही जाने वाली कहावत दुहराई।

दोनों कुढ़ते-कलपते वापस बाहर की ओर चल दिए। मेनरोड पर आए तब सोचा, कहाँ जाना चाहिए?

दोपहर तक सड़कों पर घूमेंगे। शहर देखेंगे। यह सोचकर और तय करके दोनों सामने पड़ने वाली पहली सड़क पर चल दिए। दोपहर दूर है। सुबह निकल चुकी है। यह समय ऐसा है जब सड़कों पर स्वाभाविक रूप से आवाजाही बढ़ जाती है। दफ्तर, स्कूल, कॉलेज आदि जगहों पर पहुँचने के लिए इस समय सड़कों पर भीड़ अपने-आप बढ़ जाती है। दोनों सड़क के किनारे चलते रहे और देखते रहे। अभी तक जैसी सड़कें, इमारतें, बाजार, बच्चे लोग और औरतें सिर्फ टेलीविजन पर देखते रहे थे, आज वह अचरज आँखों के सामने हैं। दोनों हतप्रभ हैं। चौराहे पर कार से कुछ लड़कियाँ उतरीं तो दोनों ठिठककर खड़े हो गए।

अधिकांश लड़कियाँ पेंट और कमीज पहने हुए हैं। उसमें से कुछेक तो पेंट और बगैर बाँह की बनियान ही पहने हुए थीं और बनियान भी ऐसे कि जो नीचे कमर तक आने से पहले ही खत्म हो गई। खूब पहरावा है यह। जगन ने सोचा, बनियान कहो तो इतनी छोटी बनियान भला कहीं होती है? पोलका कहो तो आस्तीन

नहीं है। उघाड़ा पेट दिख रहा है। उसे अचरज यह हो रहा है कि इस बनियान या पोलके का काम क्या है? ये छोरियाँ इन पोलकों को छातियाँ ढँकने के लिए पहन रही हैं, या उघाड़ने के लिए? जगन ने सोचा, यदि ढँकने के लिए पोलका पहना है तो पोलके के गले इतने बड़े और खुले क्यों हैं कि छातियाँ बाहर ढुलक रही हैं? और यदि ऐसा ही करना है तो फिर ये चिंदी भर पोलके की क्या जरूरत? अचरज और गुस्से से उनका मुँह खुला रह गया, पोलके के बड़े गले की तरह।

किसी बात पर जब छोरियाँ हँसकर उछलने लगतीं तो जगन को लगता कि अभी उछलकर छोरी की छातियाँ भी बाहर आ जाएँगी। हालाँकि ऐसा हुआ नहीं। जगन ने कालू की कोहनी पकड़ी।

"चल! अब क्या आकास से भगवान उतर के कहेगा कि कलजुग आ गया है। अरे, इसी का नाम है।"

"चलो!" कहकर कालू पलट तो गया लेकिन सोचता रहा कि कित्ती नाजुक छोरियाँ हैं, लगता है, हाथ लगाते ही गल जाएँगी। फिर उसने खुद को समझाया। गाँव में ये किस काम की? दो चाँस निंदई करा लें इनसे तो ढेर हो जाएँगी। वह मुस्करा दिया।

दोनों चौराहे को पार करके दूसरी तरफ गए। जहाँ 'कोल्ड्रिंक-हाऊस' पर इसी तरह की भीड़ थी। इस बार इन्हें अचरज हुआ वह कोल्ड्रिंक-हाऊस को देखकर नहीं बल्कि कोने की दूसरी दुकान देखकर। करीब जाकर पूछा तो बताया कि पापकार्न है। जाहिर है कि समझ में नहीं आया लेकिन एक तरफ चुपचाप खड़े हो गए। दोनों ने देखा कि बमुश्किल मुट्ठी-भर मक्की के दाने मशीन में डाले तो उसकी धाणी फूटकर बाहर आ गई। कीमत पूछी तो गनीमत रही कि दोनों चक्कर खाकर गिरे नहीं। एक पैकेट के बीस रुपए।

मुट्ठी-भर धाणी के बीस रुपए?

दोनों ने एक-दूसरे की ओर हैरानी से देखा। कालू ने तत्काल हिसाब लगाया। अधपाव भी माने इस मुट्ठी-भर मकई को तो धाणी हो गई लगभग डेढ़ सौ रुपए किलो। धक्क से रह गया जगन! अपने यहाँ अनाज मंडी में इसी मकई को जब वह बेचने निकलता है तो चार रुपए किलो का भाव भी मिल जाता है तो खुश होकर गाँव आता है।

ऐसा क्यों? वह बेचने निकले तो अनाज कौड़ियों के मोल। वही अनाज शहर में शहरी बेचें तो सोने के भाव? भाग तो शहर वाले ही लिखाकर लाते हैं, हालाँकि वह नहीं जानता है कि जिसे वह शहर का भाग्य समझ रहा है उसे कौन-कौन लिख रहा है, जाने कहाँ बैठकर!

"भाई कालू!" जगन उलाहने के स्वर में बोला, "बीस रुपए में तो यहाँ

मुट्ठी–भर धाणी मिलती है और गाँव की कहारेण सरसत माय बीस रुपए में टोपली भर धाणी घर रख जाती है।''

जगन को लगा गाँव में बैठी सरसत माय यहाँ शहर में लुट रही है और उसे पता भी नहीं है कि उसकी धाणी यहाँ लूटी जा रही है। खुद जगन को कहाँ मालूम, बजार यहाँ बैठा उसे गाँव में लूट रहा है। उसने कालू को देखा तो वह मुस्करा कर बोला, ''वहाँ गाँव में सरसत माय को बोलेंगे। यहाँ गाँव में क्या भाड़ झोंक रही है? वहाँ शहर में धाणी बजार लूट रही है।''

फिर अनजाने में बन गए अपने कवित्त पर खुश हो गया। जगन भी मुस्करा दिया, बोला, ''किशन, काका को सुना देना। उनके कल्गी के अखाड़े में छंद काम आएगा।''

कालू की मुस्कुराहट चौड़ी हो गई। दोनों खुश हो गए। थोड़ी देर पहले का तनाव और दुख जाता रहा। तभी दुकानदार ने जगन की ओर देखकर पापकार्न का पैकेट बढ़ाकर पूछा, ''चाहिए क्या?''

जगन ने क्षणभर दुकानदार को देखा फिर कालू से नजरें मिलीं। सहसा दोनों जोर से हँस पड़े। दुकानदार चकित था। दोनों हँसते हुए वापस चल दिए।

चौराहे पर अनेक होटलों में भाव पूछकर आखिरकार एक होटल में खाना खाया। खाना खाकर दोनों बाहर निकले तो दोनों के मन खिन्न थे। एक बार भोजन करने के पचास रुपए? एक आदमी की रोटी के लिए पच्चीस रुपए? कालू ने सोचा, यदि राजधानी में चार दिन और रहना पड़ जाएगा तो रोटी खाकर प्राण निकल जाएँगे। इस बात ने भी उसे दुखी कर दिया था कि उसने खाने से पहले होटल में एक कोने में चप्पलें उतारनी चाही तो होटल मालिक ने मना कर दिया कि चप्पलें पहनकर ही खाना खाओ। यहाँ से कोई चुरा ले गया तो हमसे फिर चिक-चिक करोगे।

कैसा आदमी है? उसे तो खुद रोकना चाहिए था कि चप्पलें पहनकर भोजन मत करो। अन्न का अपमान होता है। साला खुद ही चप्पलें पहनकर खाने को बोल रहा था। कैसी होगी इनकी कमाई में बरकत? हालाँकि उसे इस बात का सन्तोष भी था कि उसने खाने की टेबल के नीचे चुपके से चप्पलें उतार दी थीं और होटल मालिक देख भी नहीं पाया था। उसकी देखा-देखी जगन ने भी ऐसा ही किया था।

दोनों बँगले की तरफ वापस चल दिए। रास्ते में सड़क किनारे जैसे ही एक छोटा-सा मन्दिर दिखाई दिया। जगन ठिठक गया। कालू भी रुक गया। जगन ने चप्पलें उतारीं और करीब जाकर मूर्ति के आगे लेट गया। कालू ने भी साष्टांग दंडवत किया। फिर जगन ने पूछा, ''क्या माँगा भगवान से?''

"यही कि मंतरीजी जल्दी से आ जाएँ। यदि पास के पैसे भी खतम हो गए तो गाँव पहुँचना मुश्किल हो जाएगा।"

मन्दिर से निकलकर दोनों तेजी से चल दिए। दोपहर ढल रही है। कहीं मंत्रीजी आ गए होंगे तो?

अब दोनों को घबराहट होने लगी। बँगले तक पहुँचे तो दोनों पसीने से तरबतर हो गए। बँगले के भीतर वही सूनापन है। कुछेक अजनबी खड़े हैं। एक-दो व्यक्ति श्रीवास्तवजी के कमरे में बैठे मंत्रीजी के आने के बारे में पूछताछ कर रहे हैं। दोनों कमरे के बाहर चुपचाप खड़े रहे। कुछ देर बाद वे लोग बाहर निकले। दो व्यक्ति स्कूटर पर और शेष कार में बैठकर चले गए।

दोनों झिझकते हुए कमरे में दाखिल हुए। श्रीवास्तवजी ने इन्हें देखा, इनकी नमस्ते का जवाब गरदन हिलाकर दिया और कुछ लिखने लगे। दोनों ने बारी-बारी कमरे में बैठे सभी कर्मचारियों को नमस्कार किया और चुपचाप खड़े हो गए। श्रीवास्तवजी ने गरदन उठाई और पेन को उँगलियों में घुमाते हुए तनिक झुँझलाए स्वर में बोले, "भाई लोगों, क्यों यहाँ वक्त खराब कर रहे हो? घर जाओ, खेती-बाड़ी करो। हमें भी काम करने दो।"

इस झुँझलाहट से दोनों का संकोच, भय की तरफ चला गया। हाथ अपने-आप जुड़ गए।

"साबजी, इतनी दूर आए हैं। इतने दिनों से रुके हैं। मंतरीजी से मिल लेंगे तो काम हो जाएगा। आपका भी एहसान रहेगा।" जगन ने अपनी गिड़गिड़ाहट को रोकने की कोशिश की।

"मेरा क्या एहसान इसमें? मैं तुम्हारी परेशानी देखकर ही बोल रहा हूँ।" श्रीवास्तवजी ने अपने स्वर में झुँझलाहट को रोका, फिर आहिस्ता से कहा, "देखो दोपहर खत्म हो रही है। मंत्रीजी आए नहीं हैं। हो सकता है, रात को आएँ या कल।"

"हम रास्ता देखेंगे।" कालू धीरे से बोला और दूसरी तरफ देखने लगा कि इस तरह श्रीवास्तवजी की झुँझलाहट से बचा जा सकता है।

"ठीक है! बैठो।" कहकर श्रीवास्तवजी कुर्सी पर अधलेटे हो गए।

काफी देर तक कमरे में चुप्पी रही। बीच-बीच में जगन ने चुप्पी तोड़नी चाही और श्रीवास्तवजी से बात भी करनी चाही लेकिन वे सिर्फ गरदन हिलाकर रह गए।

कल से लगातार मिलते रहने के कारण इनसे एक अजीब-सा परिचय बन गया। इसलिए इन दोनों को सीधे-सीधे तो किसी ने जाने को नहीं कहा लेकिन कुछ देर बाद दोनों ने महसूस किया कि कमरे में अचानक व्यस्तता बढ़ गई है। श्रीवास्तवजी अब कुर्सी पर तनकर बैठ गए हैं और पास पड़ी एक फाइल को

उठाकर गौर से पढ़ने लगे तथा पेंसिल को दाँतों में दबा लिया है। हालाँकि वे कनखियों से इन दोनों को भी देख लेते हैं। कम्प्यूटर के सामने बैठा शर्मा अपने काम में कुछ अधिक तल्लीन हो गया है। कोने में बैठा क्लर्क रजिस्टर पर फाइलों को जावक कर रहा है।

दोनों समझ गए। उठकर खड़े हुए। पलटते हुए ध्यान नहीं रखा कि वे बाहर निकलने वाले दरवाजे के सामने नहीं बँगले के भीतर जाने वाले दरवाजे के पास बैठे हैं। दोनों उसी तरफ बढ़ गए। दरवाजे के भीतर आए तो यह एक हालनुमा कमरा है, जो सम्भवत: मिलने आने वालों के लिए बैठक और प्रतीक्षाकक्ष की तरह इस्तेमाल होता है। नीले रंग के कालीन पर दोनों नंगे पैर खड़े कमरे को निहारने लगे। नीले रंग के विशाल सोफे और नीले पर्दे लगे हैं। चारों ओर भव्यता है। हाल में बड़े सोफे के सामने ही एक दरवाजा है जिसे जगन ने बाहर निकलने के उपक्रम में खोल लिया। वह स्तब्ध खड़ा रह गया। उसने जीवन में कभी टायलेट नहीं देखा था। उसने हाथ के इशारे से कालू को करीब बुलाया और भीतर झाँकने को कहा। कालू ने देखा तो वह भी ठगा-सा खड़ा रह गया।

इत्ता बड़ा टट्टीघर?

यहाँ तो दो खटिया आराम से बिछ जाएँ। साफ-सफेद और चमकदार ग्लेज-टाइल्स, शावर, टब आदि देखकर दोनों भौचक खड़े रहे।

"अरे, आप लोग यहाँ क्या कर रहे हैं?" श्रीवास्तवजी जो एकाएक भीतर आ गए थे, थोड़ी झल्लाहट से बोले। दोनों चौंक पड़े।

"हम लोग बाहर जाना चाहते थे तो यहाँ निकल आए।" जगन ने तत्काल सफाई दी।

"आप लोग बाहर चलें!" श्रीवास्तवजी ने बाहर के दरवाजे की ओर उँगली उठाकर कहा, "मंत्रीजी आएँ तो भीतर आना, बाहर बैठ कर रास्ता देखो।"

दोनों चुपचाप बाहर चल दिए। दोनों दरवाजे से बाहर हुए तो श्रीवास्तवजी ने आगे बढ़कर दरवाजे की चिटखनी लगा दी। बाहर निकलकर वे उसी नीम के पेड़ के नीचे आकर बैठ गए। पेड़ से टिककर दोनों झपकियाँ लेने लगे।

नींद खुली तो महसूस किया, कल की तरह आज भी नींद में ही शाम हो गई है। दोनों ओटले से नीचे उतरे तो फिर लगा यह शाम कल की शाम से जल्दी आ गई है। वह भी सिर्फ इसलिए कि आगे के दफ्तरनुमा कमरों से निकलकर श्रीवास्तवजी और दूसरे लोग जाने की तैयारी कर रहे हैं।

इस बार दोनों की एकाएक हिम्मत नहीं हुई इनके पास जाने की लेकिन वे लोग सीढ़ियाँ उतरकर नीचे आए तो दोनों चुपके से थोड़ा आगे खिसककर खड़े हो गए। इस बार श्रीवास्तवजी इनके पास रुके नहीं लेकिन इतनी कृपा कर गए कि चलते-

चलते बता गए कि मंत्रीजी का फोन आया था, आज नहीं आ रहे हैं।

"फिर कब आएँगे?"

"शायद कल!"

वे लोग चले गए। भीतर श्रीवास्तवजी के कमरे में फोन के पास एक आदमी रजिस्टर लेकर बैठा है। फोन आने पर सन्देश नोट करने के लिए। अब दोनों के सामने शाम और रात काटने का विकराल काम है।

दोनों गेट की तरफ चल दिए। कालू को आज श्रीवास्तवजी का व्यवहार न तो समझ में आया और न पसन्द आया। कल तो कितनी अच्छी बातें कर रहा था। आज कैसी सूखी-सूखी बातें कर रहा है? पल में तोला, पल में मासा। उसने जगन से मन की बात कही। जगन पहले तो मुस्कराया फिर बोला, "एक तो जात की वांदरी तेपऽ काट्यो बिच्छु। अरे, एक तो वो बाबू की जात। फिर बन गया मंतरी का खास बाबू, अकड़ तो रहेगी।"

कालू बात तो समझ गया लेकिन सन्तुष्ट नहीं हुआ। दोनों चुपचाप धर्मशाला की ओर चल दिए। धर्मशाला आकर बाहर ओटले पर बैठ गए। जगन गली में घूरता रहा फिर बोला, "कालू.... घर में डोकरा कहता था, इंदौर में होल्कर राजा से सुबह मिलने जाते थे तो शाम तक तो मुलाकात हो ही जाती थी। यार, ये मंतरी तो होल्कर राजा से भी बड़ा निकला?" कहते-कहते जगन के चेहरे पर दुख उतर आया।

कालू ने घुटनों में सिर दबा रखा था। सिर उठाकर जगन को देखा और थके हुए स्वर में बोला, "वहाँ गाँव में घर, जमीन, फसल, ढोर-डंगर.... सब अकेले, सूने और भगवान भरोसे छोड़कर आए हैं। सोचा था एक दिन में काम निबट जाएगा। दूसरे दिन घर पहुँच जाएँगे। हफ्ता गुजर गया। काम होना तो दूर, मंतरी के दर्शन नसीब नहीं हुए।"

दोनों के मन में गुस्सा है। क्यों और किसके प्रति इसे एकाएक वे समझ नहीं पा रहे हैं।

कालू उठा और धर्मशाला के भीतर चल दिया। धर्मशाला के बीच में काफी चौड़ी खाली जगह है और दाएँ-बाएँ कतार में कमरे बने हुए हैं। गर्मियों में यात्री अक्सर इसी खाली जगह में सोते हैं। कालू ने देखा कल तक लगभग खाली-खाली धर्मशाला में आज भीड़ है। कुछेक मजदूरनुमा औरतें, मर्द मैदान में सामान के पास बैठे हैं। कुछेक मजदूर कमरे में सामान जमा रहे हैं। कुछ बच्चे सामने टंकी के पास लगे नल पर नहा रहे हैं। कुछ बच्चे खुली जगह पर एक जगह इकट्ठे बैठे अट्टक-मट्टक खेल रहे हैं। सभी बच्चों ने अपनी उँगलियाँ और अँगूठे को औंधी हथेली करके जमीन पर टिका रखी है और एक नंगे बदन, मात्र चड्डी पहने हुए बच्चा

सबकी औंधी हथेली पर बारी-बारी उँगली टिकाते हुए बोल रहा था, ''अट्टक-मट्टक दहिया चट्टक। राजा गया दिल्ली। वहाँ से लाया सात कटोरी। एक कटोरी फूटी। राजा की टाँग टूटी।'' जिसकी हथेली पर 'टूटी' कहते ही लड़के की उँगली टिकती थी। वह अपनी उठी हुई हथेली जमीन पर टिका देता है। सैकड़ों-हजारों बार देखा हुआ, खुद खेला हुआ यह खेल आज कालू को अच्छा लगा और उसका मन बहलने लगा। हालाँकि उसने देख लिया था कि जगन भीतर आकर कोने में, झुंड में खड़े आदमियों से बातें कर रहा है। फिर भी वह इन बच्चों के पास ही खड़ा रहा। आज उसने पहली बार सोचा, कौन सा राजा है और वह दिल्ली क्यों जाता है? और वहाँ से कुछ और क्यों नहीं लाता है? कटोरियाँ ही क्यों लाता है? उसमें भी एक फूटी हुई। कुछ और क्यों नहीं लाता है? लाता भी है तो कहाँ छुपा देता है? लोग कहते हैं दिल्ली जाते ही भाग जागते हैं। भाग जागते ही क्या कटोरी फूट जाती है? और जब भाग फूट जाता है तब?

मुआवजे की रकम के लिए आदमी राजधानी आता है।

उसने खुद को बताया, समझाया। तभी किसी ने उसके कन्धे पर हाथ रखा। वह चौंककर पलट गया, देखा, जगन है।

''ये लोग भी निमाड़ के हैं। दिखने में मजदूर लगते हैं लेकिन हैं नहीं। इनमें से बहुत सारे तो किसान हैं। सूखे के कारण यहाँ मजदूरी के लिए आए हैं। अभी दोपहर को। कल यहीं-कहीं बन रही किसी कॉलोनी में मजदूरी पर जाएँगे।''

कालू अब पलटकर मजदूरों को देखने लगा। पेट की भूख परदेस ले आई। उसने सोचा कि वह अकेला ही दुखी नहीं है। ऐसा सोचकर दुख हल्का तो हुआ लेकिन कम नहीं। वह भी जगन के साथ उन मजदूरों से बातें करने के लिए उनके कमरे की ओर चल दिया। रात को मजदूरों ने इन दोनों से उनके साथ खाना खाने की खूब मनुहार की, लेकिन दोनों ने इन्कार कर दिया। परदेस में मजदूरी के लिए आए हैं। इनका आटा खुटाना कोई अच्छी बात नहीं।

मन मारकर उसी होटल में फिर खाना खाया और वापस धर्मशाला लौट आए।

इनमें से कुछ आदिवासी मजदूर कच्ची शराब, जो सम्भवतः गाँव से अपने साथ ही लाए थे, पीकर बारेली बोली में कोई गीत गा रहे थे। तभी उनमें से दो लड़के खड़े होकर नाचने लगे। निकट बैठी आदिवासी औरतें पहले तो गुनगुनाती रहीं फिर गोद का बच्चा नीचे जमीन पर बैठाकर खुद भी नाचने लगीं। जगन और कालू एक तरफ खड़े होकर देखते रहे। यह सब उनके गाँव का आम दृश्य है। कोई खासियत नहीं है। 'इन्दल' पर आदिवासियों का नाच-गाना गाँव में होता रहता है लेकिन आज नया और अच्छा लगा।

कल से कालू कुछ अजीब-सा महसूस कर रहा है कि नई और अजनबी बातें

उसे दुखी कर रही हैं तो जानी-पहचानी और सामान्य-सी बातें या घटनाएँ उसे खुश कर देती हैं।

कालू ने सोचा, ये लोग कितनी जल्दी अजनबी जगह पर भी खुद को ढाल लेते हैं। कहीं भी, किसी भी जगह मस्त रहते हैं। खुश रहते हैं।

इस नाच-गाने में काफी रात बीत गई। फिर दोनों उठकर सोने चले गए। फिर भी काफी रात तक ढोल की आवाज कानों में आती रही। जगन को तो ऐसा लगा जैसे गाँव में घर के आँगन में लेटा है और दूर पहाड़ी पर आदिवासियों के टापरों से ढोल की आवाज आ रही है। फिर नींद उसे खींचकर उसी पहाड़ी पर ले गई तो ढोल की आवाज आना बन्द हो गई।

सुबह नींद पहले कालू की खुली। उसने जगन को उठाया। यह मालूम होने के बावजूद कि मंत्रीजी दोपहर तक तो सोकर उठते हैं, इसलिए सुबह इतनी जल्दी उठकर दूसरे गाँव से राजधानी नहीं आए होंगे। कालू ने हिसाब लगाया दोपहर तक सोकर उठेंगे और नहा-धोकर तैयार होकर, खाना-वाना खाकर यदि दूसरे गाँव से यहाँ राजधानी के लिए आते हैं तो शाम तक पहुँचेंगे।

अपने इस हिसाब से वह खुद ही दुखी हो गया। हो सकता है जल्दी आएँ। नौकर का क्या? झूठ बोल रहा हो और एक की दो लगा रहा हो। 'हगती की जणती धरना' शहर के लोगों को खूब आता है। उसने खुद को तसल्ली दी। इस तरह उसने खुद को जल्दी तैयार होकर बँगले पर पहुँचने के लिए मना लिया।

तैयार होकर दोनों बैठकर इस बात पर बहस करने लगे कि अभी चाय पीनी चाहिए या दोपहर को? पूरा कप भर कर चाय पिएँगे तो दो कप चाय के आठ रुपए लग जाएँगे। अन्ततः यही तय हुआ कि सुबह की चाय तो पी लेनी चाहिए। इन मजदूरों से पड़े? ये लोग भी सुबह उठकर चाय पी रहे हैं। सुबह की दिनचर्या में जगन ने एक काम और जोड़ दिया जिसके लिए कालू तुरन्त राजी हो गया। पास के मन्दिर में जाकर दोनों ने दर्शन किए। मन्नत मानी कि काम होते ही नारियल चढ़ाएँगे। इन सब कामों में देर तो हुई लेकिन दोनों को सन्तोष बहुत हुआ।

बँगले पर पहुँचे तो दस बज रहे थे। मंत्रीजी आए नहीं थे। गेट पर चौकीदार है। श्रीवास्तवजी और दूसरे लोग भी नहीं आए हैं। दोनों कुछ देर तक लॉन के पास घास को घूरते रहे फिर पलटकर गेट पर चौकीदार के पास आ गए। तभी कुछ लोग नीली कार से आए और चौकीदार से पूछा कि मंत्रीजी आ गए क्या? इन्कार में जवाब सुनकर चल दिए। चौकीदार के पास एक ही स्टूल है। दोनों पास में खड़े रहे। चौकीदार से भी पूछने के लिए इनके पास एक ही सवाल है। मंत्रीजी कब आएँगे?

पता नहीं! वह बेचारा भी क्या करता। कुल मिलाकर वार्तालाप समय काटने

का जरिया भर रहा। तभी श्रीवास्तवजी आ गए लेकिन इन दोनों की हिम्मत नहीं हुई उनके पास कमरे में जाने की। गेट पर राम-राम हो गई, बस! ग्यारह बजे तक बाकी के कर्मचारी भी आ गए। बस आए नहीं तो सिर्फ मंत्रीजी।

दोनों पलटकर ओटले पर आकर बैठ गए। जगन को लगा, आज गर्मी की शुरुआत जल्दी हो गई है। परिसर में पेड़ों की छाया है लेकिन अब जगन बेचैनी महसूस करने लगा। ओटले से नीचे उतरकर परिसर में बने डामर के रास्तों पर टहलने लगा। सफाई सुबह हुई थी लेकिन फिर भी जिद्दी पत्ते पेड़ से अलग होकर रास्ते पर बिखरना शुरू हो गए हैं। चप्पलें उसने ओटले के किनारे उतार दी थी। नंगे पैर टहलते हुए सूखे पत्ते पैरों के नीचे अजीब-सी महीन चरमराहट के साथ पीस जाते या दब जाते। फिर उसने ओटले के आसपास के सभी पत्ते इसी तरह पैरों के नीचे दबाए। थोड़ी देर बाद चलकर वापस ओटले पर आकर बैठ गया। पैर उठाकर देखा, सूखे पत्तों के टुकड़े चिपके हैं। कालू यह सब देख रहा था। वह सोचने लगा, ऐसी लगन से यदि सिरवेल-महादेव या महेश्वर जाकर जाप करते तो महादेव खुद 'परगट' हो जाते। अब तक तो कनेर की सोटी मारकर अमृत का छींटा देकर मनोरथ पूरा कर दिया होता।

दोपहर हो गई। जगन ने पूछा तो कालू ने मना कर दिया। खाना रात को ही खाएँगे। क्या पता, होटल में जीमने जाएँ और इधर मंत्रीजी आ जाएँ! जगन इस धमकी के आगे कुछ नहीं बोल पाया। बात ठीक है। खतरा उठाने से क्या मतलब? एक टेम भूखा रहा जा सकता है? एक बार मंत्रीजी मिल जाएँ कि बस! गंगा घोड़े नहाए।

कालू ने गले में लटका सूती तौलियानुमा पंचा निकाला और उसकी चोमल बनाकर सिर के नीचे रख, लेट गया। जगन ओटले से उतरकर फिर टहलने लगा। कुछ देर बाद उसने सोचा, श्रीवास्तवजी से एक बार जाकर मंत्रीजी के आने का टेम पूछ आए लेकिन अकेले जाने की हिम्मत नहीं हुई। सोचा, कालू उठ जाए फिर साथ ही जाएँगे। वैसे श्रीवास्तवजी कोई न्हार नहीं कि उसको खा जाएँगे लेकिन फिर भी एक से भले दो। सेमल के पेड़ पर लगे फल को दो तोते लगातार चोंच मारकर फोड़ने की कोशिश कर रहे हैं। जगन को अपने डोकरे, अपने पिता की याद आ गई जो पटेल के उस आवारा बेटे के बारे में कवाड़ा कहते थे, जिसे पटेल ने बहुत लाड़-प्यार से पाला था। वह याद करने लगा। कवाड़ा उस पंछी के बारे में था जो सेमल के फल की बहुत उम्मीद के साथ देखभाल करता है। और पका हुआ, मीठा फल समझकर जब खाने के लिए चोंच मारकर फोड़ता है तो फल के भीतर से रूई निकलता है।

वह टहलता रहा और पंक्तियाँ याद आने पर बहुत धीरे-से गुनगुनाने लगा,

*"सुआ सेमल सेइया, की घणेरी आस।*
*चोंच मारी न डोडो भाँज्यो, पायो जात कपास।"*

फिर पटेल का आवारा बेटा याद आया जो ज्यादा शराब पीने के कारण बीमारी से मर गया था। फिर अकेले और उदास बैठे रहने वाले पटेल दाजी के बारे में सोचता रहा। सोच की शृंखला दूर तक चली गई।

कालू सोकर उठा तीन बजे के बाद। तब-तक जगन की बेचैनी चरम-सीमा पर थी। ओटले के आसपास के अलावा रास्ते पर आगे तक वह सूखे पत्तों का चूरा बिछा चुका था। कालू उठकर नल पर गया। मुँह-हाथ धोए फिर पंचे से हाथ-मुँह पोंछकर जगन के साथ बँगले के भीतर चल दिया। श्रीवास्तवजी, कम्प्यूटर के सामने शर्माजी और आवक-जावक क्लर्क के अलावा कोई दो अजनबी और बैठे हैं। सभी के सामने चाय के छोटे-छोटे काँच के गिलास रखे हैं। इन दोनों के कमरे में आते ही श्रीवास्तवजी के माथे पर क्षण भर बल पड़े फिर तत्काल सामान्य हो गए और दोनों की ओर देखकर कहा, "चाय पियोगे?"

दोनों के सिर एक साथ इन्कार में हिले। अपने जिले के दफ्तरों के चक्कर काटते हुए वे एक बात अच्छी तरह समझ गए थे कि कोई उनको चाय की पूछता है तब भी इसका मतलब यही होता है कि चाय का भुगतान उन दोनों को ही करना है। श्रीवास्तवजी भी शायद उनके मन की बात समझ गए। मुस्कराकर बोले, "पैसे तुम्हें नहीं देना है। पी लो भाई।"

दोनों कुछ देर असमंजस में खड़े रहे, तब श्रीवास्तवजी के इशारे पर चपरासी ने उन दोनों को भी चाय के गिलास थमा दिए। दोनों एक अजीब-से संकोच और उपकृत भाव से चाय के गिलास लेकर एक कोने में खड़े हो गए। फिर उनके मन में जो अगला ख्याल आया वो यही था कि कुछ भी कहो, श्रीवास्तवजी आदमी बुरा नहीं है। दिन भर घाणी के बैल की तरह फाइलों में सिर खपाता है इसलिए कल डाँट-डपट कर ली। दोनों का मन श्रीवास्तवजी के प्रति उदार हो गया। आ८ि०

खर चार रुपए बचा दिए थे उसने। सामने बैठे आदमी कुछ देर बाद चले गए इस आश्वासन के साथ कि मंत्रीजी के आते ही उन्हें फोन पर सूचना मिल जाएगी। ये दोनों कुछ पूछते तभी फोन की घंटी बजी। श्रीवास्तवजी काफी देर तक फोन सुनते रहे और 'जी सर-जी सर' करते रहे। फोन रखकर वे कोने में बैठे क्लर्क से बोले, "मिश्राजी, डूब में आ रहे सभी जिलों के पुनर्वास की फाइलों के आधार पर एक समरी फाइल है, उसे निकालो।"

फिर वह कम्प्यूटर के सामने बैठे शर्माजी से बोले, "शर्माजी, तुम इस महीने तक की जानकारी तैयार करो। कहाँ-कहाँ पुनर्वास के काम पूरे हो गए हैं। कितने बचे हैं। मुआवजे की राशि कितनी बँटी है। कितनी शेष है। सभी अप-टू-डेट

चाहिए। प्रिंट निकालकर उसकी तीन-तीन फोटो कॉपी भी तैयार कर लो। परसों दिल्ली में मीटिंग है। साब कल आ रहे हैं।''

इतना कहने के बाद वे खुद भी अलमारी से फाइलें निकालकर काम में जुट गए। कमरे का ढीला-ढाला माहौल ही बदल गया। सभी एकाएक व्यस्त हो गए। फिर एकाएक श्रीवास्तवजी को जैसे कुछ याद आया। वे इन दोनों की तरफ पटलकर बोले, ''भई, मंत्रीजी आज नहीं आ रहे हैं, कल आएँगे।''

दोनों धक्क से रह गए। आज भी नहीं आएँगे? और फिर कल तक इन्तजार? उनको लगा, अभी चक्कर खाकर दोनों गिर पड़ेंगे। कालू ने हिम्मत जुटाई और पूछा, ''कल तो पक्का आ जाएँगे?''

श्रीवास्तवजी ने सिर उठाकर फिर कहा, ''हाँ, कल पक्का। कल की दोपहर तक रुकेंगे यहाँ। फिर दिल्ली चले जाएँगे। जरूरी बैठक है।'' इतना कहकर वह कुछ देर रुके फिर कहा, ''तुम्हारे इसी पुनर्वास और मुआवजे आदि के बारे में।''

फिर वे अपने काम में व्यस्त हो गए। दोनों कमरे से बाहर आ गए। एक बात दोनों की समझ में नहीं आ रही है कि अभी तो वे मंत्रीजी से मिले भी नहीं फिर उनके मुआवजे के बारे में बात करने दिल्ली क्यों जा रहे हैं? क्या अन्तर्यामी हैं? फिर सोचा, कल जब तक मंत्रीजी मिलेंगे नहीं, इन बातों का खुलासा नहीं हो पाएगा। अब बँगले में रुकने से कोई मतलब नहीं। फोन तो बरोबर आया। दोनों खुद वहीं खड़े थे। शक की कोई गुंजाइश नहीं है।

अब शाम और रात का क्या करें?

इतने बड़े शहर की इतनी बड़ी शाम और उससे भी बड़ी रात!

धर्मशाला में आए तो पता लगा, मजदूर अपनी औरतों और बच्चों सहित काम पर गए हैं। दोनों बरामदे में पड़ी कुर्सियों पर ढह गए।

दोपहर के समय दोनों ने खाना नहीं खाया था। जगन को कमजोरी महसूस हुई। उसे अचरज हुआ कि गाँव में भी ऐसा कई बार अवसर आया है कि एक वक्त क्या, दोनों वक्त खाना नसीब नहीं हुआ। ऊपर से दिन भर खेत में काम करना पड़ता था वो अलग, लेकिन ऐसी कमजोरी कभी महसूस नहीं हुई थी। जगन समझ नहीं पाया कि यह कमजोरी नहीं, थकान है। निराशा से पैदा हुई है। इतने दिनों से बँगले और धर्मशाला के बीच भाग-दौड़ और प्रतीक्षा की ऊब ने दोनों को एक अजीब-सी थकान और अवसाद से भर दिया है। जगन ने सोचा था, आज यदि मंत्रीजी मिल जाते तो रात की गाड़ी से दोनों वापस चल देते। अब रात रुकना है तो धर्मशाला का एक दिन का भाड़ा और देना पड़ेगा। आज रात के खाने के पैसे भी खर्च होंगे। फिर कल सुबह का खाना... जगन को लगा, इस तरह तो घर जाने का किराया भी नहीं बचेगा। उसने कालू से पूछा, ''कालू, मंत्री को धाड़ में जाने दे! घर चलें! खीसे में

रुपया कम है।" कालू असहमत हो गया।

"जब इतना रस्ता देखा है तो कल तक और सही। कल तो मंतरी का आना नक्खी है। कल मिल लेंगे तो काम हो जाएगा।"

जगन ने बहस नहीं की। इस ढंग से सोचो तो अच्छा लगता है कि कल ही काम हो जाएगा। दोनों ने तय किया, घर जाने के लिए किराए की कल सोचेंगे लेकिन आज रुकेंगे जरूर। इतना तय करके दोनों खाना खाने के लिए बाजार की ओर चल दिए।

खाना खाकर लौटे तो रात हो गई। मजदूर काम से लौट आए थे। ये दोनों भी उनके पास बैठकर बातें करने लगे। दोनों ने उन मजदूरों के साथ ज्यादा देर तक बातचीत में शामिल नहीं रह पाए। उनका मन उचट गया। दोनों उठकर बाहर ओटले पर आकर बैठ गए। तब कालू ने एक ऐसी बात कही जो जगन संकोच में कह नहीं पा रहा था।

"यार, घर की याद आ रही है।"

जगन ने कोई जवाब नहीं दिया। कालू के कन्धे पर हाथ धर दिया। गाँव में दोनों खूब वाचाल माने जाते हैं। अब यहाँ दोनों खामोश हैं।

जैसे-जैसे रात गहरी हो रही है, शहर में रोशनी का जाल अधिक फैल रहा है। दोनों उठकर भीतर आ गए। दोनों ने एक-दूसरे को जताया कि नींद आ रही है। दोनों करवटें बदलते रहे। काफी रात गए दोनों को नींद ने काबू में किया। सुबह नींद रोज के वक्त पर ही खुली। दोनों तैयार होकर चलने लगे तो मजदूर परिवार में से किसी ने आवाज लगाई। दोनों ने पलटकर देखा, फकीरा था। इन दोनों से चाय पीने का आग्रह करने लगा। पहले तो दोनों को संकोच हुआ फिर सोचा, आठ रुपए बचेंगे।

दोनों ने फकीरा से चाय के मग ले लिए।

चाय पीकर दोनों धर्मशाला से बाहर आए तो ग्लानि भी हुई कि शहर का पानी पीते ही शहरी असर हो गया। आठ रुपए बचाने के लिए बेचारे गरीब की चाय पी। उसका नुकसान किया। 'गधड़ा जोणऽ घोड़ो बाँध्यो, भुक्यो नी तो सिक्यो!' गधे के साथ घोड़ा बाँधने से घोड़ा इतनी सीख तो लेगा ही। निमाड़ी कहावत मन में दोहराते हुए जगन ने चलते हुए कालू की उँगली थाम ली। कालू चौंक पड़ा। जगन का हाथ काँप रहा है। दोनों चलने लगे। इस बार भी रास्ते में मन्दिर में माथा टेकना दोनों नहीं भूले।

बँगले के करीब पहुँचे तो देखा, चौकीदार गेट पर खड़ा है। आज स्टूल वहाँ नहीं है। भीतर पहुँचे तो देखा नौ बजने को हैं लेकिन श्रीवास्तवजी और दूसरे कर्मचारी पहुँच गए हैं। इक्के-दुक्के आदमी और हैं। दस बजे तक तो यह नजारा हो गया कि बँगले में भाग-दौड़ हो गई। दोनों घबरा गए। दोनों ने इस दृश्य की तो

कल्पना भी नहीं की थी। सोचा था, रोज जैसी अछोल रहती है वैसा ही खाली-खाली बँगला आज भी रहेगा लेकिन पता नहीं इतने लोगों को एकाएक कैसे खबर हो गई थी और सभी चले आए हैं। रोज जिस ओटले पर बैठते थे आज पराया हो गया है। दूसरे ही लोग बैठे हैं। श्रीवास्तवजी के कमरे के बाहर और भीतर भीड़ होने लगी। दोनों बड़ी हिम्मत करके व्यस्त नजर आ रहे श्रीवास्तवजी के पास पहुँचे और मनुहार करने लगे कि मंत्रीजी के आते ही मिला दें, नहीं तो इतनी भीड़ में मिलने से रह जाएँगे तो इतने दिनों का रुकना अकारथ चला जाएगा।

श्रीवास्तवजी अलमारी के पास से पलटे और बोले, ''देखो, मैं मंत्रीजी से मिला दूँगा, लेकिन बात तुम्हें खुद ही करनी है। भीड़ की परवाह मत करना, भीड़ ऐसी ही रहेगी।'' इतना कहकर श्रीवास्तवजी फिर काम में लग गए।

मंत्रीजी आए बारह बजे। आते ही कार से उतरे और भीतर चले गए। कुछ लोग जो उनके साथ कार से आए थे वे और कुछ बाहर खड़े थे, वे भी भीतर चले गए। दोनों बहुत देर तक देखते रहे कि लोग भीतर से बाहर आते हैं और बाहर से भीतर जाते हैं। दोनों हकबकाए से खड़े रहे। फिर दोनों भी हिम्मत करके भीतर जाने लगे तो रोक दिया। मालूम हुआ कि मंत्रीजी खाना खा रहे हैं। सभी लोग बाहर रुको। दोनों फिर सीढ़ियाँ उतरकर नीचे आ गए। अब दोनों के दिल की धड़कनें बढ़ गई। कल तक तो सोच रहे थे कि मंत्रीजी कब आएँगे? आज आ गए हैं तो मिलना मुश्किल पड़ रहा है। श्रीवास्तवजी भी नजर नहीं आ रहे हैं। बँगले के भीतर किसी कमरे में हैं। दोनों रह-रहकर बँगले की सीढ़ियाँ चढ़ते फिर नीचे उतर आते। दोनों ने तय कर लिया कि इस बार खाना खाकर मंत्रीजी जैसे ही बाहर आएँगे, वे आगे बढ़कर मिल लेंगे। अर्ज़ी निकालकर जगन ने हाथ में रख ली।

बँगले की सीढ़ियाँ चढ़कर दोनों बरामदे में खम्भे के पास खड़े हो गए। बहुत देर हो गई। मंत्रीजी बाहर नहीं आए। दोनों को हैरानी होने लगी कि मंत्रीजी ऐसा क्या खा रहे हैं जिसे खाने में इतने वक्त की जरूरत है? इतनी देर में तो गाँव में दो पंगत जीम के उठ जाए।

दोनों बाहर देखने लगे, पेड़ शान्त खड़े हैं। हवा एकाएक रुक गई है। इसी कारण या फिर तनाव की वजह से, दोनों को गर्मी महसूस होने लगी। नीम के पेड़ पर एक गिलहरी इधर-उधर दौड़ रही है।

दोनों ने बन्द दरवाजे की ओर देखा फिर श्रीवास्तवजी के कमरे में झाँका। श्रीवास्तवजी की कुर्सी खाली है। पता नहीं, वे इस समय कहाँ चले गए? अब जगन की समझ में आया कि दरअसल गर्मी नहीं, उसे घबराहट हो रही है। उसने कालू की ओर देखा, कालू की कमीज पीछे से पीठ पर पसीने के कारण गीली होकर

चिपक गई है। वह भी सामने बन्द दरवाजे की ओर देख रहा है। दोनों आपस में भी बात नहीं कर पा रहे हैं। जैसे, आपस में बात करना कोई अपराध हो। तभी बरामदे के दूसरे कोने से किसी कमरे से श्रीवास्तवजी बाहर निकले। दोनों दौड़कर उनके पास पहुँच गए।

''अरे! आप लोगों की साहब से मुलाकात नहीं हुई?''

वह थोड़े अचरज से बोले फिर चलते-चलते रुक गए और जगन के कन्धे पर हाथ धरकर बोले, ''अभी थोड़ी देर बाद बाहर के कमरे में आएँगे। मैं बुला लूँगा लेकिन अपनी बात खुद करना।''

''आप हमारी परेशानी बता देना।'' कालू घबराकर बोला। उसका धैर्य खत्म हो रहा था, ''ऐसा न हो कि हमारी घिग्गी बँध जाए और बोला नहीं जाए। आप वहीं रहना। जरा हमारी परेशानी उनको समझा देना।'' कालू काँपते स्वर में बोला।

श्रीवास्तवजी इन्कार में सिर हिलाने लगे। बोले, ''मैं सिफारिश करूँगा तो मंत्रीजी समझेंगे, मेरा भी इसमें कोई गाला है। तुम खुद बात करना।''

''गाला मतलब?'' कालू ने अचरज से पूछा।

''तुम नहीं समझोगे! बस बुलाऊँ तो चले आना और बात कर लेना।'' इतना कहकर इस हाथ की फाइलें दूसरे हाथ में थामी और चल दिए।

दोनों फिर दरवाजे के पास आकर खड़े हो गए। मंत्रीजी का भोजन खत्म नहीं हुआ है। कालू ने जगन को कहना चाहा कि इतनी देर में तो अपने यहाँ भैंसी दो टोपला सुकला खा जाए। मंत्रीजी दो रोटी नहीं खा पा रहे हैं? लेकिन वह चुप रहा। यह समय ऐसे मजाक का नहीं है हालाँकि गाँव में जाकर किसी को बताएगा तो कोई भरोसा भी नहीं करेगा। अकेले आदमी को जीमने में इतनी देर? अपने यहाँ तो कोई दरवाजे पर खड़ा हो तो, गले से नीचे कौर न उतरे!

कालू ने एक ठंडी साँस छोड़ी और दरवाजे को घूरने लगा। बहुत देर बाद दरवाजा खुला तो श्रीवास्तवजी प्रकट हुए। हाथ के इशारे से बुलाया और दरवाजे पर से एक तरफ हट गए। दोनों लपककर भीतर गए। यह वही कमरा है जिसमें उस दिन दोनों गलती से भीतर आ गए थे। प्रतीक्षा कक्ष। नीले पर्दे और नीले रंग के सोफे। मंत्रीजी एक सोफे पर बैठे कुछ कागज पढ़ रहे हैं। सफेद कुर्ता, सफेद पाजामा, गोरा रंग, नाक पर टिकी ऐनक।

दोनों नजदीक जाकर खड़े हो गए। कालू ने जगन की ओर देखा तो जगन ने अपनी रड़कथा शुरू कर दी। मंत्री कागज़ पढ़ना छोड़कर इन दोनों को देखने लगे। जगन चुप होता तो कालू शुरू हो जाता। दोनों कुछ ऐसी हड़बड़ी में और कुछ इस ढंग से अपनी राम कहानी सुना रहे थे कि मूल समस्या के साथ ही बाबुओं के भ्रष्टाचार, अधिकारियों के निकम्मेपन और उन दोनों की राजधानी में मंत्रीजी के

लिए लम्बी प्रतीक्षा की कहानी भी साथ में गुँथ गई। मंत्रीजी कुछ समझे, कुछ नहीं। वे मदद के लिए श्रीवास्तवजी को पुकारने लगे, जो निकट ही खड़े थे। श्रीवास्तवजी ने जल्दी-जल्दी और संक्षिप्त में बताया कि मूल समस्या मुआवजे की है जो मिला नहीं लेकिन फाइलों में दर्ज है कि मिल गया। मंत्रीजी सिर हिलाने लगे और बोले, "कुछ अर्जी वगैरह लाए हो?"

जगन ने हाथ में दबी अर्जी मंत्रीजी के हाथ में थमा दी। अर्जी इतनी देर से मुट्ठी में बन्द थी कि पसीने में लगभग पूरी तरह गीली हो गई थी। मंत्रीजी ने उसे खोलना चाहा लेकिन जाहिर है कि वह गीली होने के कारण अनेक जगह से फटने लगी। मंत्रीजी ने अपनी झुँझलाहट को धैर्य के अभ्यास से रोका। फिर अर्जी को धीरे से खोला तो देखा, पढ़ना मुश्किल है, अधिकांश लिखावट पसीने से मिट चुकी है। अब झुँझलाहट रोकना मुश्किल था। मंत्रीजी ने झुँझलाहट के साथ इन दोनों को देखा फिर बोले, "अर्जी क्या पानी की टंकी में छुपाकर रखी थी? इतने दिनों से आए हो, श्रीवास्तवजी को दे देना था।" फिर अपनी झुँझलाहट पर काबू पाया और बोले, "अच्छा ठीक है, तुम अपना नाम-पता श्रीवास्तव को नोट करा दो।" फिर वह गरदन झुकाकर श्रीवास्तवजी की ओर पलटे, "श्रीवास्तव, इनके कलेक्टर को एक चिट्ठी लिखो और जानकारी बुलाओ, बात क्या है?"

ये दोनों कुछ कहते तब तक वे पलटे और सामने के बन्द दरवाजे को खोलकर भीतर चले गए। श्रीवास्तवजी हाथ में इनकी अर्जी पकड़े हुए इनको देखते रहे। वे जानते हैं, जानकारी बुलाने का क्या नतीजा रहेगा। कलेक्टर जानकारी बुलाएगा पुनर्वास अधिकारी से। पुनर्वास अधिकारी जानकारी बनाने को कहेगा उन्हीं बाबुओं से। जानकारी वही बनेगी जो वहाँ फाइलों में दर्ज है। यानी बात घूम फिरकर वहीं आएगी कि मुआवजा मिल चुका है।

कुछ देर बाद मंत्रीजी दरवाजा खोलकर बाहर निकले।

कालू को तब तक सरपंच की चिट्ठी की याद आ गई थी। उसने जेब से निकालकर चिट्ठी मंत्रीजी की ओर बढ़ा दी। मंत्रीजी ने चिट्ठी पर सरसरी निगाह डाली और कालू से बोले, "ठीक है, हमारा नमस्कार कहना सरपंचजी से।"

तब जगन ने हिम्मत करके कहा, "यदि आप वहाँ के पुनर्वास अफसर को एक फोन कर देते तो सब काम हो जाता।"

श्रीवास्तवजी खुश हो गए। अब इस गँवई ने ठीक बात कही। मंत्रीजी ने एक क्षण उसे देखा फिर मुस्कराकर बोले, "अभी मैं भीतर तुम्हारे पुनर्वास अफसर को फोन करने ही गया था। मेरी बात हो गई है। तुम्हारा काम हो जाएगा। बहुत डाँटा है मैंने उसको। गरीबों की कोई सुनवाई ही नहीं है क्या?" कहकर पटाक्षेप के अन्दाज में वे पलटे और सोफे पर जाकर बैठ गए।

दोनों समझ गए कि ये उन्हें बाहर जाने के लिए इशारा है। दोनों बाहर निकल गए। श्रीवास्तवजी खड़े रहे। तभी मंत्रीजी ने सिर उठाया, "पुनर्वास अधिकारी को क्या कहता मैं? अपने दुर्ग वाले जँवाईजी का छोटा भाई है!" मंत्रीजी के स्वर में फिर से झुँझलाहट उतर आई।

"पता नहीं किस देवधर सरपंच की चिट्ठी ले आए थे।" फिर वापस कागज पलटने लगे, शायद झुँझलाहट खत्म नहीं हुई है। सहसा श्रीवास्तवजी से बोले, "कल दिल्ली में बैठक की सारी तैयारी हो गई है?"

"जी सर!" श्रीवास्तवजी तत्परता से बोले, "मैं अभी गाड़ी लगवाता हूँ। वैसे ट्रेन को अभी टाइम है।" कहकर वह बाहर निकल आए। देखा, वे दोनों बँगले की सीढ़ियाँ उतरकर नीचे नीम के पेड़ के पास खड़े हैं। श्रीवास्तवजी अपने कमरे की ओर बढ़ गए। उनकी ओर से प्रकरण का पटाक्षेप हो गया है। दुबारा इन दोनों की ओर देखने या पूछताछ का कोई अर्थ नहीं रह गया है।

दोनों वहीं ओटले पर बैठ गए। जगन को निमाड़ी कहावत रह-रहकर याद आने लगी जिसमें हजारों ख्वाहिशों से भरी बुढ़िया जो अपनी मृत्यु और शानदार चिता जलने के सपने देखती थी सिर्फ फूस में जलकर रह गई।

गरदन झुकाए वह चुपचाप खड़ा रहा और सोचता रहा। तभी कालू ने उसके कन्धे पर हाथ धरा तो अन्ततः वह बोल पड़ा, "कालू ...! हाउस की डोकरी फूस म फुकई गई!" कालू ने उसके कन्धे पर से अपना हाथ उठाकर उसके हाथ को थाम लिया। लगा इस तरह तसल्ली को वे दोनों पकड़ सकते हैं। दोनों वापस उठकर खड़े हो गए।

जगन ने दूर नीम के पेड़ के पीछे सेमल के पेड़ पर निगाह डाली। तोते सेमल के फल को चोंच मारना छोड़कर बल्कि सेमल के वृक्ष को छोड़कर अब आम के पेड़ पर जा बैठे हैं। दोनों तोतों के सिर धीरे-धीरे हिल रहे हैं।

कालू ने जगन का हाथ पकड़ा और सिर्फ इतना कहा, "चलो!"

दोनों गेट की ओर बढ़ गए। दोपहर ढल रही है। गेट पर खड़ा चौकीदार इनको नहीं, भीतर कहीं देख रहा है। दोनों गेट के बाहर आकर क्षण भर रुके और नीचे ढलान की ओर बढ़ने लगे। दोनों को थकान महसूस हो रही है।

मंत्रीजी ने कलेक्टर को चिट्ठी लिखने का आश्वासन भी दे दिया है लेकिन रह-रहकर दोनों के मन में एक ही बात उठ रही है। मंत्रीजी ने बताया था कि वे अभी इस कमरे से पुनर्वास अफसर को फोन करके बाहर निकले हैं जबकि वे दोनों तो अभी परसों ही उस कमरे के उसी दरवाजे को खोलकर देख चुके थे, वो तो टट्टी-घर था।

दोनों ढलान पर डामर की खुरदरी सड़क पर इस तरह सँभलकर चलने लगे

जैसे अभी फिसल जाएँगे। अब दोनों को थकान ज्यादा महसूस होने लगी, जबकि अभी दोनों को यहाँ से बस-स्टैंड तक का रास्ता खोजना है और पैदल तय करना है। दोनों यह भी सोच रहे हैं कि किराए के लिए रुपए का बन्दोबस्त कहाँ से करें।

दोनों चलते हुए उसी मन्दिर के पास से निकले तो आदत अनुसार प्रणाम के लिए दोनों के हाथ उठे फिर सहसा रुक गए, देखा, मन्दिर के दरवाजे पर ताला लगा है।

# रिहाई

अब्दुल खान मास्टर साहब मस्जिद से बाहर आए तो रात गहरी हो चुकी थी। ऐसी मजहबी बैठकों में पहले वे कभी शामिल नहीं हुए थे। इधर कुछ समय से उनका मन बहुत आन्दोलित था। गोधरा कांड के बाद गुजरात में हुए दंगों ने उन्हें भीतर तक विचलित कर दिया है। वे हमेशा एक अनाम भय की दीवार से माथा टेके रहते हैं। बाजार में बड़े मौलवी पिछले दिनों मिल गए थे। बड़े मौलवी ने उनके मन के विचलन को एक बड़े भय की चुटकी से मसल दिया था। उन्हें मौलवी की बातें रात गए तक करवट बदलने के लिए विवश करती रही।

अलग-अलग रहोगे तो खत्म हो जाओगे। सबके साथ रहोगे तो छोटा दिलासा भी बड़ा हथियार महसूस होगा।

बात ठीक थी। ऐसा उन्होंने सोचा। फिर धीरे-धीरे वे इन बैठकों के स्थायी श्रोता हो गए। भय से बचने के लिए ऐसी बैंठकों की बहसों से राहत बटोर लाते हैं। ऐसी राहत जो उनकी सूनी और अकेली रातों में पीठ थपथपाया करती है। आज भी जब वे मस्जिद से बाहर आए तो उनका मन शान्त था। पर आज एक ऐसे नये शब्द से उनका साबिका पड़ा था जो उन्होंने पहले सुना तो कई दफा था लेकिन मौजूदा हालात से उसकी संगत नहीं बैठा पा रहे हैं। वे पक्के नमाजी हैं। पाँचों वक्त की नमाज कायदे से अदा करते हैं। मजहब के जानकार हैं लेकिन आज जिस लड़ाई और मजहब से उसके ताल्लुकात की बात सुनी तो थोड़ा अजीब-सा लगा। फिर उन्हें लगा, इस उम्र में इस तरह जजबाती होना ठीक नहीं। जान है तो जहान है। जिहाद! यह जजबाती दलीलों से ऊपर है। यह शब्द रह-रहकर उनके जेहन में टकराता है। बार-बार टकराने से उस शब्द के लिए वहाँ जगह बनने लगी। इस शब्द में एक ऐसी नवजात तसल्ली थी जो एक घनी सुरक्षा छाँह तक ले जाती है।

सूनसान सड़क पर स्ट्रीट लाइट की रोशनी फैली हुई थी। बारिश बन्द हो चुकी थी। गीली सड़क के किनारे आइसक्रीम के खाली टीन पड़े थे। इन सबसे अविचलित एक अलसाया कुत्ता वहीं लेटा था। भारी आलस्य और क्षीण-सी उदासी के साथ कुत्ते ने सिर उठाकर उन्हें देखा और फिर लेट गया। कुछेक जगह से सड़क

उखड़ी पड़ी है। उखड़ी पड़ी सड़क को पानी ने अपने डबरों से समतल कर दिया था। उन्हें याद आया कि घर पर बीबी और बेटी अकेले हैं तो इस ख्याल ने जाने किस आशंका को हिलाया कि उनके कदम तेज हो गए। हालाँकि उन्हें अब भरोसा है कि उनके साथ पूरी कौम है। किसी भी खतरे में सारे लोग साथ हैं। भावुकता से परहेज पालने की शीघ्रता में वे एक दूसरी भावुकता की शरण में चले गए। कौम के साथ होने का घातक भरोसा मन को मिलने पर वे गली में इत्मीनान से मुड़े। घर के आगे वे ठिठक गए। कबूतरों के दड़बों में उनकी आहट से हलचल हुई। दड़बे कबूतरों की फड़फड़ाहट से भर गए। अब्दुल खान मास्टर साहब ने पुचकार की अजीब-सी आवाज निकाली। फड़फड़ाहट बन्द हो गई।

जैसा कि उन्हें मालूम था, घर पर कोई सोया नहीं था। बीबी और बेटी दोनों जाग रहे थे। बीबी ने अलसाई आँखों से उन्हें देखा और ट्यूब लाइट जला दी। कमरे में ज्यादा रोशनी हो गई। ज्यादा रोशनी ने उनकी एकाग्रता और सोच के अकेलेपन को भंग कर दिया। वे थोड़े असहज हो गए।

"खाना नहीं खाऊँगा।" वे बोले।

बीबी बिस्तर ठीक करने लगी। उसने खाने के लिए आग्रह नहीं किया। जैसा कि अनुमान था, थोड़ी देर बाद बीबी ने बत्ती बुझा दी। कमरे में एक बेहद छोटा-सा बल्ब जलने लगा। नाकाफी रोशनी में बीबी और बेटी के चलने-फिरने से दीवारों पर परछाइयाँ भी चलने-फिरने लगीं। एकाएक घर में जैसे काफी लोग चलने-फिरने लगे। उन्हें लगा कि जीवन में भी ऐसा ही है। हल्के अँधेरे में कई परछाइयाँ चल-फिर रही हैं। फिर धीरे-धीरे एक परछाई उनके पास आकर लेट गई। उनकी बीबी। परछाई उनके भीतर लेट गई। वे ठीक से पहचान नहीं पा रहे हैं। बड़े मौलवी हैं या काजीजी। या फिर वह अधेड़ आदमी जो उन्हें आज नया लगा था। पहली बार उसे मस्जिद में देखा था। एकदम धुली हुई उर्दू बोल रहा था। ऐसी उर्दू यहाँ इस शहर में तो क्या पूरे प्रदेश में किसी को बोलते नहीं देखा। वह कहीं बाहर से आया है-पक्का! कहाँ से? मौलवी साहब ने कुछ साफ कहा नहीं। सबके साथ बैठा था पर अजीब ढंग का छुपाव था उसमें। कुरआन का जानकार था लेकिन चेहरे पर मजहबी सुकून का नूर नहीं था। एक ठंडी कठोरता थी। इन सबके बावजूद उसकी बातों में उसकी दलीलों में दम था। इतने निरपराध लोगों के दंगों में मारे जाने, जला दिए जाने को कैसे भुलाया जा सकता है? मुस्लिमों के मुहल्ले के मुहल्ले खत्म हो गए हैं। उसने यह भी बताया था कि नगर निगम से वोटर लिस्ट लेकर उसमें से मुस्लिम बहुल मोहल्लों को छाँटकर अलग किया फिर हिंसा की मुहिम चलाई गई थी। कह रहा था कि इसकी योजना महीनों पहले से चल रही थी। घोर मुस्लिम विरोधी पुलिस अफसरों की तैनाती की गई। जिले के ऐसे बड़े अफसरों को लाया

गया जो इस काम में मददगार हुए। वह बन्दा बता रहा था कि इस मुहिम में दया रहित आक्रमण के लिए पुलिस और दंगाइयों को हिदायतें दी गई थीं। औरतों और बच्चों को छोड़ने में वक्त जाया मत करो। गेहूँ के साथ घुन भी पिसता है। मस्जिद में खड़ा वह बन्दा जिस मार्मिक ढंग से बता रहा था तो सुनने वालों की रंगों में आँच दौड़ने लगी थी।

उन्होंने करवट ली। वह परछाई जैसे उनके भीतर भी करवट ले रही है। एक अनाम उबाल अपने भीतर महसूस किया। जल्दी ही उन्हें कोई बड़ा काम सौंपा जाएगा। वे स्कूल मास्टर हैं। उन पर कौन शक करेगा? इतने बरसों की मुदर्रिसी में यह नया पाठ सीखा। आक्रमण के लिए अब हिंसक नजर आने की बजाय मासूम नजर आना जरूरी है। मास्टर साहब ने खुद को समझाया और राजी किया। कौम की भलाई के लिए, अल्लाह के बताए रास्ते पर चलना उन्हें जरूरी लगा। दंगों के बाद शहर में हर जगह जिस तरह बात-बेबात अपमान झेलना पड़ता है, उसकी भी टीस घर करती जा रही है। सिर्फ उनका मजहब जानकर ही लोग अकारण सन्दिग्ध हो जाते हैं। फिर यह सन्देह अब धीरे-धीरे एक स्थायी घृणा में बदल रहा है। पहले लोग घृणा मन में रखते थे। प्रकट नहीं करते थे, लिहाज में चुप रहते थे लेकिन अब तो जिस निर्लज्ज तरीके से अपनी घृणा प्रकट करते हैं वह बहुत पीड़ादायी है। धर्म का नाम जुड़ते ही वे अपराधी हो जाते हैं। देशद्रोही कहलाते हैं।

हमेशा की तरह सुबह वे जल्दी उठ गए। बड़ी फज्र की नमाज अदा करने मस्जिद तक जाना है। तैयार होकर वे मस्जिद पहुँचे तो वहाँ सारी तैयारी थी। नमाज अदा करके वे मस्जिद के आँगन में आए और अपनी टोपी को तह करने लगे। जाने की जल्दी नहीं है लेकिन आदतन आँखें चप्पलें तलाशने लगीं। तभी बड़े मौलवी ने आकर उनके कन्धे पर हाथ धरा। यह रुकने का संकेत है। बड़े मौलवी के भारी हाथ का दबाव उनके कन्धे पर था।

वे बड़े मौलवी के साथ चल दिए। मस्जिद के पिछवाड़े में एक बड़ा हॉल है। जिसमें मोहर्रम के दिनों में ताजिये बनाए जाते हैं। उसी हॉल के कोने में कबाड़ को हटाकर वे एक अँधेरे रास्ते से नीचे उतरे। नीचे भी हल्का अँधेरा है। हल्के अँधेरे में सारे हथियार चमक रहे हैं। कुछ की चमक ज्यादा असरदार होंगी इसीलिए वे तहखाने के नीम अँधेरे में बोरों में बन्द हैं।

वे देखकर दंग रह गए। इतना बड़ा जखीरा। कितनी लम्बी लड़ाई है? उन्होंने पूछा नहीं लेकिन उनके अचरज ने मौलवी साहब को समझा दिया। मौलवी साहब चलते-चलते कुछ कहने के लिए रुक गए। जैसे इस तहखाने में कहने की सुविधा हो। कहा गया भी इसी तहखाने में बन्द रह जाएगा। मौलवी साहब कथन को

गोपनीय रखने की अपेक्षा कैद रखना चाहते थे। उनका कहा गया जैसे इन हथियारों के बीच सुरक्षित भी रहेगा और कैद भी।

"ऐसी लड़ाइयाँ कोई एक दिन में खत्म नहीं होती हैं।" मौलवी साहब ने कहा और उनके चेहरे पर शाइस्तगी आ गई। उनका लम्बा चेहरा उनके लम्बे कद पर थोड़ा-सा तन गया। मौलवी साहब के तने चेहरे पर बहुत कुछ अनकहा जमा है। खान मास्टर साहब चलते हुए थोड़ा लड़खड़ा गए। जैसे ठोकर लगी हो। हालाँकि जहाँ वे लड़खड़ाकर रुके वहाँ कुछ नहीं है। तहखाने की खाली जमीन पर शायद मौलवी साहब के चेहरे का तनाव गिर पड़ा था। वह अनकहा जो उनके चेहरे पर जमा था। मौलवी साहब ने फिर से उनके कन्धे पर हाथ धर दिया। वे जान गए कि पैर लड़खड़ाकर सँभल गए हैं लेकिन खान मास्टर साहब के भीतर मन में भी कुछ लड़खड़ा गया है। हाथ के धरने से ही जैसे भीतर की लड़खड़ाहट सँभल जाएगी। मौलवी साहब ने मास्टर साहब को देखा और फिर कन्धा थपथपाया। इस तरह पैरों की लड़खड़ाहट में छिपी मन की कमजोरी को सँभालने की हिदायत दी। यह हिदायत थी। इसमें हमदर्दी की गुंजाइश नहीं थी। बल्कि इस बेआवाज थपथपाहट में उनकी लड़खड़ाहट के लिए मौलवी साहब की अरुचि और हल्की-सी नाराजगी की गूँज भी है।

मस्जिद से बाहर आकर मास्टर साहब थोड़ी देर रुक गए। अगस्त की सुबह की नमी उनके चेहरे से टकराई। तहखाने का दमघोंटू माहौल से जैसे निजात मिली। रात को बारिश हुई थी। टूटी सड़क के डबरों में बच्चे कूदकर पानी के छींटे उड़ा रहे हैं। बहुत खुलेमन से बच्चे ही हैं जो बारिश का आनन्द उठाते हैं। आते-जाते लोग बच्चों की बदमाशी से बचकर निकल रहे हैं। बच्चे इस बात से भी बेपरवाह हैं। बच्चों की बदमाशी से बचकर जाने वाला एक आदमी सड़क के किनारे हो गया। मास्टर साहब ने देखा, सफेद-कुर्ता पाजामा वाले इस व्यक्ति के पीछे रबर की चप्पलें पहने होने के कारण पीठ तक कीचड़ के छींटे चिपके हैं। कपड़ों पर सामने नजर आ रही सफेदी पर मुग्ध और उसी के लिए चिन्तित वह आदमी अपनी पीठ पर उड़े कीचड़ से अनजान बहुत सावधानी से चल रहा है।

मास्टर साहब को क्षण भर के लिए लगा कि वे भी इसी तरह अपनी पीठ से अनजान हैं, फिर उन्होंने सावधानी से चलना छोड़कर सोचना शुरू कर दिया। उनकी चाल धीमी हो गई। जैसे धीमे चलने से सोचने में सुविधा होती हो। उन्हें याद आया कि अबके बारिश में मकान की मरम्मत करानी थी। मौलवी साहब ने मदद का भरोसा दिया है। हालाँकि मकान ऐसा कोई टूटा-फूटा नहीं है। बस, कभी-कभार ज्यादा बरसात में छत टपकने लगती है। इस ओर कभी उनका तो ध्यान नहीं गया था। अनवर भाई जान ने मौलवी साहब को बताया था। मौलवी साहब ने उन्हें

उलाहना दिया था कि आप तो कौम के लोगों को ही पराया समझते हैं। हम आपकी मदद को आगे नहीं आएँगे तो कोई दूसरा आएगा? बात इतनी बड़ी नहीं थी पर हमदर्दी बड़ी थी। उन्हें अच्छा लगा कि मौलवी साहब उनके बारे में इतना सोचते हैं। आज पता नहीं ऐसा क्यों लगा कि हमदर्दी जैसे उन्हें कर्ज में मिली है। इसकी वसूली कभी भी हो सकती है-एक असाधारण ब्याज के साथ।

वे थककर चाय की गुमटी के पास रखी बेंच पर बैठ गए। सज्जाद भाई की चाय इस इलाके में मशहूर है। चाय में थोड़ा नमक डालते हैं। नमकीन चाय। सज्जाद चाय भी बनाते हैं और सट्टे की पर्ची भी भरते हैं। उनका छोटा बेटा इसी काम में उनकी मदद करता है। काँच के गिलासों में चाय लेकर आसपास के गैराज पर, दर्जी की दुकानों पर, फलवाले, सब्जीवालों के यहाँ दौड़ता-भागता रहता है। या फिर सट्टा लगाने वालों को पर्ची देता है।

''मास्टर साहब चाय दूँ?''

''हाँ!'' उनकी इच्छा नहीं थी पर अनिच्छा ने उनके मुँह से स्वीकृति के बोल निकाले।

आहिस्ता-आहिस्ता चाय पीते रहे। तपेली में चाय खौल रही है। चाय की तपेली में स्टील का एक बड़ा चम्मच पड़ा है। इस कारण चाय खौलती तो है लेकिन खौलकर तपेली से बाहर नहीं गिरती है। अतिरिक्त तापमान चम्मच पी लेता है। चाय का एक घूँट लेकर वे चाय का खौलना देखते रहे। मुँह में नमकीन मिठास घुल गई। सुबह का समय है, सज्जाद भाई ज्यादा मसरूफ नहीं हैं। एक साइकिल सवार गुमटी पर आकर रुका, साइकिल से नीचे नहीं उतरा। कुल्हे का एक छोटा-सा हिस्सा साइकिल की सीट से नीचे खिसकाया और एक पैर जमीन पर टिकाकर पूछा, ''चचा, रात को किलोज में क्या आया?''

''मिंडी!'' सज्जाद भाई ने खौलती चाय की तपेली को उठाकर चाय का उबाल नीचे किया। साइकिल सवार ने बुरा-सा मुँह बनाया। जैसे चाय में नमक ज्यादा पड़ गया हो। उसने साइकिल पर जोर लगाया और आगे बढ़ गया।

तमाम बातों के बावजूद दुनिया में पहले की तरह ही हलचल है। मास्टर साहब ने सोचा।

''सज्जाद भाई!'' मास्टर साहब ने पुकारा तो लगा उनकी आवाज पर भी रात की बारिश की नमी उतर आई है।

''हाँ, मास्टर साहब!'' सज्जाद भाई काँच के खाली गिलास जमाने लगे।

''सज्जाद भाई, तुम्हें डर नहीं लगता है?''

सज्जाद भाई ने गिलास जमाना छोड़ दिया। पलटकर आए और मास्टर साहब के सामने खड़े हो गए।

"क्या बात है मास्टर साहब?" सज्जाद भाई ने पूछा। उन्होंने डर का कारण भी नहीं पूछा। जैसे मास्टर साहब की आवाज की नमी से वह डर की तह तक पहुँच गए। सचमुच मास्टर साहब के चेहरे पर एक नम डर था।

"डरकर रहेंगे तो जिएँगे कैसे? धंधा कैसे चलेगा?" सज्जाद भाई ने कहा।

मास्टर साहब जानते हैं पिछले दंगों में सज्जाद भाई की गुमटी भी जला दी गई थी। बर्तन-भाँडे लूट लिए थे। पीठ में तलवार का लम्बा घाव है। उससे बड़ा घाव सीने के भीतर है। बड़ा बेटा उनकी आँखों के सामने काट दिया गया था। बेटे के टुकड़े बोरे में भरकर घर ले गए थे।

मास्टर साहब एक छोटा-सा शब्द बोलकर चुप हो गए।

"क्या होगा इन्तकाम से? और किससे?" सज्जाद भाई बोले। वह अभी भी मास्टर साहब के सामने खड़े हैं। सामने के बाल थोड़े उड़ गए हैं। खिचड़ी दाढ़ी के ऊपर पान से रंगे होंठ काँप रहे हैं।

"एक बार डर गए तो बार-बार हमला होगा। कौम की मजबूती के लिए हमारे पास भी ताकतवर जवाब होना चाहिए।" मास्टर साहब बोले तो लगा जैसे उन्हें परे सरकाकर बड़े मौलवी बोले।

"फिर इसका अन्त कहाँ होगा? लड़ाई तो लड़ना है लेकिन भरोसे की लड़ाई लड़ना है। दरअसल सारे लोग एक दूसरे का भरोरा खो चुके हैं। यह लड़ाई लम्बी तो है पर इसे लड़ना होगा।" सज्जाद भाई ने कहा तो मास्टर साहब ने गरदन उठाकर उसे देखा। एक कम पढ़ा-लिखा चायवाला उन्हें जो बात कह रहा है कोई और वक्त होता तो उसके मुँह से अटपटी लगती।

"कौम को कायर बनाना चाहते हो?" मास्टर साहब ने तिक्त स्वर में कहा।

"दंगों में बहादुरी के तमगे नहीं मिलते मास्टर साहब। कलेजे के टुकड़े खोने पड़ते हैं...और खुदा का वास्ता आपको, इसे कुर्बानी मत कहना!" सज्जाद भाई बोले तो मास्टर साहब बोलते-बोलते रुक गए। वे इसी तरह की कोई बात कहना चाहते थे।

"इस तरह तो लड़ाई बढ़ती चली जाएगी।" कुछ देर चुप रहकर मास्टर साहब बोले।

"तो आप क्या सोच रहे हैं, सैकड़ों साल का मसला एक ही बार में निबट जाएगा? जल्दी का युद्ध महाभारत था। सुनते हैं कि अठारह दिनों में खत्म हो गया था। पर नतीजा क्या हुआ? कोई नहीं बचा।" सज्जाद भाई ने थोड़ा झुककर कहा। मास्टर साहब ने फटी-फटी आँखों से उन्हें देखा तो वे शरमा गए।

"मास्टर साहब मैंने तो बरसों पहले स्कूल छोड़ दिया। ये इल्म की बातें मैं क्या जानूँ! मझला बेटा जिद करके पढ़ रहा है। वकालात कर रहा है। घर में वही बहस

करता रहता है। वर्ना गुस्से ने मेरे हाथों में भी हथियार दे दिया था। ज्यादा-से-ज्यादा एकाध घर किसी का फूँक देता और आज कहीं जेल में बैठा होता।'' सज्जाद भाई की आवाज जैसे उनकी पनीली आँखों से निकल कर आई हो। गीली-गीली आवाज।

''तो तसल्ली का सबक सीख गए हो?'' मास्टर साहब धीरे से बोले। जैसे सज्जाद भाई से नहीं कहा हो। दूर गुमटी के पास कोई अदृश्य आदमी से कहा हो। गुमटी के पार घूरते रहे।

''तसल्ली गाली तो नहीं मास्टर साहब?'' सज्जाद भाई अब उनके पास बेंच पर बैठ गए, ''मझला कहता है, हम अंग्रेजों से दो सौ साल लड़े? सभी लोग। हमारे बुजुर्गों में इतना सब्र था तो हम इतनी जल्दी हार क्यों मान लें?'' तभी गुमटी पर छोटे ने आवाज दी। सज्जाद भाई उठ गए। मास्टर साहब बैठे रहे। वे सोचने लगे कि इल्म का स्कूली तालीम से कोई लेना-देना नहीं। उन्हें भी जिन्दगी में एक बड़ा सबक मिलना था तो कहाँ मिला? चाय की गुमटी पर और वह भी एक लगभग अपढ़ चाय वाले से? वे हैरत में कुछ देर बैठे रहे। फिर उठकर सज्जाद भाई को चाय के पैसे दिए। सज्जाद भाई ने आदाब में हाथ उठाया तो उन्होंने सिर हिला दिया।

घर की ओर चले तो बारिश की फुहारें आने लगीं। उन्होंने परवाह नहीं की। फुहारें बहुत छोटी-छोटी बूँदों की शक्ल में उनके कपड़ों पर ठहर गई फिर धीरे-धीरे कपड़ों ने छोटी-छोटी बूँदों को सोख लिया।

सड़क से घर की गली के लिए पलटे तो देखा, अकरम मैकेनिक का गैराज खुल गया है। रात को छोटे से गैराज में ठूँस कर भरी गई मोटर साइकिलें सड़क पर वापस खड़ी कर रहा है। आगे हमीद की बेकरी है। उसके पास सल्लू पान वाले की गुमटी बन्द है। जहीर ने भी साइकिल पंक्चर सुधारने की अपनी चलित दुकान अभी सड़क पर रखी नहीं है। वह दुकान का सारा सामान रोज शाम एक पेटी में भरकर घर ले जाता है। सुबह पेटी खोलते ही सड़क पर दुकान खुल जाती है। इसमें अकरम मियाँ को छोड़ दें तो बाकी सब नौजवान हैं। आज वे पहली बार सोचने लगे कि ये नौजवान स्कूलें छोड़कर क्यों इस तरह के छोटे-छोटे धन्धों में आ गए। तालीम से इनका नाता क्यों टूट गया? ज्यादातर नौजवान इसी तरह छोटे-छोटे धन्धो में लगे हैं। फिर दंगों में मौलवी साहब या मुहल्ले या शहर का कोई लीडर इनके हाथों में हथियार थमा देता है। मारते हैं या मर जाते हैं। जेल चले जाते हैं। क्या सचमुच तालीम आदमी को कायर बना देती है। सज्जाद भाई की तरह? सज्जाद भाई कायर हैं? जबकि सज्जाद भाई ने तो स्कूल के दिनों में ही तालीम को अलविदा कह दिया था। इन लड़कों को ऐसा सबक कौन दे रहा है? यह तो उन्हें अब मालूम है।

मास्टर साहब की ऐनक पर बारिश की बूँदें गिरीं। उन्हें धुँधला नजर आने लगा। ऐनक के शीशे पर धुँधलापन आ गया। पर यह धुँधलापन ज्यादा देर नहीं रहा। उन्होंने ऐनक निकाली और कमीज से पोंछकर वापस पहन ली। सब कुछ साफ नजर आने लगा।

घर आकर देखा, बीबी जाग गई है। चूल्हे के लिए जमा लकड़ियों को बचाने की जुगत में लगी है। गैस का चूल्हा होने के बावजूद वह लकड़ी का चूल्हा भी जलाती है। बाँस के टट्टों से बने शेड में लकड़ियाँ जमा रही है।

बेटी आँगन में खेल रही है। उसके साथ मोती मास्टर साहब की बेटी है। दोनों आँगन में दौड़ रही हैं। मास्टर साहब को देखकर बेटी पास आ गई।

''अब्बा, नीलू को सफेद कबूतर चाहिए। कल पन्द्रह अगस्त है। स्कूल के जलसे में मंत्रीजी सदारत करेंगे और कबूतर उड़ाए जाएँगे।'' बेटी के चेहरे पर खुशी है।

''अब्बा, इसे कल सुबह ये वाले दो सफेद कबूतर आप देंगे न?'' बेटी ने मनुहार की तो वे खुश हो गए।

''क्यों नहीं, जरूर देंगे। और कल कोई लीडर कबूतर क्यों उड़ाएगा? तुम दोनों आज ही कबूतर उड़ाओ। दिन तो आज खुशनुमा है।'' मास्टर साहब ने कहा और वे बच्चियों की खुशी में शामिल हो गए।

''पर कबूतर आज हम उड़ा देंगे तो कल स्कूल में क्या लेकर जाऊँगी? कबूतर उड़ जाएँगे तो वापस नहीं आएँगे।'' मोती मास्टर साहब की बेटी ने कहा तो वे पहले मुस्कराए फिर कबूतरों को देखते हुए गम्भीरता से बोले, ''कबूतर कहीं नहीं जाते। उड़कर वापस यहीं आ जाएँगे।''

दोनों बच्ची तालियाँ बजाने लगीं। मास्टर साहब को लगा कि जिन्दगी में खुश होने के लिए ऐसे ही छोटे-छोटे बहाने होना चाहिए।

दोनों बच्चियों ने एक-एक कबूतर हाथों में पकड़ा और ऊपर उठाकर उछाल दिए।

कबूतर पहले तो हवा में फड़फड़ाए और फिर ऊँचे उठकर दूर उड़ गए। दूर उड़कर मुहल्ले का एक लम्बा चक्कर मारकर वापस लौट आए। बच्चियाँ खुश हो गईं। उनकी हँसी आँगन में गूँजने लगी। बारिश से जैसे उनकी हँसी भी धुल गई थी।

मास्टर साहब भीतर आकर कुर्सी पर बैठ गए। तभी बीबी भीतर आई, ''बड़े मौलवी साहब ने नूरा को भेजा है। आपको बुलाया है।''

''कह दो, मास्टर साहब सो रहे हैं।'' कहकर कुर्सी से पीठ टिका दी।

''ऐसी सुबह, इस समय कोई सोता है?'' बीबी ने घूरा।

कुछ देर उन्होंने सोचा फिर कहा, "अच्छा तो कह दो जाग गए हैं। आना मुमकिन नहीं होगा।" कहकर उन्होंने बीबी को देखा और मुस्करा दिए। बीबी असमंजस से उन्हें देखती रही फिर बड़बड़ाती बाहर चली गई। उसने नूरा से जाने क्या कहा, लेकिन नूरा चला गया।

मास्टर साहब कुर्सी से उठे और बाहर आँगन में आए। कबूतर लौट आए थे। ये देखकर दोनों बच्चियों की खुशी अभी भी कायम है। धूप का एक छोटा-सा टुकड़ा देहरी पर पड़ा सो रहा है। कोने में सफेद गुलाब का पौधा बारिश की फुहारों में डोल रहा है। बच्चियों की दौड़-भाग से कबूतर फड़फड़ाकर उड़ते और एक जगह से उड़कर दूसरी जगह बैठ जाते। हवा में उड़ते बच्चियों की रंगीन फ्रॉक के बीच कबूतरों की सफेद उड़ान उन्हें बहुत भली लगी।

वे पलटकर भीतर गए और एक छोटा-सा चाकू ले आए। फिर सफेद गुलाब के पौधे से एक बड़ा बेहद खूबसूरत गुलाब को लम्बी टहनी के साथ काटा। आँगन में ही खड़े होकर बहुत इत्मीनान से टहनी से सारे काँटें साफ किए। मोती मास्टर साहब की बेटी नीलू घर जाने के लिए कह रही थी। उसे अपने घर जाकर सभी को बताना है कि उसने कबूतर उड़ाया। अपने खास अनुभव और रोमांच को वह सभी से बाँटना चाहती है। अपने खास होने को वह सबको बताना चाहती है।

अब्दुल मास्टर साहब ने आगे बढ़कर नीलू के हाथों में गुलाब थमा दिया। बच्ची खुश हो गई। वह अपने मुहल्ले, अपने घर की ओर दौड़ी। बच्ची ने सफेद गुलाब की टहनी किसी झंडी की तरह थाम रखी है। वे देखते रहे। बच्ची उनकी गली पार करके दूर ब्राह्मणपुरी में दाखिल हो गई। बच्ची की आकृति धुँधली नजर आने लगी। लेकिन बच्ची के हाथों में सफेद झंडी की तरह थमा सफेद गुलाब अब भी नजर आ रहा है।

# प्रार्थना

अस्पताल के दरवाजे पर वह रुक गया। सात मंजिले इस विशाल अस्पताल के परिसर में आते ही उसे अजीब-सी खुशी होती है। मन पुलक से भर जाता है। हल्की-सी धूप में अस्पताल की नीली दीवारें अपने पुरानेपन में मौजूद हैं। उसे अक्सर लगता है कि रात आसमान से नीला रंग बरसा है और दीवारें गीली हो गई हैं। नीली दीवारों पर बारिश के कारण एक अजीब-सा फीकापन आ गया है। दीवारों पर पानी के बहाव ने नीले रंग को भी बहाने की कोशिश की है। कहीं-कहीं उसे सफलता भी मिली है। उसने मुस्कराकर सोचा, दरअसल आसमान थोड़ा फिसलकर दीवार पर लटक गया है। क्योंकि थोड़ा आसमान अभी भी सात मंजिला अस्पताल के शिखर पर ठहरा है।

वह लम्बे-चौड़े अस्पताल में दाखिल होकर उस वार्ड की ओर बढ़ गया, जहाँ कंचन के पिता पलंग पर बेहोशी में है। कंचन पलंग पर पायताने बैठी है। उसने सावधानी रखी कि चेहरे पर भीतर की दबी खुशी उचककर आने न पाए। जितने दिन कंचन के पिता अस्पताल में रहेंगे उसे कंचन से मिलने आने के अवसर मिलते रहेंगे। उसे देखकर कंचन के चेहरे पर एक फीकी मुस्कान आ गई। वह भी मुस्करा दिया। इसी मुस्कराहट के पीछे उसने अपनी खुशी को भी छिपा लिया। कंचन के चेहरे पर ऐसी मुस्कराहट थी जिसका एक छोर कहीं और अटका हुआ था। उसकी उपस्थिति के आग्रह में मुस्कराहट चेहरे तक आकर ठहर गई थी। मन की उदासी का दबाव मुस्कराहट पर भी था।

वह निकट जाकर स्टूल पर बैठ गया। कंचन के चेहरे से अब तक मुस्कराहट झड़ चुकी है। लोहे के स्टैंड पर उलटी लटकी बोतल से बूँद-बूँद दवाई प्लास्टिक की पतली नली में टपक रही है, जो आगे चलकर कलाई में धँसी सुईं के रास्ते देह में भीतर उतर कर कहीं रास्ता तलाश रही होगी। कंचन अब पिता को देख रही है। उम्मीद के साथ। उम्मीद की आकुलता ने उसके होंठों को हल्के-से खोल दिया है। आज वह नीले रंग का सलवार सूट पहनकर आई है। हाथ में चूड़ियाँ नीली हैं। माथे पर बिन्दी भी नीली है। उसे अचरज हुआ कि लड़कियाँ दुख के गहरे समय में भी

सौन्दर्य को लेकर कितनी सचेत रहती हैं? फिर सोचा कि ऐसा सोचना थोड़ी ज्यादती भी है। एक सामान्य रूटीन है। लड़कियाँ इसी तरह अपने रोजमर्रा के काम पूरे करती हैं। अस्पताल के कमरों में भीतरी दीवारें सफेद रंग से पुती हैं। सफेद पलंग। सफेद चादर। बीमारी और भय से सफेद पड़ता मरीज। इसी सफेदी के रौब को तोड़ती हुआ कंचन का नीला सलवार-कुर्ता उसे भला लगा। कल शाम कंचन सफेद सलवार-कुर्ता पहनकर आई थी। फिर उसे एकाएक खयाल आया कि कंचन रात छत पर सोई होगी। आसमान का नीलापन उसके सफेद सलवार-कुर्ते पर उतर आया है। चूड़ियों और बिन्दी में भी उतर आया है। उसने ध्यान से देखा। कंचन के कुर्ते में बादलों की सिलवटें पड़ी हैं। नीली सिलवटें। उसकी कलाइयों की नीली काँच की चूड़ियों में बादलों का गीलापन तैर रहा है। काँच के भीतर तैरता नीलापन। उसे लगा कि वह इन चूड़ियों को छू लेगा तो चूड़ियों से सारा जल बह निकलेगा और पूरे वार्ड में बादल बरस जाएँगे।

तब उसे एक अजीब-सा खयाल आया। क्या नीले आसमान के नीचे प्रेम करने पर प्रेम भी नीला पड़ जाता है? दीवारों से बारिश नीलापन धोकर धुँधला कर देती है तो सम्भवतः नीला प्रेम भी धुँधला पड़ सकता है। प्रेम की बारिश से? प्रेम की बारिश से प्रेम का नीलापन कैसे धुँधला पड़ सकता है? सम्भवतः ज्यादा बारिश से नीले रंग का गाढ़ापन कम हो जाता है। किसी भी बारिश से किसी भी रंग का गाढ़ापन कम हो सकता है। अस्पताल की दीवारों पर हालाँकि नीला रंग धुँधला हो गया है और उड़े हुए रंग की दीवारों पर नीले रंग की पपड़ियाँ जम गईं है। खुरचने पर दीवारों से नीलापन गिरने लगता है। प्रेम का नीलापन भी खुरचने पर गिरने लगता है।

उसने यह बात कंचन को बताई। वह हँसने लगी। उसे थोड़ा बुरा लगा। वह चुप हो गया। वे दोनों एक-दूसरे की ओर झुककर बहुत धीमे स्वर में बातें कर रहे थे। कंचन उसकी ओर झुकी हुई थी तब उसने मार्क किया कि उसके कानों के बुंदों में भी नीले रंग के मोती हैं। जैसे स्टैंड पर लटकी दवाई की बोतल से बूँद-बूँद दवाई नली में टपक रही है ठीक उसी तरह नीले मोती भी किसी अजान बोतल से टपक कर उसके बुंदों में ठहर गए हैं। कंचन के गोरे या लगभग रक्ताभ गालों पर उन नीले मोतियों की छाया पड़ रही है। जैसे नली से छिटककर नीले रंग की बूँदे गालों पर गिर गई हैं।

वह जानता है कि सिर को लगभग मेरे सिर से जोड़कर बातें करने के पीछे प्रेम की गोपनीयता के भंग हो जाने का भय नहीं है बल्कि बीमार पिता के आराम में खलल न पड़े इसकी सावधानी है। उसे किंचित अचरज हुआ कि परिवार के लोग पिता की बेहोशी के टूटने की प्रतीक्षा कर रहे हैं फिर कंचन इस बेहोशी के टूटने

से भयभीत है? सम्भवतः अस्पताल का माहौल ही धीमे बातें करने के लिए मन:स्थिति बना देता है।

"तुम्हें चेन्नई जाना था इंटरव्यू के लिए?" उसने कंचन से पूछा।

"जाना तो था लेकिन पापा को ऐसी हालत में छोड़कर कैसे जाऊँ?" कंचन के चेहरे पर गहरा दुख आ गया। इस दुख में चेन्नई नहीं जा पाने की लाचारी भी है और पिता की बीमारी से उपजा दुख भी।

"तुम्हें भी तो बैंगलौर जाना है, क्या हुआ?" सहसा कंचन ने चौंककर पूछा।

वह जानता है। बैंगलौर के इंटरव्यू को अभी बीस दिन है। लेकिन उसने पूरे श्रम के साथ चेहरे पर आत्मीयता और त्याग का मिश्रण तैयार किया और कहा, "मुझे इस समय बैंगलौर में नहीं, इस अस्पताल में रहना जरूरी है।" फिर एक हल्की लगभग फीकी-सी मुस्कान, जिसमें उपकार भाव स्वत: शामिल हो जाता है, के साथ वह कंचन को देखने लगा। कंचन का चेहरा भीग आया। बहुत नेह से बोली, "थैंक्स बोलूँगी तो नाराज हो जाओगे?"

"बिल्कुल!" वह लाड़ भरी नाराजगी से बोला, "कोशिश भी मत करना।"

दोनों हँस दिए। अस्पताल की सफेद उदासी के बीच एक नीली और तरल हँसी।

"यूँ तो माँ है। तृष्णा है। चाचा है। पर तुम हो तो हौंसला भी है।" कहकर कंचन ने अपना हाथ उसके हाथ पर रख दिया। कंचन की गोरी और कोमल हथेली उसके हाथ पर कुछ देर स्थिर रहने के बाद थरथराने लगी। कंचन ने हथेली हटा ली। हथेली हटा लेने के बावजूद थरथराहट उसकी हथेली में बनी रही। अब उसकी हथेली में थरथराहट है।

उसने वार्ड में नजरें घुमाईं। इस छोटे से हॉल में चार मरीज हैं। चार कोनों में। हर मरीज के साथ पलंग के पास एक या दो परिजन बैठे हैं। दुख, चिन्ता और परेशानी में डूबे परिजन। कभी-कभी धीमे स्वर में बातें करने लगते हैं। लेकिन उसे इस पीड़ा के कमरे में असीम सुख मिल रहा है। वह किसी को बता भी नहीं सकता कि अस्पताल में सुबह सात बजे आने के लिए उसे अपनी आलस्य से भरी नींद का मोह छोड़कर रोज सुबह पाँच बजे उठना पड़ता है। सुबह के समय कंचन अपने पिता के पास आती है। उसे कंचन के साथ वक्त बिताने का अवसर मिल जाता है।

यह सुख आज ज्यादा नहीं चला। रोज की तरह नौ बजे आने वाली कंचन की माँ आज आठ बजे ही आ गई। मुनासिब तो नहीं था फिर भी उसके मुँह से सहसा निकल गया, "क्या बात है आंटी, आज जल्दी आ गईं?"

"आज खाना नहीं बनाना है। मेरा और तृष्णा का उपवास है। इसलिए जल्दी आ गई।" कंचन की माँ उसके प्रश्न के मन्तव्य से अनजान उसे समझाने लगी। वह मुस्कराकर इस तरह हामी भरने लगा गोया कोई बहुत महत्त्वपूर्ण बात पता चल गई हो। फिर उसने इसी सजावटी मुस्कराहट के साथ जब कहा कि, "मैं अब घर चलता हूँ। मेरे लायक कोई काम हो तो जरूर खबर करना। मेरा सेल नम्बर तो आपके पास है।" कहकर उसने मुस्कराहट को और ज्यादा विनम्र बनाया। यह विनम्रता और सजावटी मुस्कराहट भी ज्यादा देर तक उसकी पूँजी नहीं रह सकी।

"आलोक बेटे!" कंचन की माँ ने बहुत लाड़ से कहा, "एक तकलीफ है तुम्हारे लिए। कंचन अभी घर जाएगी। इसके चाचा शहर से बाहर हैं। शाम को लौटेंगे। तृष्णा घर पर अकेली है। हमें जाना पड़ेगा। तुम यहाँ मेरे पास रुक जाओ तो मुझे दवाई आदि लाने के लिए दौड़-धूप नहीं करनी पड़ेगी।"

"इसमें तकलीफ की क्या बात है? मुझे तो घर पर भी कोई विशेष काम नहीं है।" कहकर जब उसने उसी मुस्कराहट को बनाए रखने की कोशिश की तो इस श्रम में खुदा याद आ गया।

कंचन चली गई। वह उन सफेद ऊँची दीवारों के वार्ड में मरीजों और उनके परिजन के बावजूद अकेला रह गया। कंचन के पिता की आँखें हल्की-सी खुल गई हैं। पहली बार तो उसे लगा कि वे उसी को देख रहे हैं तो वह हल्के से मुस्करा दिया। फिर लगा कि वे किसी को नहीं देख रहे हैं। आँखें खुली होने के बावजूद वे नहीं देख रहे हैं। देख भी रहे हैं तो आँखों में पहचान के लिए मस्तिष्क की कोई मदद नहीं है। सूनी नजरों का सम्भवतः आँखों पर काफी वजन होता है। थोड़ी देर बाद आँखें बन्द कर लीं।

कंचन की माँ के चेहरे पर थकान है। कितनी अजीब बात है कि बीमार कोई होता है और थकान का भार कोई और ढोता है। थकान के बावजूद उनकी आँखों में गहरा नेह था। धीरे से अपना हाथ बीमार पति के हाथ पर धर दिया। उस स्पर्श में कोई अजान आश्वस्ति रही होगी, कंचन के पिता का हाथ हल्के से काँप गया। उस कँपन की जाने क्या भाषा थी, कि कंचन की माँ का हाथ भी हल्के से काँप गया, फिर कंचन की माँ ने अपना हाथ उस हाथ पर फिराया और हटा लिया। फिर उन्हें खयाल आया कि इस भाषा का अनुवाद कहीं हवा में घुलकर उस तक तो नहीं पहुँचा? वे थोड़े संकोच से उसे देखने लगी। उसने गरदन घुमा ली। फिर उठकर वह बाहर आ गया। आगे बढ़ा तो जनरल वार्ड में दाखिल हो गया। मरीज पलंग पर भी हैं तो जगह न मिलने पर नीचे फर्श पर भी लेटे हैं। परिजन हाथों में दवाइयाँ और दीगर सामान लिए बैठे हैं। कुछ खड़े हैं। परेशान और बदहाल। इसी वार्ड में कोई परिजन एक गर्भवती औरत को कराहते छोड़कर डॉक्टर की

तलाश में निकल गया है। मेटरनिटी वार्ड तक भी उस औरत को कोई ले जाने वाला नहीं है। उभरे हुए उघड़े पेट से बेपरवाह वह अपनी पीड़ा में डूबी हुई है। वह लौट आया। वापस लौटकर पलंग के पास बिछी दरी पर बैठ गया। दोपहर तक ऐसे ही वक्त गुजरा। कंचन की माँ ने कहा, ''बेटे, तुम अब परेशान मत हो। कंचन अभी आ जाएगी। अभी उसने मोबाइल किया था। तुम अब घर हो आओ।'' फिर एक लम्बी साँस छोड़कर बोली, ''कोई सगा भी इतना नहीं करेगा जितना तुम कर रहे हो।''

''आंटी! आप तो शर्मिंदा कर रही हैं। तकलीफ में ही एक-दूसरे के काम आते हैं।'' कहकर वह एक शालीन मुस्कराहट चेहरे पर ले आया। मन ही मन वह खुश हो गया कि उसे इस तरह की मुस्कान का अब अभ्यास होता जा रहा है। थोड़ा अफसोस इस बात का जरूर हुआ कि कंचन उसे भी मोबाइल कर सकती थी, लेकिन किया नहीं।

घर आया तो मालूम हुआ कि चाचा आए हैं। चाचा मुम्बई की किसी स्थानीय कम्पनी में असिस्टेंट मैनेजर हैं। पिताजी के आग्रह पर उसके लिए उसी कम्पनी में कोई 'जगह' देख चुके हैं। पैकेज सुनकर ही उसका मन खिन्न हो गया। इतनी रकम में तो मुम्बई में ठीक-ठाक फ्लैट मिलना मुश्किल हो जाएगा। यानी वही करो जो उसके दूसरे साथी कर रहे हैं। चार दोस्त मिलकर फ्लैट किराये पर लो। पर ऐसा कब तक? मन्दी का दौर तो अभी लम्बा चलेगा।

उसने मना कर दिया। घर के लोग कुढ़े-कलपे और चिल्लाए भी लेकिन वह कुछ नहीं बोला। ऐसी बेहद सामान्य नौकरी करने का अर्थ यह स्पष्ट कर देना है कि अब उसके लिए बेहतर सम्भावनाएँ खत्म हो गई हैं। इस तरह तो सभी के लिए और खासकर कंचन के लिए यह स्पष्ट सन्देश होगा। फिर पता नहीं उसका क्या निर्णय हो? यदि कंचन उसे छोड़ने का निर्णय ले तो? वह इक्कीसवीं सदी की लड़की है। आय.टी. युग की सन्तान है। उससे कैसा भी निर्णय अपेक्षित है। वह इस आशंका से भयभीत हो जाता है। उसकी बेकारी में एक उम्मीद है। सभी के लिए। उसकी प्रतिष्ठा की सुरक्षा है। प्रतिष्ठा के साथ ही प्रेम की सुरक्षा है। उसके आय.टी. टीचर कहते थे, ''तुम लोग माँ की कोख से नहीं किसी साफ्टवेयर से पैदा हुए हो।''

शाम तक उसका मन उखड़ा-उखड़ा रहा। शाम को सेलफोन बजा। कंचन है। उसे अच्छा लगा। मन खुश हो गया। मस्तिष्क कितने भी आधुनिक तकनालॉजी से जुड़ा रहे। देश-दुनिया के ज्ञान और चतुराई से परिचित हो लेकिन मन तो भावुकता की बारूद पर बैठा रहता है। एक सेलफोन की घंटी ने सबकुछ ध्वस्त कर दिया। वह तैयार होकर अस्पताल की ओर चल दिया।

अस्पताल पहुँचकर देखा तो कंचन अकेली है। दोपहर को उसने आकर माँ को छुट्टी दे दी थी। कंचन पलंग पर ही बैठी है। उसकी आँखें मुर्छित पिता पर टिकी हुई हैं। उस पलंग के अलावा वार्ड के शेष हिस्से से जैसे उसका सम्बन्ध खत्म हो गया है। चल-अचल कैसी भी उपस्थिति का अर्थ उसके लिए फिलहाल मिट चुका है। पिता के लिए गहरी चिन्ता उसके पितृप्रेम को सतह पर ले आई है। आँसू उसकी आँखों के ऐसे कोने में अटकाकर रखा है कि सान्त्वना के दो शब्द भी उन आँसुओं को ठेलकर बाहर ले आएँगे। पीड़ा में शामिल होने की यह एक ऐसी जरूरी तल्लीनता थी जिसे भंग करना उसे ठीक नहीं लगा। वह चुपचाप कंचन को देखने लगा। पीड़ा से भरा चेहरा भी उसे बहुत मोहक लगा। उसने सोचा, सुन्दर लड़कियों को कभी भी, कैसे भी देखो वे हर तरह से सुन्दर दिखाई देती हैं। उनके पास अन्तिम विकल्प सुन्दरता ही होता है। कुछ देर बाद उसे पता नहीं चला कि वह खुद भी एक दूसरी तल्लीनता में शामिल हो गया है।

काफी देर बाद जब कंचन की नजर उस पर पड़ी तो वह चौंक गई। उसकी उपस्थिति के अहसास ने न सिर्फ तल्लीनता को तोड़ा बल्कि चिन्ता को उपस्थिति के दिलासे से जोड़ दिया। न चाहते हुए भी कंचन के आँसू बह निकले। वह उठकर आँसुओं तक पहुँचता तब तक शीघ्रता से उसने हथेली से आँसू पोंछ लिए।

वह नीचे बिछी दरी पर बैठ गया। कंचन भी पलंग से उतरकर उसके पास दरी पर बैठ गई।

''देह की मुर्छा में व्यक्ति क्या सोचता होगा?'' कंचन के स्वर में थकी हुई उत्सुकता थी।

''सम्भवतः कुछ भी नहीं सोचता है। देह की मुर्छा मस्तिष्क की मुर्छा से आती है।'' उसने कहा और देखा कि कंचन आश्वस्त है या नहीं।

''यानी ऐसी मुर्छा में पीड़ा का अनुभव भी नहीं होता होगा!'' कंचन के स्वर में ऐसा हर्ष था जो उसके बीमार पिता की पीड़ा से मुक्ति की सम्भावना व्यक्त कर रहा था।

''शायद!''

ये ऐसे सवाल थे जो कंचन डॉक्टर से नहीं पूछ सकती है। डॉक्टर को इन सवालों में भावुकता ही महसूस होगी जो उनके पेशे के हिसाब से अनावश्यक है और गलत भी। अब उसे समझ में आया कि साधु-सन्तों का बाजार इतना बढ़ कैसे गया है। साधु-संतों के प्रवचनों में स्त्रियों को उनके भावुक सवालों और संशयों के मनचाहे भावुक और आध्यात्मिक हल मिल जाते हैं। इस तरह बाजारी अध्यात्म में तर्क की गुंजाइश नहीं होती है इसलिए साधुओं के समझाने से स्त्रियाँ न सिर्फ समझ भी जाती हैं बल्कि सन्तुष्ट भी हो जाती हैं। कंचन चुप है। उसकी चुप्पी में जाने

कितने संशय छिपे हैं। वह चाहता है कि कंचन कुछ बोले लेकिन उसकी चुप्पी तोड़ने के लिए उसके पास ऐसा कोई विषय नहीं है। अस्पताल का माहौल कंचन को हताश कर रहा है। कंचन की इस उदासी से उसका मन भी खिन्न है लेकिन फिर भी कंचन के पास होने के सुख के हासिल से ही वह खुश है। ऐसा ना होता तो वह भला ऐसा क्यों सोचता कि कंचन के पिता लम्बे समय तक अस्पताल में रहे। हालाँकि ऐसी निर्ममता पर उसे खुद पर थोड़ा रोष भी है फिर उसने खुद को समझाया कि वह कंचन के पिता का अहित नहीं चाहता है। वह तो कंचन के पिता के अच्छे होने की रफ्तार को धीमा देखना चाहता है। कंचन के पिता के अच्छे होने की रफ्तार हफ्तों-महीनों में बदल जाए। वह जानता है कि यदि कंचन के पिता आज अच्छे हो जाएँ तो कंचन कल ही किसी कम्पनी को जॉइन कर लेगी और चली जाएगी। कंचन के पास उससे अच्छा रेज्यूम है। वह चाहता है कि कंचन के पिता अच्छे हो जाएँ लेकिन जल्दी नहीं। धीरे-धीरे।

कंचन के पिता की बीमारी और यह अस्पताल ही उनके मिलते रहने के सुख की कड़ी है।

उसने कंचन की ओर देखा, वह दीवार से पीठ टिकाए है और आँखें बन्द हैं। शायद दिनभर की थकान ने उसे नींद को सौंप दिया है। हल्की-सी झपकी थी पर उसने कंचन को तब तक सहारा दिया जब शाम ढले कंचन की माँ और उसके चाचा नहीं आ गए। अजीब-सी बात थी कि वार्ड में नर्स और मरीजों के परिजन की आवाजाही से उसकी नींद नहीं टूटी लेकिन माँ के वार्ड में दाखिल होने की आहट से ही कंचन की नींद टूट गई। वह तुरन्त सतर्क होकर बैठ गई। जैसे नींद में कोई अपराध कर रही हो। कंचन ने दुपट्टा ठीक किया जो पहले से ठीक था। सम्भवतः नींद के टूटने के बाद की सतर्कता ने आदतवश उसके हाथों को दुपट्टे तक पहुँचा दिया। लड़कियों में वैसे भी यह आम आदत है। जरा से मजाक पर या बात-बेबात साड़ी का आँचल या कुर्ते का दुपट्टा ठीक करती रहेंगी।

जब वह घर जाने के लिए उठने लगा तो कंचन की माँ ने आग्रह किया कि वह कंचन को घर तक छोड़ दे। वह खुश हो गया। उसने इनको किसी को नहीं बताया कि वह बाइक लेकर नहीं आया है। चलने से पहले कंचन अपनी माँ से जाने कितने निर्देश लेती रही। घर-पहुँचकर खाना क्या बनाना है। अस्पताल में दलिया कब भेजनी है। जाने कितनी बातें थीं जो वह ध्यान से सुन रही थी।

अस्पताल से बाहर आकर वे दोनों घर जाने की सड़क पर आए तो तब उसने कंचन को बताया कि वह बाइक नहीं लाया है। उसके पैदल चलने की इच्छा पर कंचन ने न सिर्फ स्वीकृति दी बल्कि मुस्करा भी दी। अस्पताल के तनाव भरे माहौल के बाद यह दिन भर की उसकी पहली स्वाभाविक मुस्कान थी। शाम हो चुकी थी

और अस्पताल से निकलकर शहर की ओर जाने वाली उस सड़क पर पलटे जो नदी की ओर से घूमकर जाती है। पूरी सड़क किनारे दोनों ओर गुलमोहर और नीम के पेड़ों की कतारें हैं।

कंचन ठिठककर खड़ी हो गई और आँखें बन्द कर लीं। जैसे सारे दृश्य को आँखों में बन्द करना चाहती हो। शायद यह भी हो कि वह अस्पताल के तनाव भरे माहौल और दवाइयों की अजीब-सी गंध से मुक्त होकर इन पेड़ों से ताजी हवा अपने भीतर भर लेना चाहती हो।

कंचन थोड़ी देर आँखें बन्द किए खड़ी रही। वह उसके करीब आकर खड़ा हो गया। कंचन ने आँखें खोलीं और उसे करीब देखकर बोली, "चलो, तुम भी आँखें बन्द कर लो।"

"क्यों?" वह मुस्कराकर बोला।

वह क्षण भर चुप रही फिर आहिस्ता से उसका हाथ अपने हाथ में लेकर बोली, "प्यार अन्धा होता है ना?" कहकर वह तेज कदमों से चलने लगी। आँखें मीचकर वह चला तो चारों ओर उसे अँधेरा नजर आया। उसे लगा आँखें मीचने पर भी कुछ तो नजर आता है चाहे अँधेरा हो। यानी अँधेरे को आँखें बन्द करके भी देखा जा सकता है। उसे महसूस हो रहा था कि कंचन तेज चल रही है लेकिन स्वाभाविक। वह तो लड़खड़ा रहा है। भीतर कहीं अँधेरे से थोड़ी घबराहट भी है। क्या अन्धे लोग इतनी तेज चल सकते हैं? पर शायद प्रेम में अन्धे लोग इस तरह चल सकते हैं।

सहसा कंचन उसका हाथ छोड़कर दौड़ पड़ी। उसने घबराकर आँखें खोल दीं। कंचन दौड़े जा रही है। उसका दुपट्टा हवा में उड़ रहा है। आसमान नीचे उतर कर उसके दुपट्टे में अटक गया है। उसका सलवार-कुर्ता और फिर पूरी देह आसमान से उलझकर रह गई। हल्का-सा नीलापन उसकी पूरी देह से काँप रहा है। पेड़ों का हरापन नदारद हो गया। शाम का नहीं, आसमान के उसकी देह में अटक जाने से एक हल्का-सा नीला अँधेरा सड़क पर फैल गया है। सहसा कंचन दूर नीले आसमान के पीछे से पुकारने लगी, "बारिश शुरू हो गई है।"

उसने देखा हल्की-सी बूँदा-बाँदी शुरू हो गई है।

"तुम्हें कैसे पता चला? तुम्हारी तो आँखें बन्द हैं।" उसने चिल्लाकर पूछा।

आसमान के पीछे से उसकी हँसी निकलकर उस तक आई। एक नीली हँसी।

"बारिश को आँखें बन्द करके भी महसूस किया जा सकता है। बारिश की बूँदें मेरे सिर पर, मेरे गालों पर गिर रही हैं।" बारिश में भीगी हुई उसकी नीली आवाज

आई। वह झेंप गया। सचमुच, बारिश को देखकर ही नहीं, भीगकर भी जाना जा सकता है।

वह दौड़कर कंचन के करीब पहुँच गया। बारिश तेज हो गई। वे दोनों सड़क किनारे खड़े हो गए। देखते-देखते सड़क पर पानी बहने लगा। बारिश इतनी तेज हो गई कि नजदीक के पेड़ दिखाई देना बन्द हो गए। उसने कंचन से कहना चाहा कि पानी की दीवारें हमारे चारों ओर खड़ी हो गई हैं। हम पानी के घर में खड़े हैं। दीवारें पानी की। छत पानी की। फर्श पानी का। उसने पैर फर्श पर पटका तो बहता पानी उछलकर दूर जा गिरा। तत्काल ही दूसरा पानी उसकी जगह आ गया। नया फर्श। उसने नजरें उठाकर पानी की दीवारों को देखा। पानी के गिरते ही पानी की दूसरी धार गिरने लगती। यानी हर क्षण नई दीवार। वे हर क्षण नये तरल घर में खड़े हैं।

थोड़ी देर में बारिश और तेज हुई तो पानी की दीवारें भी करीब आने लगीं। कंचन खिसककर उसके और करीब आ गई। सिर के ऊपर गुलमोहर की टहनियाँ बारिश की छत को बनने से रोक नहीं पा रही हैं। टहनियाँ जब बारिश की छत का भार सँभालने में कमजोर पड़ने लगीं तो कंचन उसके बेहद करीब आ गई। बारिश में भीगता उसका चेहरा पानी में डूबा हुआ लगने लगा। कंचन के होंठ हल्के से खुल गए हैं। शायद उसका नाम पुकारना चाहती है। या शायद पुकारा हो। पानी में उसका चेहरा डूबा हुआ होने के कारण उसे सुनाई नहीं दिया होगा। कंचन का दुपट्टा पानी में भीगकर रस्सी की तरह उसके गले में पड़ा है। बारिश ने आसमान को पूरी ताकत से कंचन के दुपट्टे पर निचोड़ दिया है। उसका दुपट्टा गहरा नीला हो गया है। कंचन अब उसके इतने करीब है कि उसका भरा-भरा वक्ष उसके सीने पर भार दे रहा है। उसे लग रहा है, जैसे दोनों एक ही सीने से साँसें ले रहे हों। कंचन का एक हाथ उसके कन्धे पर है। दूसरा हाथ बारिश की दीवार पर टिका है। भीतर, उसके सीने के भीतर, गहरे कहीं एक तपती हुई चोर इच्छा गहरी बारिश के बावजूद उसकी आँखों में उतर आई। गुलमोहर का पेड़ हल्के-से काँपने लगा। फिर उसने देखा कि पेड़ नहीं कंचन की देह हल्के से काँपी है। नीला आसमान हल्के से काँपा है। इस कम्पन में एक ऐसी आँच थी कि बारिश के घर में भी आँखों में उतरी उसकी इच्छा झुलसने लगी। पेड़ के पत्ते झुलसने लगे। बारिश का घर झुलसने लगा। खुद उसकी अपनी देह झुलसने लगी। उसने धीरे से गरदन नीचे झुकाई और अपने होंठ झुलसते अंगारों पर धर दिए। कंचन की मुँदी हुई आँखों पर आसमान झुक आया। अंगारे नीले पड़ने लगे। उस क्षण, सिर्फ उस क्षण बारिश की दीवारें घनी हो गईं। बारिश की छत घनी हो गई। पानी का फर्श धुँधला हो गया। नीला अँधेरा, गाढ़ा हो गया। जिस झटके से कंचन अलग हुई उसी झटके से बारिश का घर गिर गया। बारिश के घर की छत गिर गई। फर्श बह गया।

"बारिश बन्द हो गई है!" सहसा कंचन बोली। कंचन की आँखें अभी भी अधखुली हैं। आसमान का भार उसकी पलकों पर है। आसमान उसकी आँखों पर टिका रीस रहा है। एक तपती हुई चोर इच्छा सम्भवत: कंचन के सीने में भी है। उसका सीना उस चोर इच्छा को बाहर आने से रोकने के श्रम में नियंत्रित नहीं हो पा रहा है। कंचन ने सीने के तेज कँपन को रोकने के लिए अपने दोनों हाथ सीने पर धर लिए। वे दोनों चल पड़े। बारिश से धुले हुए पेड़ उनके कँपन को ढँके खड़े रहे। उसने पलटकर पेड़ को देखा। उसके देखने को कंचन ने देखा और कहा, "पेड़ को इतनी हसरत से क्यों देख रहे हो?" फिर कंचन ने ठिठककर कुछ देर पेड़ को देखा और कहा, "तुम पेड़ को देखकर पलटे तो मुझे लगा पेड़ की इच्छा अब तुम्हारी आँखों में नहीं है?"

"वह इच्छा पेड़ पर छूट गई है। अस्पताल में थे तो एक इच्छा वहाँ धर आया हूँ। एक इच्छा घर में रखी है। एक इच्छा कॉलेज में छूट गई है। कहकर वह कुछ क्षण रुका जैसे सारी इच्छाओं को याद कर रहा हो फिर बोला, "जाने कितनी ही इच्छाएँ कहाँ-कहाँ भूल आया हूँ या छोड़ आया हूँ। एक इच्छा सीने के भीतर आँच में तप रही है।"

कंचन ने चलते हुए उसे देखा लेकिन बोली कुछ नहीं। उसने देखा कंचन के सीने में उसकी इच्छा का कम्पन बन्द हो गया है। दोनों चुपचाप चलते रहे। घर आने तक दोनों कुछ नहीं बोले।

दूसरे दिन सुबह वह अस्पताल पहुँचा तो देखा, कंचन का पूरा परिवार मौजूद है। डॉक्टर ने बताया था कि मरीज की हालत बिगड़ रही है। उसे देखकर कंचन के चेहरे पर ऐसी अधीर पीड़ा आई कि वह बेचैन हो गया। उसके पिता उसी तरह बेहोश लेटे हैं। इस बेहोशी में भी कोई ऐसा परिवर्तन डॉक्टर ने देखा था जो खतरे के संकेत लेकर आया है। डॉक्टर और नर्स कुछ देर पलंग के आसपास रहे फिर दोनों बाहर निकल गए। साथ ही एक खामोश तनाव वार्ड में छोड़ गए।

कंचन ने उसे साथ आने का संकेत किया और वार्ड से बाहर निकल गई। वह भी उसके पीछे वार्ड से बाहर निकला। दोनों चलते हुए अस्पताल के उस हिस्से में आ गए जहाँ मन्दिर बना है। कंचन की आँखें डबडबाई हुई हैं। यह एक बड़ा-सा हॉल है, जिसके कोने में मन्दिर है। मरीजों के परिजन डॉक्टर से हताश होकर यहीं गिड़गिड़ाते हैं।

"ईश्वर से प्रार्थना करना चाहती हो?" उसने पूछा।

"रोज प्रार्थना करती हूँ। रोज गिड़गिड़ाती हूँ।" वह रुआँसी होकर बोली, "लेकिन, भगवान मेरी सुनते नहीं हैं। कौन-सा व्रत, कौन-सा उपवास मैंने नहीं किया? फिर भी भगवान क्यों नहीं सुनते हैं।"

वह कुछ नहीं बोला। दिलासे के लिए उसने अपना हाथ उसकी पीठ पर रख दिया।

"तुम प्रार्थना करो!" सहसा वह उसकी ओर पलटकर बोली।

"मैं भी रोज प्रार्थना करता हूँ।" उसने धीरे से कहा।

"पापा के लिए?" उसके चेहरे पर अचरज और खुशी दोनों थीं।

"हाँ.....बिल्कुल। मैं तुम्हारी हर चिन्ता, हर संकट में साथ हूँ।" उसने कहा और हाथ को पीठ पर कथन की आश्वस्ति के लिए थपथपाया।

"क्या प्रार्थना करते हो?" कंचन बच्चों की तरह उत्सुक हो गई।

वह सिटपिटा गया। फिर गरदन झुकाकर धीरे से बोला, "मेरी प्रार्थना क्या तुम्हारी प्रार्थना से अलग होगी? मैं भी तुम्हारे पापा की सलामती चाहता हूँ। भले-चंगे हो जाएँ, और क्या?"

कंचन ने जमीन पर टिकी उसकी हथेली को थपथपाया फिर बोली, "फिर भगवान हमारी सुनता क्यों नहीं?"

कंचन इतने कातर स्वर में बोली कि वह थोड़ा-सा डर गया।

"चलो ऐसा करते हैं कि हम प्रार्थनाएँ बदल लेते हैं।" वह मुस्कराकर बोला।

कंचन अपनी चिन्ता के आवेग में विकल्प के हर रास्ते पर जाने के लिए बेचैन है। फिर भी उसने पूछा, "मैं समझी नहीं।"

"मतलब यह कि आज हम दोनों एक-दूसरे की प्रार्थना बदल लेंगे। मैं तुम्हारे पापा के लिए ईश्वर से जो प्रार्थना करता हूँ, वह तुम करना और तुम जो प्रार्थना करती हो वह प्रार्थना मैं करूँगा।" उसने कहा और अपनी हथेली को उसकी हथेली पर धर लिया।

"इससे क्या होगा?" उत्सुकता और उम्मीद में उसकी आँखें थोड़ी ज्यादा खुल गईं।

"ईश्वर इसी तरह शायद मान जाए। तुम ईश्वर से कहो कि वह मेरी प्रार्थना स्वीकार कर ले। मैं कहूँगा वह तुम्हारी प्रार्थना स्वीकार कर ले।" वह धीरज से बोला।

कुछ क्षण कंचन सोचती रही फिर बोली, "तुम आस्तिक हो? ईश्वर पर भरोसा करते हो?"

उसने फिर मुस्कराने की कोशिश की फिर कहा, "मैं ईश्वर से अधिक तुम्हारे भरोसे पर भरोसा करता हूँ। तुम कहती हो कि ईश्वर है तो जरूर होगा। हम प्रार्थना करते हैं तो वे कहीं तो जाती होंगी। किसी के पास तो पहुँचती होगी।"

"हाँ, यह तो है। किसी के पास क्यों? ईश्वर के पास ही पहुँचती हैं।" कंचन ने कहा तो उसने देखा, कंचन के चेहरे पर गहरी आश्वस्ति है।

दोनों उठ खड़े हुए। ईश्वर की विशाल मूर्ति के सामने दोनों घुटनों के बल बैठ गए। दोनों ने आँखें बन्द कर लीं। वह प्रार्थना में डूबे कंचन के चेहरे को देखना चाहता था लेकिन इस समय आँखें खोलकर वह कंचन को दुखी नहीं करना चाहता है। ईश्वर से उसके बहुत अच्छे सम्बन्ध नहीं हैं लेकिन इतने बुरे सम्बन्ध भी नहीं हैं कि ईश्वर उसकी सामान्य-सी प्रार्थना को अस्वीकार करने की शत्रुता पर उतर आए। वह आँखें बन्द करके नीले अँधेरे में कंचन की प्रार्थना को टटोलने लगा। कुछ देर बाद कंचन ने आँखें खोलीं और धीरे से उसके कन्धे पर हाथ रखा। उसने भी आँखें खोलीं। खुली आँखों के बावजूद कंचन का चेहरा उसे नीले अँधेरे में नजर आया। उसने अपनी हथेलियों से आँखों को थोड़ा दबाया फिर आँखें खोलीं। दुनिया वैसी ही है जैसे वह आँखें बन्द करने से पहले छोड़कर नीले अँधेरे में गया था।

दोनों वार्ड में वापस लौटे। देखा, डॉक्टर वापस लौट आया है। इस बार कुछ ज्यादा तैयारी के साथ। कंचन के पिताजी को ऑक्सीजन मास्क चढ़ाया जा रहा था। सिरहाने ऑक्सीजन सिलेंडर रखा है। पेट गुब्बारे की तरह फूल गया है। डॉक्टर ने पेट को पंक्चर करके एक पतली नली के सहारे पानी निकालने की व्यवस्था की थी जो पलंग के नीचे एक खाली बोतल में इकट्ठा हो रहा है। तभी डॉक्टर ने पलटकर उसके हाथ में एक पर्ची रखी और इंजेक्शन लाने को कहा। वह वार्ड से निकलकर मेडिकल स्टोर्स की ओर दौड़ा। इंजेक्शन लाकर दिए तो डॉक्टर ने एक के बाद एक तीन इंजेक्शन लगाए। कंचन के पिताजी के चेहरे पर इंजेक्शन की सुई देह में जाने की कोई पीड़ा नहीं उभरी। गहरी बेहोशी में उसका कोई असर नहीं आया।

सारी दौड़धूप दोपहर तक चली। डॉक्टर थोड़ी-थोड़ी देर में आकर हाल देखता रहा। दवाइयाँ बदलता रहा। दोपहर तक पेट सामान्य हो गया। गुब्बारे की भाँति फूला पेट सामान्य हो गया। साँसों का अवरोध भी खत्म हो गया। सामने लगी स्क्रीन पर देखकर डॉक्टर ने बताया कि अब सब कुछ सामान्य है। यह आश्वासन देकर डॉक्टर गया तो उसके जाने के सिर्फ आधे घंटे बाद कंचन के पिता की हालत बिगड़ी। डॉक्टर दौड़कर आया लेकिन उसने देखा कि जब डॉक्टर वार्ड के दरवाजे पर था तभी कंचन के पिता को एक हिचकी आई। बस, यही देह की अन्तिम हरकत थी। फिर सबकुछ खत्म हो गया। ऑक्सीजन मास्क हटा लिया गया। पूरे वार्ड में रुदन के तेज स्वर उठे।

वह कोने में खड़ा अवाक् कंचन और उसके परिवार को रोते देखता रहा।

उसे यह सोचकर गहरा अचरज हुआ कि प्रार्थनाएँ इतनी जल्दी ऊपर गई। यह भी कम दुख की बात नहीं कि ईश्वर ने दोनों की प्रार्थनाएँ अस्वीकार कर दीं। उसे समझ में नहीं आ रहा था कि वह अपनी चतुराई पर हँसे या मूर्खता पर दुखी हो।

उसने देखा कि कमरे में नीला अँधेरा फैल रहा है। जबकि उसकी आँखें बन्द नहीं हैं। गहरे नीले अँधेरे में प्रार्थनाएँ डोल रही हैं।

# प्रेम गली अति साँकरी

लड़की खिड़की में बैठी थी। पुस्तक से निगाह उठाकर उसने खिड़की से बाहर देखा। धूप के टुकड़े अभी भी इमारतों की दीवारों और छत पर चिपके हुए हैं। उसने एक हल्की-सी अँगड़ाई ली। अभी सिर्फ पाँच बजे हैं। वह अभी दो घंटे और पढ़ना चाहती है। वह पिछले पाँचे घंटों से पढ़ रही है। एग्जाम अभी दूर है लेकिन लगभग सात से आठ घंटे वह रोज पढ़ती है। आज रविवार है इसलिए आज रात को भी वह रोज की तरह पाँच घंटे पढ़ेगी। रविवार के अलावा बाकी दिनों में उसे कॉलेज जाना पड़ता है। फिर भी वह रात को या सुबह जल्दी उठकर अपनी पढ़ाई के सात या आठ घंटे पूरे कर लेती है।

लड़की के भाई को बहुत अचरज होता है। वह भी उसके साथ कॉलेज में पढ़ता है। एकाध साल छोटा है। वह लड़की पर हमेशा गुस्सा रहता है। उसका अचरज ही उसे गुस्सा दिलाता है। लड़की पर माँ-बाप की ओर से पढ़ाई का कोई दबाव नहीं है फिर जाने कैसे वह इतनी देर तक बगैर थके पढ़ लेती है। हर एग्जाम में टॉप करती है। लड़की के कारण ही भाई को घर में डाँट पड़ती है। ऐसा नहीं कि भाई पढ़ना नहीं चाहता लेकिन आठ घंटे बगैर थके एक ही कुर्सी पर बैठे वह पढ़ नहीं सकता है। वह जब भी पढ़ाई के लिए टेबल के आगे बैठता है, आधे घंटे या बमुश्किल एक घंटे बैठ पाता है। ऊब जाता है। थक जाता है। मन भटक जाता है। पापा-मम्मी पूछते भी हैं कि तेरा मन पढ़ाई में क्यों नहीं लगता है। तेरा मन पढ़ाई से उचटकर कहाँ भटक जाता है तो वह सिटपिटा जाता है। घबरा जाता है। अब वह भला मम्मी-पापा को क्या बताए कि उसका मन कहाँ भटक जाता है? किसके बारे में सोचने लगता है? क्या सोचने लगता है? लेकिन जब ऐसी चर्चा होती तो वह मम्मी-पापा को दिखाने के लिए उस रात वह कुछ देर ज्यादा पढ़ता है, लेकिन लड़की के बराबर तो वह लम्बी बैठक फिर भी नहीं दे पाता। वह अक्सर कहता है कि, ''आठ-आठ घंटे की पढ़ाई करना। लगातार इतनी देर तक टेबल के सामने बैठना सामान्य बात नहीं है। नमिता भी सामान्य नहीं है। भूत है उसमें। किशोरीलाल दादा का भूत है उसमें।''

किशोरीलाल दादा उसके दादा नहीं थे। उसके पापा के दादा थे। पापा बताते हैं कि उसके दादाजी भी घनघोर पढ़ाकू थे। अपने समय के बी.ए. थे। इंटरमीडिएट से लेकर बी.ए. तक टॉपर रहे। उनके खानदान में ही नहीं, उनके गाँव बल्कि आसपास के गाँवों में भी वैसा होशियार और होनहार लड़का नहीं था। अंग्रेजों का जमाना था। अंग्रेज हाकिम भी उनकी काबिलियत की तारीफ करते थे। दफ्तर में भी रात दस बजे तक काम करते थे। हालाँकि इतनी काबिलियत के बावजूद सरकारी नौकरी में उन्हें साथ काम करने वाले अंग्रेज कर्मचारी से बड़ा पद नहीं मिला। काम भी उन्हें रात के दस-दस बजे तक करना पड़ता था। किशोरीलाल दादा खुशी-खुशी रात गए तक काम करते थे। पर इतनी मेहनत का कोई परिणाम नहीं मिला। टी.बी. हो गई। जवान पत्नी और दो बच्चों को छोड़कर एक दिन वे चल बसे। इस एक आखिरी बात को सुनकर भाई हमेशा उलाहना देते हुए कहता, "कि देखो, ज्यादा मेहनत का क्या नतीजा मिला? भरी जवानी में चल बसे।"

भाई हमेशा किशोरीलाल दादा की बीमारी को परिश्रम में जोड़कर उपहास जरूर करता लेकिन घर में उसे डाँट जरूर पड़ती। लड़की यानी उसकी बहन नमिता जब भी पढ़ाई की लम्बी बैठक के बाद थककर अँगड़ाई लेती और थकी आँखों को मिचमिचाकर देखती तो भाई कहता, "ऐसे मत देख। मुझे डर लगता है। तेरी आँखें वैसे ही बड़ी-बड़ी है। फिर तू जब आँखें फाड़कर देखती है तो मुझे ज्यादा डर लगता है।" फिर अपनी कुर्सी से उठकर उसके पास आता और कहता, "क्या तुझे सचमुच नहीं पता कि तुझमें किशोरीलाल दादा का भूत है!"

लड़की कुछ देर तक अपनी पढ़ाई की तल्लीनता और थकान में रहती फिर जब भाई की बात का अर्थ उसकी थकान की परतों को तोड़कर उस तक पहुँचता तो वह जोर से चिल्लाती और भाई हँसता हुआ अपनी कुर्सी पर वापस चला जाता।

दोनों भाई-बहनों को घर का कोने वाला कमरा पढ़ाई के लिए दिया गया था। रविवार का दिन दोनों के लिए तकलीफदेह रहता है। भाई को दिखावे के लिए ही सही, बेमन से पर बहन के साथ बैठकर पढ़ना पड़ता है। अपनी थकान और ऊब दूर करने के लिए वह जो ठिठोली करता उससे लड़की को परेशानी होती। दोनों की पढ़ाई के लिए अपनी कोशिश भर सुविधाएँ जुटाईं गई थीं। दोनों के लिए अलग-अलग टेबल-कुर्सी। अलग-अलग टेबल-लैम्प। एक अलॉर्म वाच। सोते समय बादाम का दूध। सुबह अंकुरित मूँग और रात को भिगोई गई बादाम। मम्मी का ख्याल था कि इससे दिमाग तरोताजा रहता है। पढ़ने में मन लगता है। एकाग्रता बढ़ती है। मन भटकता नहीं है। इसके अलावा याददाश्त बढ़ाने के लिए लड़की शंखपुष्पी पीती है। यानी जिसने जो बताया वह सारे खटकरम अपनी पढ़ाई के लिए करती है। शिवलिंग को दूध से नहलाती है। सोमवार का व्रत रखती है। दीपावली पर सरस्वती

पूजन करती है। जुबान पर चन्दन की तीली में 'सरस्वती नमः' लिखवाती है। कॉलेज वह नियमित जाती है। कभी ज्यादा बीमार पड़ जाए तो बात अलग है वर्ना कॉलेज में उसकी उपस्थिति लगभग सौ प्रतिशत रहती है। कॉलेज में सभी से उसकी हाय-हैलो होती है। कुछेक लड़कियों से अच्छी मित्रता भी है। खासी घनिष्ठता जिसे कहे खास सहेली तो वह है उसकी क्लास में पढ़ने वाली अपरा। अपरा को वह हमेशा अप्सरा ही कहती है। लड़की का कहना है अपरा बोलने की अपेक्षा अप्सरा बोलना ज्यादा आसान है। अपरा पढ़ाई में लड़की से थोड़ी कम होशियार है लेकिन हँसमुख थोड़ी ज्यादा है।

सोमवार को लड़की कॉलेज गई तो अपरा उसे क्लास में दिखाई नहीं दी। लड़की को अचरज हुआ। अपरा पिछले कई दिनों से क्लास गोल कर रही है। कभी आती है। कभी नहीं आती है। लड़की ने अपरा की अनुपस्थिति पर ज्यादा सिर नहीं खपाया। फिजिक्स वैसे भी लड़की का पसन्दीदा विषय है। उसका ध्यान लैक्चर पर रहा।

अगले ही पीरियड में मैथेमेटिक्स की क्लास में अपरा नजर आ गई। अपरा उसके साथ नहीं बैठती है। दो कतार छोड़कर पीछे बैठती है। अपरा के आते ही क्लास में फिजिक्स के हैड ऑफ द डिपार्टमेंट आ गए। पिछले दिनों अपरा ने क्लास गोल की थी, उससे सवाल-जवाब होने लगे। अपरा ने बताया, उसकी माँ बीमार है। उसे अपनी माँ के पास समय-बेसमय अस्पताल जाना पड़ता है। एच.ओ.डी. उसे नियमित क्लास के लिए हिदायत देकर चले गए। कॉलेज छूटने पर अपरा उसके साथ हो गई। लड़की को लायब्रेरी जाना था। अपरा को कैंटीन। अपरा ने समझौता किया। वह पलटकर लड़की के साथ लायब्रेरी आ गई। लड़की इतना तो समझ गई कि अपरा झूठ बोल रही है और बहुत आत्म-विश्वास के साथ बोल रही है। क्यों बोल रही है, यह समझ में नहीं आया। यदि माँ बीमार होती तो वह सबसे पहले उसे ही बताती।

"फिजिक्स की क्लास में कहाँ मर गई थी?" लड़की ने पूछा।

"तुझे कैसे पता चला?" अपरा मुस्कराई।

"तु क्लास में दिखाई नहीं दी थी? और अब ये माँ की बीमारी की पुड़िया मुझे मत देना।" लड़की ने रैक से किताब उठाते हुए कहा।

"पर मेरे मरने का तुझे कैसे पता चला?" अपरा ने मुस्कान को थामे रखा।

"क्या बकती है?" लड़की की बोली में गुस्सा था लेकिन चेहरे पर अचरज था।

"आज फिजिक्स की क्लास में नहीं, चार दिन पहले मैथेमेटिक्स की क्लास में ही मर गई थी।" अपरा ने एक बनावटी आह भरकर कहा। लड़की कुछ नहीं बोली। वह अपरा के आगे बोलने की प्रतीक्षा करती रही।

''मैं मर गई हूँ। या कहो मर मिटी हूँ।'' अपरा रैक से पुस्तकें उतारने वाले स्टूल पर बैठ गई फिर बोली, ''तुझे याद है, चार दिन पहले मैं मैथेमेटिक्स की क्लास से गायब हुई थी। बस, मैं मरने ही गई थी।'' कहकर वह मुँह में दुपट्टा रखकर हँसने लगी।

लड़की बहुत पढ़ाकू थी इसका यह अर्थ नहीं कि वह मूर्ख थी। वह कुछ-कुछ समझ रही थी कि यह मरण-गाथा कहाँ जा रही है। लेकिन वह चुप रही उसकी चुप्पी ने ऐसा माहौल बनाया कि अपरा के लिए आगे और बोलने के अलावा कुछ रास्ता ही नहीं बचा।

''मैं अकेली ही नहीं मरी। वह भी मर-मिटा।''

''कौन है वह?'' लड़की ने अपरा के मुँह से दुपट्टा खींचा जिसने मुँह में हँसी को रोक रखा था। अपरा खिलखिलाकर हँस पड़ी।

''ललित। वही ललित जिससे केमिस्ट्री के नोट्स लिए थे।'' अपरा ने याद दिलाया। लड़की को याद आ गया। उसने अपनी याददाश्त पर अपरा की सहमति चाही।

''वो बेलबूटे वाली शर्ट पहनने वाला छैला?''

अपरा ने उसके अचरज और उसमें छिपी अरुचि को अनदेखा करके मुदित मन से कहा, ''हाँ, वही।''

''उसकी तो केमिस्ट्री में आठवीं पोजीशन थी। इससे तो नकुल योगी अच्छा लड़का है। केमिस्ट्री में उसकी फर्स्ट पोजीशन थी।'' लड़की ने समझाया। अपरा झल्ला गई।

''अरे, मुझे कोई जिन्दगी भर केमेस्ट्री थोड़े ही पढ़ना है। और फिर प्रेम कोई इस तरह पढ़ाई की रैंक देखकर किया जाता है? हमारे प्रेम की केमिस्ट्री खूब मिलती है।'' कहकर वह रुकी और थोड़ी कुटिल मुस्कान के साथ बोली, ''और इस केमिस्ट्री में हमें महारत हासिल है।'' कहकर अपरा जोर-जोर से हँसने लगी। यह भूलकर कि वह लायब्रेरी में खड़ी है। लड़की उसे अचरज से देखने लगी। इसमें इतना हँसने की क्या बात है? लड़की नहीं जानती है कि प्रेम की केमिस्ट्री में एक लाफिंग गैस हमेशा मन को मुदित करती रहती है।

लड़की ने अपरा की ओर से गरदन पलटा ली और रैक में पुस्तक वापस जमाने लगी। अपरा की ओर पीठ करके जैसे वह अपने अचरज को छिपा रही थी। केमिस्ट्री में आठवीं रैंक का लड़का! फिर उसे याद आया कि ललित तो मैथेमेटिक्स में भी एवरेज है। क्या देखा अपरा ने उसमें? किस काम का ऐसा लड़का? उसे याद आया कि एक बार ललित किसी काम से केमिस्ट्री लैब में आया था। अचरज के उस सदमे को वह आज भी नहीं भूली है। ललित को ग्लूकोज का कम्पोजिशन नहीं मालूम था।

वह मीथेन गैस के टेस्ट का रिजल्ट गलत बता रहा था। एम.एस.सी का स्टूडेंट, वह भी एम.एस.सी. केमिस्ट्री में। लड़की का जी मिचलाने लगा। उसे अपरा पर दया आ गई। भोली है लड़की। फँस गई बेचारी। उसने बहुत गम्भीरता से अपरा के कन्धे पर हाथ धरा और कहा, "अप्सरा, गलती हर एक से हो जाती है। तू गलती सुधार ले। तू कहे तो मैं, नकुल से बात करूँ। तू ये वाला प्रेम कैंसिल कर दे।"

अपरा बिदक गई, "पागल हो गई है। कैंसिल कर दूँ? क्या कैंसिल कर दूँ? कोई एग्रीमेंट है क्या? ट्यूशन लेनी है?" फिर उसने हाथ ऊपर उठाकर एक उँगली को कनपटी पर रखकर धीरे से घुमाया और कहा, "इधर तेरा स्क्रू ढीला है क्या?" फिर एकाएक सहज भी हो गई और जोर से हँसकर बोली, "मेरी जान! इश्क के लिए उपदेश देना आसान है। उसका मजाक उड़ाना आसान है। पर इश्क करना कठिन है। इक दरिया है आग का और डूबकर जाना है।"

लड़की कुछ हद तक तो अपरा की बात समझ रही थी लेकिन इतनी बड़ी मजबूरी वाली बात उसके गले नहीं उतर रही थी। घर के लोग भी शादी-ब्याह देखभाल कर करते हैं। लड़का या लड़की पसन्द आते हैं तो ठीक वर्ना इन्कार कर देते हैं। कई बार हाँ करने के बाद भी इन्कार किया जाता है। कोई मजबूरी, कोई दिक्कत की बात बता दी जाती है। न कुछ हुआ तो कह दिया जाता है कि 'जनम पत्रिका' मेल नहीं खा रही है। इसमें प्रायः कोई बुरा भी नहीं मानता है। फिर प्रेम में ऐसा क्या कि एक बार हाँ बोल दिया तो जैसे पत्थर की लकीर हो गई?

उसने एक बार फिर कोशिश की। –"देख अप्सरा, मैं तेरा भला चाहती हूँ।"

"तो?"

"अभी भी समय है। तू ललित से कह दे। पत्रिका नहीं मिल रही है। कह दे, मैं मंगली हूँ।" लड़की ने गहरी सहानुभूति के साथ कहा।

"नमिता, मुझे समझ में नहीं आ रहा है कि तू सचमुच इतनी बेवकूफ है या आज कोई विशेष दिन है?" कहकर उसने लड़की का हाथ अपने हाथ में ले लिया और बोली, "यह क्षण का निर्णय होता है।" कहकर उसने चुटकी बजाई, "यूँ! बस हो जाता है।"

लड़की ने एक ठंडी आह भरी कि अब इसे समझाना बेकार है। लड़की को लग रहा था कि यह ज्यादा फिल्में देखने का परिणाम है। अपरा मूर्ख भावुक है।

कॉलेज से निकलकर दोनों अपने-अपने घर चल दीं। घर लौटकर लड़की रोज के काम में जुट गई। शाम को खाना खाकर जब वह आँगन में टहल रही थी तो उसे अपरा की बात फिर याद आ गई। कितनी अजीब बात है? क्या प्रेम में कोई इतना लापरवाह हो सकता है? इतना गैर जिम्मेदार हो सकता है? फिजिक्स की क्लास छोड़ दे? अरे, मिलना इतना ही जरूरी था तो कॉलेज के बाद मिल लेती। दो घंटे

बाद क्या फर्क पड़ जाता? क्या प्रेम दो घंटे की मोहलत भी नहीं देता है? तो कॉलेज आने से पहले मिल लेती? ठीक फिजिक्स की क्लास के समय ऐसा कौन-सा मुहूर्त था? क्या प्रेम फिजिक्स से बड़ा है?

लड़की ने टहलना बन्द कर दिया। वह भीतर आ गई। माँ रसोई में बर्तन धो रही थी। वह आगे बढ़कर माँ के पास खड़ी हो गई। –"क्या बात है, आज बेवक्त रसोई में कैसे?" माँ ने बनावटी अचरज से कहा ओर हँस दी। लड़की कुछ देर सोचती रही फिर बोली, "माँ!" कहकर वह कुछ क्षण रुकी जैसे आगे के वाक्य के लिए खुद को तैयार कर रही हो।

"प्रेम में दीवानगी या कहें पागलपन यह सब फिल्मों या टेलीविजन के धारावाहिकों में ही होता है या जीवन में भी कहीं ऐसा होता है?"

माँ बर्तन धोते-धोते रुक गई। माँ को बेटी का सवाल इसलिए अजीब नहीं लगा कि माँ से बेटी ऐसा सवाल कैसे कर सकती है। उन दोनों में खूब घनिष्ठता है। मैत्री भाव है। लेकिन अपनी पढ़ाकू बेटी के जीवन में ऐसे सवाल की गुंजाइश कैसे बन गई, इस पर अचरज हुआ।

"तू क्यों पूछ रही है?" माँ ने पूछा।

"पहले तू मेरे सवाल का जवाब दे।" लड़की ने जिद की।

"फिल्मों या धारावाहिकों में भी जीवन का ही सच्च होता है।" माँ ने ऐसा जवाब दिया जो पहले धारावाहिकों को लेकर होती रही बहसों से उलट था।

"क्यों? पहले तो तुम कहती थी कि इन फिल्मों या धारावाहिकों के पात्रों का परिवार, भाषा और जीवन का काफी सारा हिस्सा हमारे जीवन के हिस्से से उठाया जाता है फिर भी उनकी हरकतें, जीवन-शैली हमारे जीवन से गेल नहीं खाती हैं। इन धारावाहिकों की माँएँ, पिता, भाई, बहन या प्रेमी सच के जीवन में ऐसे कहाँ होते हैं।"

"हाँ, इनमें अति तो हो जाती है। कुछ इतना अधिक हो जाता है कि वे सारे पात्र हमारे जैसे लगने पर भी हमारे जीवन से मेल नहीं खाते।" माँ थोड़े असमंजस के बाद बोली, "पर तू यह सब क्यों पूछ रही है?"

"आज कॉलेज में अप्सरा ने फिजिक्स की क्लास गोल कर दी।"

"धारावाहिक देखने के लिए?" माँ ने उसे घूरते हुए पूछा।

"नहीं माँ! वह एक लड़के से प्रेम करने लगी है। इस प्रेम के चक्कर में उसने फिजिक्स की क्लास गोल कर दी। प्रोफेसर से झूठ बोली।" कहकर वह चुप हो गई। उसकी बात में सवाल नहीं था। उसकी चुप्पी में प्रश्न आ गया।

माँ भी चुप हो गई। चुप्पी सामान्य थी। उसमें छिपा प्रश्न बड़ा था। क्या समझाए बेटी को?

"उसके घर, उसके माँ-बाप को मालूम है।" माँ ने लड़की की चुप्पी से किनारा किया।

"पता नहीं। मेरा अनुमान है कि नहीं मालूम है। जब उसने प्रोफेसर से झूठ बोला है तो घर के लोगों से तो पक्का झूठ बोला होगा।" लड़की ने अनुमान लगाया।

फिर माँ के हाथ से बर्तन लेकर कपड़े से पोंछने लगी। माँ के लिए अजीब-सी स्थिति हो गई। वह आस-पड़ोस में या पति से हमेशा यह बात गर्व से कहती आई है कि उसकी बेटी और उसके बीच कोई पर्दा नहीं है। वे दोनों आपस में सारे सुख-दुख और जिज्ञासाएँ शेअर करती हैं। पर आज उसे लगा कि फिल्मों, टेलीविजन-धारावाहिकों या दूसरी बातों पर बहस कर लेना और बात है, इस तरह के विषय पर बहस करना कठिन है।

"माँ! तुमने बताया नहीं कि अप्सरा प्रेम के पागलपन का नाटक कर रही है या सचमुच ऐसा होता है?"

माँ ने देखा, बेटी दरवाजे के पास खड़ी है। उसने दुपट्टे को गले में स्कॉर्फ की भाँति लपेट रखा है। माँ जानती है कि यह जिज्ञासा है। खुद के लिए किसी गुंजाइश का संकेत नहीं है लेकिन गुंजाइश की राह अन्ततः उसके जवाब से निकल सकती है। माँ ने बहुत सँभलकर जवाब दिया, "नमिता! यह सब व्यर्थ की बातें हैं। बुरी बातें हैं।"

"यानी नाटकबाजी है!" लड़की खुश होकर अपने तयशुदा निर्णय पर सहमति पाकर खुश हो गई।

माँ ने उसके इस जल्दबाजी में लिए गए निर्णय पर कोई टिप्पणी नहीं की पर बोली, "यह छल है। माँ-बाप के साथ। अपनी पढ़ाई के साथ। कॉलेज में वह पढ़ने जाती है। उसे पढ़ाई में ध्यान देना चाहिए।"

यह बात लड़की को भी ठीक लगी। सचमुच अपरा को पढ़ाई पर ध्यान देना चाहिए। वह पलटकर अपने कमरे में आ गई। उसकी पढ़ाई का समय हो रहा था।

दूसरे दिन कॉलेज गई तो अपरा फिर फिजिक्स की क्लास से गोल रही। लड़की को थोड़ी झुँझलाहट हुई। मरेगी यह लड़की। वही हुआ। प्रोफेसर ने प्रिंसिपल को खबर की। प्रिंसिपल ने अपरा के पापा को मोबाइल किया। घंटे भर में अपरा के पापा कॉलेज में। तब तक अपरा भी आ गई। बाप-बेटी की प्रिंसिपल के सामने पेशी हुई। अपरा ने माफी माँगी। अपरा के पापा ने लिखित में आश्वासन दिया कि अपरा अब कॉलेज में नियमित रहेगी। प्रिंसिपल ने अपरा के पापा को खूब खरी-खोटी सुनाई। अपरा के पापा को सुनना पड़ा। प्रिंसिपल के कमरे से बाहर आने के बाद अपरा के पापा ने बार-बार पूछा कि आखिर वह कहाँ गई थी? कॉलेज से गोल

मारके वह गई कहाँ? पहले तो अपरा चुप रही फिर झल्लाकर बता दिया। यह बात कॉमन रूम के सामने की है। लड़की भी वहीं खड़ी थी।

अपरा के साहस पर वह दंग रह गई। गुस्से में सवाल पूछने वाले अपरा के पापा सच्चाई जानकर चुप हो गए। –"शाम को घर पर बात करेंगे।" कहकर वे चुपचाप चले गए। लड़की को लगा कि अपने पापा को दुखी करने के बाद अपरा पछताएगी। लेकिन अपरा पर कोई प्रतिक्रिया नहीं हुई। उसके चेहरे पर पछतावे का एक मामूली-सा छींटा भी नहीं था।

आखिरी क्लास के बाद लड़की और अपरा लायब्रेरी आ गए। आज लड़की को लायब्रेरी में कोई काम नहीं था लेकिन वह अपरा को लेकर इसलिए आई कि अपरा से कुछ बातें कर सके। लायब्रेरी आकर अपरा अपना लैपटॉप खोलकर बैठ गई।

"मैं तुझसे बातें करने आई हूँ और तू लैपटॉप लेकर बैठ गई।" लड़की चिढ़कर बोली।

"मैं समझी तू किताबें खोजेगी इसलिए मैं अपने मेल देख रही थी।" लड़की ने स्क्रीन से नजरें हटाए बगैर कहा।

लड़की ने अपरा की ठोढ़ी पकड़कर ऊँचा किया और बोली, "मेरी बात सुन!"

"सुन तो रही हूँ।"

"ध्यान से सुन!"

अपरा ने लैपटॉप से नजरें उठाकर लड़की की ओर देखा। जैसे पूछ रही हो कि क्यों तंग कर रही हो। लड़की ने उसकी ऐसी लापरवाह नजरों की परवाह नहीं की।

"इस तरह माँ-बाप से, प्रोफेसरों से, सबसे झूठ बोलना अच्छी बात है?"

"सच बता तो दिया।" अपरा ने तर्क दिया।

"तेरे पापा को कितना बुरा लगा है, मालूम? अपनों के साथ कोई ऐसा करता है?" लड़की ने मुलायम स्वर में कहा। ऐसा मुलायम स्वर जो अक्सर उसकी माँ उसके भाई को समझाते समय इस्तेमाल करती है।

"तो क्या करूँ? झूठ बोलूँ तो खराब, सच बोलूँ तो एतराज! क्या करूँ फिर?" अपरा थोड़ी उखड़ गई।

लड़की चुप रही। लैपटॉप की स्क्रीन पर मेल बॉक्स के बगल में कुछ विज्ञापन आ रहे थे। एक लड़की की तस्वीर थी। लड़की इस तरह देखने लगी जैसे वह उसे पहचानती हो। लड़की की नजरें स्क्रीन की लड़की पर थी पर वह कुछ सोच रही थी। फिर उसने स्क्रीन पर विज्ञापन की लड़की पर से नज़रें हटा लीं।

"तेरे पास कुछ हल है?" अपरा ने गरदन उठाकर पूछा, "बता क्या करूँ?"

"मैं बताऊँगी तो तू मुझे नासमझ कहेगी। पर मेरी बात सुन। ऐसा नहीं कि मैं प्रेम-प्यार के बारे में कुछ जानती नहीं हूँ।" लड़की ने कहा तो अपरा मुस्करा दी,

बोली, "प्रेम के बारे में कितना भी पढ़ लो। फिल्में, टेलीविजन देख लो। किस्से सुन लो। लेकिन प्रेम को प्रेम में पड़कर ही समझा जा सकता है...खैर फिर भी तू बता, क्या बता रही है।"

"स्वार्थी मत बन। मेरा मतलब है खुद के अलावा, घर-परिवार, पापा-मम्मी सबके बारे में सोच। तेरी ऐसी हरकतों से उन पर क्या गुजरेगी। और सबसे बड़ी बात तो यह तेरा पढ़ाई का समय है। अपने कैरियर के बारे में सोच।" लड़की बोलते-बोलते रुक गई। अपरा फिर भी कुछ नहीं बोली।

लड़की ने अफसोस और लाचारी में कुछ देर आँखें बन्द रखीं फिर बोली, "देख, शादी करते हैं और बाद में नहीं बनती है तो तलाक ले लेते हैं। तू भी पढ़ाई पूरी होने तक अपने प्रेम को तलाक दे दे।"

"फिर वही पागलपन की बातें।" अपरा ने तिक्त स्वर में कहा, "शादी में नहीं बनती है तो तलाक लेते हैं। हम दोनों में खूब बनती है। फिर तलाक कैसा?"

"तो तू लम्बी छुट्टी ले। डिग्री लेने के बाद प्रेम वापस शुरू कर देना।" लड़की ने कहा और अपरा ने कहने के लिए जैसे ही मुँह खोला लड़की तुरन्त बोली, "बिगड़ मत। प्रैक्टिकल बन। ऐसा मत समझ कि मैं तेरा या तेरे प्रेम का मजाक उड़ा रही हूँ। मैं नासमझ भी नहीं हूँ। पर जीवन में कैरियर सबसे पहले। अच्छी रैंक और अच्छी डिग्री रही तो इससे अच्छे, पचासों प्रेम कर सकेगी।" अपरा हक्की-बक्की रह गई। उसका मुँह खुला-का-खुला रह गया।

"मैं ठीक कह रही हूँ।" लड़की फिर बोली, "तू हर रोज फिजिक्स की क्लास गोल कर रही है। जरा सोच।"

"ओ न्यूटन की अम्मा!" अपरा बनावटी उलाहने से उसके सामने दोनों हाथ जोड़कर बोली, "प्रेम के बारे में बड़े-बड़े ज्ञानी-ध्यानी कह गए हैं कि यह ऐसी पाठशाला है कि जिसने एक बार दाखिला लिया कि फिर छुट्टी नहीं मिलती है।"

"अब तू तो मजनूँ की नानी बन गई। फिलॉसफी झाड़ रही है।" लड़की तुनककर बोली।

"यह मजनूँ ने नहीं कहा है। मजनूँ फिलॉसफर नहीं था वो...।"

"मुझे नहीं समझना।" लड़की बात काटकर बोली, "मुझे प्रेम का इतिहास मत बता। मुझे क्या लेना-देना।" मैं तो इतना समझना चाहती हूँ कि प्रेम दुबारा किया जा सकता है लेकिन डिग्री सुधारने का मौका नहीं मिलेगा। रिजल्ट बिगड़ा तो समझो बिगड़ा।" लड़की की आवाज में कम्पन था और कम्पन में एक नुकीली चिन्ता थी।

"तो?" अपरा ने असमंजस में उसे देखा।

"यही कि एक ओर तू विंडो सेवन में बैठी है और दूसरी तरफ अठारहवीं सदी की रूमानी बातें करती है।"

"अरे, कोई बिना कारण किसी को कैसे भूल सकता है। कारण के साथ भी भूलना सम्भव नहीं है।" अपरा ने एतराज जताया।

"मैं भूलने को नहीं कहती। तू तेरे प्रेम को सेव करके डेस्कटॉप पर डाल दे। बस डिग्री मिलने तक क्लिक मत करना।" लड़की ने कहा तो अपरा ने देखा, लड़की की आँखों में थोड़ी शरारत जरूर है लेकिन उसके लिए चिन्ता भी है। उसे लड़की पर लाड़ आ गया। लड़की नासमझ है लेकिन उसके लिए चिन्तित है।

"यार, मेरा प्रेम कोई फाइल नहीं है।" अपरा ने भौंहें उठाकर कहा।

"पर, प्रेम की फाइल तो है।" कहकर लड़की हँसी। बहुत देर बाद हँसी। लायब्रेरी में ज्यादा भीड़ नहीं थी। लड़की की हँसी के लिए जैसे ज्यादा जगह बन गई। लड़की ने रैक पर लगी पुस्तकों पर ऐसे उँगली फिराई जैसे अपनी अटकी हुई हँसी को खुरच रही हो।

"देख, नमिता।" सहसा अपरा गम्भीर हो गई। –"दूसरों को समझाना, या कहो उपदेश देना आसान है। क्या पापा को दुखी देख मुझे बुरा नहीं लगा लेकिन क्या करूँ!"

"क्या करूँ, मतलब?" लड़की ने घूरा।

"लाचार हूँ। प्रेम एक तरह की लाचारी भी है। एडिक्शन है। बिछड़ते ही मिलने की इच्छा होती है। पर तू क्या जाने! जिस दिन तुझे प्रेम हो जाएगा। ये समझाइश, ये उपदेश हवा हो जाएँगे।" अपरा की आवाज में लाचारी थी लेकिन लड़की को चुनौती महसूस हुई।

"तू चुनौती दे रही है।"

"नहीं, शाप दे रही हूँ।" कहकर अपरा मुस्कराई।

"कव्वे के बैठने से डाल नहीं टूटती। और मेरे सामने प्रेम का हौव्वा खड़ा मत कर! मैं नहीं डरती।" लड़की किंचित झुँझला गई।

"हौव्वा नहीं खड़ा कर रही हूँ। पर हव्वा की लाचारी तो समझती है ना!" अपरा को अब लड़की की झुँझलाहट में मजा आने लगा।

"मैं किसी की कोई लाचारी नहीं समझना चाहती हूँ।"

"क्योंकि तू प्रेम नहीं करती है। जिस दिन कोई ऐसा लड़का मिलेगा तो सारी शेखी धरी रह जाएगी।"

"चल तू कोई लड़का बता मुझे। मिला मुझे। देखते हैं कैसे प्रेम होता है।" लड़की की झुँझलाहट जारी रही।

"अरी मूढ़मति, अरैंज मैरिज सम्भव है। प्रेम कोई अरैंज होता है।" अब अपरा झुँझला गई।

"मैं प्रेम के बारे में डीटेल्स में जानना चाहती हूँ।" लड़की ने झुँझलाहट पर काबू पाया।

"अरे? प्रेम का कोई समीक्षा-सिद्धान्त है क्या? ऐसी कोई रेफरेंस बुक नहीं होती है। तू मसखरी छोड़। गुस्सा छोड़।" कहकर कुछ क्षण रुकी और बोली, "हो सके तो प्रेम कर।"

"तू तो कहती है प्रेम कोशिश से नहीं होता, हो जाता है।" लड़की ने तुरन्त बात पकड़ी।

"हाँ, कहा था। पर प्रेम के लिए भीतर जगह तो बना। एकाएक प्रेम आ भी गया तो क्या ऐसे कबाड़खाने में रखेगी। जाने क्या तो उल्टा-सीधा सोचती रहती है।" अपरा ने उसकी पीठ थपथपाई।

"मैं सोचूँगी इस बारे में।" लड़की ने कहा तो अपरा समझ गई कि वह टाल रही है। लड़की को अब घर जाने की जल्दी है।

अपरा ने लैपटॉप शट-डाउन किया और उठने ही लगे थे कि तभी ललित आ गया।

लड़की ने देखा कि अपरा का चेहरा फूल हो गया। क्षण भर के लिए तो अपरा जैसे लड़की की उपस्थिति भूल गई।

"तुम कैंटीन में नहीं थी। फिर किसी ने बताया नमिता के साथ हो तो मैं समझ गया, लायब्रेरी में होंगी।" कहकर ललित मुस्कराया। कोई और समय होता तो लड़की इसमें अपने लिए 'पढ़ाकू' वाला व्यंग्य टटोलकर नाराज हो सकती थी लेकिन वह चुपचाप देखती रही। लड़की को देखकर ललित कुछ देर संकोच में रहा फिर उसकी झिझक जाती रही। अपरा और ललित दोनों बातों में व्यस्त हो गए। लड़की थोड़ी दूर दूसरी कुर्सी पर जाकर बैठ गई। लड़की को घर जल्दी पहुँचना था। इस तरह व्यर्थ होता समय उसे नापसन्द था। उसने अपरा को छोड़कर जाने का तय किया लेकिन फिर ठिठक गई। निकलने के रास्ते में वे दोनों खड़े हैं। एक ओर पुस्तकों की अलमारियाँ हैं। दूसरी ओर बैठकर पढ़ने के लिए लम्बी टेबल और बेंच लगी है। अलमारी और टेबल के बीच निकलने का एक तंग-सा रास्ता है। जहाँ से एक व्यक्ति सावधानी से निकले तो अलमारियों और टेबल से बचकर निकल सकता है। इसी तंग रास्ते पर अपरा और ललित खड़े हैं।

अलमारी से पीठ टिकाए ललित खड़ा है। सामने टेबल की ओर थोड़ी जगह है लेकिन फिर भी वहाँ से अपरा को हटाए बगैर निकलना कठिन है।

वह झल्ला गई। अपरा और ललित बातों में तल्लीन हैं। जैसे उन दोनों की तल्लीनता ने निकलने की राह को तंग कर दिया हो। उसने सोचा, क्या लायब्रेरी का यह छोटा-सा रास्ता ही प्रेम की गली है? तो इसका मतलब है, प्रेम की गली सँकरी

ही नहीं होती, ऐसे उजबकों के मिलने की पसन्द की जगह भी होती है या शायद ये लोग जहाँ खड़े होते हैं वहीं की राह सँकरी हो जाती है!

काफी देर तक उन दोनों की बातें हुईं खत्म नहीं हुईं तो उसे थोड़ा गुस्सा भी आया और अचरज भी हुआ। आखिर ऐसी क्या बातें कर रहे हैं दोनों की उसकी उपस्थिति भूल गए हैं। दोनों आमने-सामने खड़े हैं। इतनी देर हुए लेकिन बैठे भी नहीं और थके भी नहीं।

लड़की शुरू में तो कुढ़ती रही फिर उसे उत्सुकता होने लगी। हालाँकि वह उनकी बातें सुनने के लिए उठी तो नहीं लेकिन उसका मन किंचित अशान्त हो गया। फिर उसने अपना मोबाइल पर्स में से निकाला और अपरा को घंटी दी। अपरा ने घंटी काट दी और हल्के-से हाथ उठाकर और एक बार हल्के से आँखें मीचकर ऊपर-नीचे सिर हिलाया कि, बस आ रही हूँ।

थोड़ी देर बाद दोनों आ गए। ललित चला गया। अपरा उसके साथ चल दी। लड़की महसूस कर रही थी कि अपरा उसके साथ चल रही है लेकिन उसके चेहरे से लग रहा है कि वह हवा में उड़ रही है। अपनी चहक को वह गले में दबाकर बैठी है। बरसों से पोषित अपनी लज्जा से तनिक भी मुक्त हो जाए तो शायद वह गुनगुनाने लग जाती। लड़की ने सोचा, फिल्मों में नायिका इसी तरह गाने लग जाती है। बरसों से अस्वाभाविक लगने वाला वह फिल्मी दृश्य आज सहज लग रहा है।

घर आकर लड़की ने सोचा था कि वह माँ से इस बारे में बात करेगी लेकिन फिर पता नहीं क्या हुआ वह टाल गई। अलबत्ता खाना खाकर अपनी दिनचर्या में टहलने के बाद पढ़ने बैठ गई।

नियत समय पर वह कुर्सी छोड़कर सोने चली गई। सोते समय जरूर अपरा की याद आई फिर ललित के साथ बातों में तल्लीन अपरा का चेहरा याद आया। वह थोड़ी बेचैन हो गई लेकिन थोड़ी देर बाद उसे नींद आ गई।

एक बार ललित का संकोच खत्म हुआ तो वह अक्सर लड़की और अपरा के बीच आ जाता। धीरे-धीरे वह बातों में शामिल होने लगा। उन दोनों के साथ लायब्रेरी में बैठने लगा। लड़की में इतनी तब्दीली आई कि वह खाली पीरियड में कभी-कभी ललित और अपरा के साथ कैंटीन चली जाती। लड़की ने मन को समझाया कि वह खाली पीरियड में जा रही है। पढ़ाई का नुकसान करके नहीं जाती हैं। ऐसी किसी भी स्थिति में वह दृढ़ता से मना कर देती। 'फ्रैंड्स डे' पर इस बार अपरा के साथ ललित का भी एस.एम.एस. आया। लड़की ने न सिर्फ थैंक्स लिखा बल्कि इसी एस.एस.एस. से मिलता-जुलता एक एस.एम.एस. भी कर दिया।

ऐसे ही एक दिन बातों-बातों में अपरा ने लड़की के सामने ललित से कह दिया कि वह तो हमारे प्रेम के सख्त खिलाफ है। ललित हँस दिया तो लड़की पहले तो

संकोच में पड़ गई फिर सँभलकर बोली, "मैं तुम दोनों के प्रेम के खिलाफ नहीं हूँ। पर मेरा कहना था कि प्रायोरिटी में पढ़ाई और हमारा कैरियर होना चाहिए। प्रेम बाद में भी किया जा सकता है। और यह बात तो मैं आज भी कहूँगी।"

"प्रेम में किसी की प्रतीक्षा की जा सकती है लेकिन प्रेम की प्रतीक्षा नहीं की जा सकती है। प्रेम को स्थगित नहीं किया जा सकता है।" ललित ने कहा और अपरा की ओर देखा, जिसने तुरन्त सहमति में सिर हिलाया।

"देख नमिता, प्रेम टूथपेस्ट की ट्यूब से निकले टूथपेस्ट की तरह है जिसे वापस ट्यूब में नहीं डाला जा सकता है।" अपरा ने हँसते हुए कहा, "वर्ना तू प्रेम करके देख फिर उसे टालकर बता। स्थगित करके बता।" ललित हँसने लगा तो लड़की भी हँसने लगी। फिर हँसते हुए बोली, "मुझे तो कोई ऐसा लड़का दिखाई नहीं देता जिससे प्रेम कर सकूँ वर्ना तुझे मैं अपनी बात साबित करके बता देती।"

"लड़का मैं खोज लाऊँगा।" ललित अपनी कुर्सी आगे खिसकाते हुए उत्साह में बोला, "तुम मुकर मत जाना।"

"मैं क्यों मुकरने लगी। तुम तलाश तो करो।" लड़की फिर हँसी। उसकी चुनौती मजाक में लिपटी है। यह जानकर ललित मुस्करा दिया और बोला, "जरूर खोजकर लाऊँगा। वर्ना एक्सपेरिमेंट के लिए मैं खुद का बलिदान कर दूँगा। मतलब मेरी सेवाएँ भी ले सकती हो!" कहकर वह हँसा। अपरा ने अपना पर्स उठाकर उसकी पीठ पर मारा और हँसने लगी। लड़की भी हँस दी।

लड़की को धीरे-धीरे यह सब सामान्य लगने लगा। लड़की अब अपरा और ललित के बीच श्रोता नहीं रही, वह बातों में हिस्सेदारी करने लगी। मजाक के लिए स्पेस बनने लगा।

एक दिन अपरा कॉलेज नहीं आई। ललित उसे खोजता हुआ हमेशा की भाँति लायब्रेरी आया। अपरा को न देखकर वह निराश हो गया। लड़की को उस पर दया आ गई। लड़की उसे लेकर कैंटीन में आ गई। दोनों कॉफी पीते रहे। ललित अपरा के और उसके जाने कितने किस्से सुनाता रहा। वह पहले ललित का मन रखने के लिए सुनती रही फिर उसे लगा कि ये निरर्थक बातें उसे अच्छी लग रही हैं। फिर ऐसा अक्सर होने लगा कि अपरा के न रहने पर ललित और लड़की लायब्रेरी में गप लगाते रहते या कैंटीन में कॉफी पीने बैठ जाते।

एक दिन अपरा ने बताया कि ललित की माँ बीमार है। वह माँ को लेकर बड़ौदा गया है। अब खाली समय में अपरा और लड़की लायब्रेरी में या कैंटीन में बैठ जाते। एक दिन इसी तरह कॉफी पीते हुए अचानक लड़की ने कहा, "क्या कोई लड़की यहाँ तक कि लड़का भी, अपने माँ-बाप से पूछकर प्रेम नहीं कर सकता है?"

अपरा कुछ देर तक उसकी कही बात को मन में शायद दुहराती रही फिर बोली,

"नमिता! कस्बों या छोटे शहरों के माँ-बाप की बात ही निराली है। यहाँ एक लड़की एक अनजान, अजनबी लड़के से शादी करके उससे प्रेम कर सकती है। उसके साथ सो सकती है। लेकिन शादी से पहले चार हाथ दूर बैठकर किसी परिचित दोस्त के साथ एक कप कॉफी नहीं पी सकती है।"

लड़की कहीं दूर पेड़ को देख रही थी। उसका सिर धीरे-धीरे हिल रहा था जैसे हवा में कोई टहनी धीरे-धीरे हिल रही हो। अपरा खाली प्याले में धीरे-धीरे चम्मच बजाती रही।

लड़की शाम को घर लौटी तो वह समझ नहीं पाई कि उसका मन खिन्न है। लड़की खुद नहीं समझ पाई के जाने-अनजाने वह खुद किस चक्रव्यूह में फँसती जा रही है। उसकी जिज्ञासाएँ बढ़ती जा रही थीं। उसने नेट पर प्रेम के बारे में जानना चाहा लेकिन वहाँ प्रेम के किस्से थे। लड़की ने सोचा ललित आएगा तो वह उससे पूछेगी। ग्लूकोज का कम्पोजिशन चाहे उसे न मालूम हो लेकिन प्रेम का बड़ा जानकार है। हालाँकि वह खुद नहीं जानती थी कि वह ठीक-ठीक क्या जानना चाहती है। माँ से इस बारे में बात की जा सकती थी लेकिन उस दिन की ठंडी चर्चा के बाद उसे माँ से बात करना ठीक नहीं लगा। उसने चाहा कि वह ललित को मोबाइल लगाए। फिर वह टाल गई। ऐसा वह कुछ ही देर कर पाई। आखिरकार उसने मोबाइल पर नम्बर पंच किया। ललित का नम्बर कवरेज से बाहर था। अब उसे थोड़ी बेचैनी होने लगी। उसने दुबारा कोशिश की। वही नतीजा रहा। मोबाइल नहीं लगा।

रात जब वह पढ़ाई के लिए टेबल के सामने बैठी तो उसे पहली बार लगा कि मन की एकाग्रता थोड़ी भंग हो चुकी है। फिर उसने सिर को झटका दिया और किताब खोली। बमुश्किल आधे घंटे पढ़ पाई कि उसे पता नहीं चला कि उसकी नजरें खिड़की के बाहर अँधेरे में पेड़ पर टिकी हैं और उसी के सहारे मन कहीं भटक रहा है। लड़की ने देखा दूर रोशनी के दो धब्बे तेजी से आगे सरकते आ रहे हैं। जब रोशनी के धब्बे बड़े हुए तो देखा कि वह कोई कार थी जो ठीक उसके मकान की बगल की सड़क से गुजर गई। थोड़ी देर के लिए अँधेरे में डूबा पेड़ जिन्दा हो गया जैसे। कार के जाते ही पेड़ का हरापन गायब हो गया। पत्तियाँ फिर अँधेरे रंग की हो गई। जैसे भूरे कैनवास पर काले रंग से किसी ने पेड़ की आउट लाइन खींच दी हो। वही स्केच अँधेरे में डोल रहा है। कैनवास दूर तक फैला हुआ है।

उसके बाद लड़की बमुश्किल आधे घंटे और पढ़ पाई। उसे लगा उसकी तबीयत थोड़ी ठीक नहीं है। वह बिस्तर पर लेट गई। भाई ने अपने बिस्तर से करवट लेकर उसे देखा ओर अचरज में परिहास डालकर बोला, "क्या बात है आज आइंस्टीन जल्दी सो रहा है?"

लड़की ने एक बार उसे घूरा तो वह हँस पड़ा। लड़की कुछ नहीं बोली। करवट लेकर दूसरी ओर मुँह कर लिया।

क्या वह प्रेम करना चाहती है? उसके मन में ख्याल आया। किससे? कॉलेज के कई लड़के उसे याद आए। कौन ठीक रहेगा? ललित आएगा तो वह उससे मशविरा करेगी। पहले तो यही पूछेगी कि क्या यही प्रेम के लक्षण हैं? लड़की धीरे से उठी और फिर खिड़की पर आकर खड़ी हो गई। पेड़ कहीं नहीं गया था। अपनी जगह पर खड़ा था। कहीं गया भी था तो लड़की को लगा उसके आने की आहट सुनकर जैसे जल्दी से आकर खड़ा हो गया था। अँधेरे में पेड़ उसे थोड़ा पीछे जाते हुए लगा। खुली खिड़की से अँधेरा उसके कमरे में भी गिर रहा था।

ललित की माँ को क्या हुआ होगा? उसकी माँ ज्यादा बीमार होगी तो फिर ललित जल्दी नहीं लौट पाएगा। अपरा को शायद मालूम होगा। वह बता सकती है कि वह कब लौटेगा। उसकी माँ की तबीयत अब कैसी है? उसने सोचा, अपरा को फोन लगाया जाए! फिर उसे लगा इतनी रात को अपरा उसका फोन सुनकर पता नहीं क्या सोचेगी? उसने सेलफोन की ओर बढ़ा हाथ हटा लिया। बहुत बेमन से। भारी दबाव के साथ। सेलफोन को हाथ में घुमाते हुए एक अजान बेचैनी के साथ वह बिस्तर पर आ गई। उसने सिर उठाकर देखा। भाई सो रहा है। कुछ देर लेटकर वह छत को घूरती रही। आखिरकार उसने तकीए के नीचे से सेलफोन निकाला और ललित का नम्बर पंच किया। इस बार ललित का सेलफोन बजा। एक बेहद रोमांटिक गीत की रिंगटोन थी इस तरह की रिंगटोन को सख्त नापसन्द करने वाली लड़की को यह रिंगटोन सुनना अच्छा लगा।

"अरे नमिता, स्ट्रैंज! तुमने फोन कैसे लगाया?" ललित की आवाज आई।

"माँ कैसी हैं?" लड़की ने कहा और उसे लगा कि उसने झूठ बोला। क्या उसने इसलिए फोन लगाया?

"माँ अब ठीक है। सम्भव हुआ तो कल सुबह आ जाऊँगा। तुम इतनी रात गए जाग रही हो?" कहकर वह हँसा जैसे एकाएक कुछ याद आया हो, "अरे, हाँ तुम तो बहुत बड़ी पढ़ैया हो। पढ़ रही होगी अब तक। चलो, लौटकर तुम्हारे लिए कोई खोज़ते हैं। फिर भूल जाओगी इतना पढ़ना। पुस्तकें फेंककर करवटें बदलोगी।" बदले में वह भी हँसी–एक चोर हँसी।

"थोड़ी देर पहले भी ट्राय किया था। मोबाइल लगा नहीं।" लड़की ने बात बदली।

"मैं अस्पताल के भीतर था। वहाँ सेलफोन बन्द रखना पड़ता है। अभी दूध लेने बाहर आया हूँ। चलो, ओ.के.। फिर मिलते हैं।" कहकर उसने फोन काट दिया।

लड़की दहल गई। पुस्तकें फेंककर वह तो पहले ही करवटें बदल रही है। तो क्या उसे प्रेम हो चुका है? प्रेम हो गया और उसे मालूम भी नहीं पड़ा? तब उसे याद आया कि आज शाम उसने खाना नहीं खाया है। दूध का गिलास भी टेबल पर रखा है। उसकी भूख उड़ गई है और उसे पता नहीं चला? वह किचन में आई। उसने पानी का गिलास भरा और एक ही साँस में पी गई। फिर दूसरा गिलास। फिर तीसरा गिलास। उसे लगा, उसका कंठ दहक रहा है। पानी कंठ को गीला कर रहा है, प्यास नहीं बुझा पा रहा है। कैसी अबूझ प्यास है यह? वह वापस लौटकर बिस्तर पर गिर गई। जाने कितनी देर बाद उसे नींद नसीब हुई। नींद में भी उसे अपनी बेचैनी महसूस होती रही। वह लगातार एक सपने से दूसरे सपने तक भागते रही। एक ऐसी दौड़ थी जिसमें वह थक रही थी लेकिन भागते जाने का अजीब-सा आकर्षण था। आखिरकार एक आखिरी सपने में जाकर वह ठहरी तो लगा यहीं रुकना है।

सुबह वह कॉलेज पहुँची तो अपरा उसे गेट पर मिल गई। उसे देखकर अपरा चौंक पड़ी।

''क्या बात है, पूरी रात जागी है।''

''नहीं तो!'' लड़की घबरा गई जबकि घबराने जैसी कोई बात नहीं थी।

''लगता है, रात भर पढ़ती रही।'' कहकर अपरा अफसोस में इस तरह सिर हिलाने लगी जैसे रात भर पढ़ना कोई अपराध हो।

''लेकिन तेरे चेहरे पर तो बहार है।'' लड़की मुस्कराई।

''हाँ, बिल्कुल!'' कहकर अपरा खुश हो गई। -''ललित लौट आया है। आज सब कुछ खिला-खिला लग रहा है। मेरे चेहरे पर बहार है। कॉलेज के गार्डन में बहार है। सभी दूर हरियाली है। ललित अभी आता ही होगा।'' फिर थोड़े संकोच, थोड़े अपराध भाव से बोली, ''यार, आज फिजिक्स की क्लास में नहीं आऊँगी! सॉरी!'' लड़की मुस्कराई एक भारी और जबरदस्ती की मुस्कराहट। फिर बोली, ''आज फिजिक्स की क्लास में मैं भी नहीं जाऊँगी। मेरी तबीयत ठीक नहीं है।''

अपरा जैसे आसमान से गिरी।

''क्या बात है? सुनामी आ जाएगा भई! सूरज पश्चिम से निकल आएगा!'' कहकर अपरा हँसने लगी। लड़की कुछ नहीं बोली। ललित के लौट आने की बात सुनकर उसे भीतर से एक अजीब-सी खुशी हुई। उसने अपरा से आँखें बचा लीं। फिर उसे धीरे-धीरे भय लगने लगा। एक ऐसा भय जिसमें एक अजीब-सी खुशी शामिल थी-एक बीहड़ खुशी। इस खुशी के बीहड़ में सहसा उसे लगा कि अपनी कल रात की बेचैनी और असीम प्रतीक्षा के छिपे डकैत अर्थ मिल जाएँगे। लेकिन वह इस बात की अदेखी करना चाहती है कि खुशी के इस बीहड़ में एक अपराधी भय भी है। अपरा के अपराधी होने का? उसने खुद से पूछा। संकोच एक आवरण

है। भय का कारण है। वह आवरण के पीछे भय को छूना नहीं चाहती है। भय को छू देगी तो अपराध प्रकट हो जाएगा।

यह प्रतीक्षा, यह बेचैनी कुछ जान लेने के लिए नहीं थी बल्कि ऐसा लगता है कि यह जान चुके होने की बेचैनी थी। जान लिए जाने, सब कुछ समझ लिए जाने के बाद खुद की बेचैनी थी। धीरे-धीरे वह उस बीहड़ में दाखिल हो गई।

टूटे हुए सपनों के टुकड़े जैसे इसी बीहड़ में गड़े थे। छूटी हुई हँसी। गुम हुई भूख, अधूरी प्यास जाने कितनी चीजें बीहड़ की रेत और मिट्टी में दबी थीं। बस उसे एक बात नहीं समझ में आई।

अपरा और वे दोनों कॉलेज में फर्स्ट फ्लोर पर लायब्रेरी में आकर बैठ गए। उसने अपरा से पूछना चाहा। एक अपराधी झिझक उसका मुँह बन्द कर देती। वह उठकर खिड़की पर आ गई। सोचने लगी, अपरा तो कहती है कि प्रेम में आनन्द है। सब कुछ खिला-खिला और धुला-धुला लगता है फिर यह अहसास उसे क्यों नहीं? उसने अपरा से सीधे-सीधे नहीं, बात का दूसरा सिरा पकड़कर पूछा।

''लोग कहते हैं, प्रेम में सब कुछ उजाड़-सा लगता है। सूना-सूना। एक अजीब-सी बेचैनी रहती है।''

अपरा खिड़की से बाहर झाँकने लगी। फिर खिड़की की ग्रिल को पकड़कर बोलीं, ''यह तब होता है जब आपका साथी रूठ गया हो। बाहर गया हो या फिर साथी को बता नहीं पा रही हों!''

अपरा बात तो उससे कर रही थी लेकिन उसकी आँखें शून्य में कुछ टटोल रही थी। ऊपर आसमान था। खाली-खाली-सा। अपरा कुछ देर तक देखती रही फिर बोली, ''देख, सामने पेड़ कितना भरा-भरा है। खिला-खिला है। कनेर पर फूल खिले हैं। हरियाली के भी कितने संकेत होते हैं।''

कहकर अपरा ने पलटकर नहीं देखा। वह अपने कहे हुए को जी रही थी। वह डूबकर बाहर देख रही थी। लड़की को बेहद अचरज हुआ। खिड़की से बाहर वह भी देख रही थी। बाहर ऐसा कुछ भी नहीं देखा। यह अपरा सचमुच पागल हो गई है। एक इकलौते पेड़ की हरियाली से क्या होता है? लड़की ने देखा, दूर तक उजाड़ है। छोटे पौधों पर धूल है। और मकानों की दीवारों पर धूप का सन्नाटा फैला है। उसने अचरज से अपरा को देखा और बताया तो अपरा अचरज से उसे देखने लगी। दोनों अचरज से एक-दूसरे को देखने लगीं।

●●●